陆克文传

尼古拉斯·斯图亚特 著
吴远恒　夏平 译

Kevin Rudd:
An Unauthorised Political Biography

Nicholas Stuart

文匯出版社

图书在版编目(CIP)数据

陆克文传 / (澳)斯图亚特著；吴远恒，夏平译.
—上海：文汇出版社，2011.5
ISBN 978-7-5496-0207-0

Ⅰ.①陆… Ⅱ.①斯… ②吴… ③夏… Ⅲ.①陆克文，
K.—传记 Ⅳ.①K836.117=6

中国版本图书馆 CIP 数据核字(2011)第 075886 号

陆克文传

[澳] 尼古拉斯·斯图亚特　著

吴远恒　夏　平　译

责任编辑 / 季　元
封面装帧 / 周夏萍

出版发行 / 文汇出版社
　　　　　上海市威海路 755 号
　　　　　（邮政编码 200041）
经　　销 / 全国新华书店
照　　排 / 南京展望文化发展有限公司
印刷装订 / 上海港东印刷厂
版　　次 / 2011 年 5 月第 1 版
印　　次 / 2011 年 5 月第 1 次印刷
开　　本 / 890×1 240　1/32
字　　数 / 167 千
印　　张 / 9.5

ISBN 978-7-5496-0207-0
定　　价 / 24.00 元

目录

引言

  我与工党的一位高级人士从容不迫地闲聊了将近一个小时，谈论陆克文。忽然，她身体前倾，那一双淡褐色的眼睛逼视着我，坦言道："撰写政治家传记的难处就在于你不会知道事情的全部真相，我不会对你知无不言，克文也不会。你不能责怪部属。你也不会确切地了解到事情的始末。历史还没有撩开它的面纱，时机尚早。"

  不幸的是，我们无法耐心等待一部完整的陆克文传记的问世，因为他已经成为今天议会中的候选人了，他要我们相信，他会实现我们对将来的希望。如今，我们迫切需要了解他，这就是此书的成因。此书试图更多地披露一些有关陆克文的情况——他可能很快就是澳大利亚的下一位总理。

  此书在准备过程中没有得到陆克文的配合。最初，陆克文把自己的情况告诉了许多人，却对我不置一词，但就在此书出版之前，他的态度改变了。

  庆幸的是，其他人对于我在此书中叙述的事情抱以友善合作的态度、乐于提供消息。他们这样做或许是因为了解陆克文和他杰出的魄力是一件需要认真对待的事情。我没有打算粉饰瑕疵，也没有考虑从事某种"破坏性的工作"来突出他的缺陷，此书的意图只是为他捕捉一幅准确肖像。

直至最近的 2004 年,陆克文只不过是众多的渴望领导工党的人群中的一员。到 2005 年底,他进展甚微。只是到了 2006 年的冬季,他才终于遥遥领先于其他潜在的工党领袖。工党为了找到新的发展方向是如何经历这一变化的是此书中另外一个重要的主题。与其他的候选人不同,陆克文成功地将理想化为现实。披露变化是怎样发生的只是一个很简单的故事,但是,要理解变化为什么会发生,就必须了解陆克文了,不仅仅是知道此人,还要知道他的雄心壮志——不仅仅是他个人的、也是整个工党的雄心壮志。

　　一个老百姓是不会去追逐总理宝座的。然而,陆克文在他的妻子、家人和同僚们的一贯强力支持下,雄心壮志得以实现。遗憾的是,受此书篇幅所限以及在即将到来的选举之前必须完成此书,作者不得不削减对某些事件的进一步探究,我所追求的并且集中精力去做的是陆克文在政坛上的升迁,他是如何从一个 11 岁丧父的澳大利亚人成为工党领袖的。

　　一些与陆克文交往过的重量级人物注视着他在政坛上的崛起,此书中的故事都是他们告诉我的。并非每一个人都不折不扣地赞同所发生的事情,并非每一个我与之交谈的人都是他的朋友。在此书的准备过程中,陆克文要求一些人采取不合作的态度,这样一来,此书只能提供有关他的部分故事了。

　　马克·莱瑟姆在日记中写道:"如果一个新闻记者把自己说成是你的伙伴时,那么,他一定是在对你扯谎。"我不会装模作样地假扮成任何一个人的伙伴,但是我希望,人们将会发现此书的描述是正确无误的。有些人不会同意我的判断,但是,考虑到时间的局促和篇幅的限制,我已竭尽所能来还原事情的本来面貌了。

只要有可能,我都会直接标明个人引言的来源。然而,有的人坚持匿名,所以,读者只有依靠自己来判断其出处。当然,我会把此人在相关时期所担任公职的情况概述出来,有时候,仅凭这些概述就足以让读者明白信息的源头了。另外有些个人起初愿意公开自己,但是后来又要求不要曝光。如果我不同意某些事情以匿名或幕后操作的方式进行的话,那么,此书就根本无法写成,我尊重向我提供消息人士的心愿。

许多人慷慨大方地为此书奉献了他们宝贵的时间和睿智的洞察力,本人在此谨表谢意。对于同一件事情,不同的人有着不同的回忆或阐释,我在可能的情况下照单全收,为的是让读者可以得出自己的结论。

最后,此书只是一个人的肖像,而此人无论是他本人还是他的政治观点都在发展前进中,从这个意义上来说,此书只能算是一张快照,因为演变还在继续。乐于改革和接受变化是强大而有力的标志。

＊ ＊ ＊

那位长着一双淡褐色眼睛的政治家所说的话是对的,现在就对陆克文的性格加以评判为时过早,因为我们还不能完全有把握地知道这个人最终会达到什么样的顶峰。

丹纳用另外一种方式表达了相同的意思:"我赞成为已经掌权的政治家撰写政坛传记,而不是在掌权之前就撰写。我非常感兴趣的是他们的思想以及他们能否从根本上改变政治场景。这才是真正有趣的问题:这一切的背后隐藏着什么?"

2006年12月,工党的核心组织决定支持陆克文竞选国家领导人职务,此书试图解释为什么会发生这种情况。

序幕

挑战 *2005.I*

"大约三四年前，我们五六个人都胸怀担任领导人的抱负。渐渐地，我们的雄心消磨了。2005 年，举行了一场模拟的领导人竞选。那时，我就认为他可能是一位最合适的党的领袖。"

——工党议员林赛·丹纳

在冷餐饼的碎屑、番茄酱、塑料桌布和沮丧的人流包围中、在 2004 年大选结束之际，工党的支持者们在绝望中离去。

"当时，我真是怒火中烧气愤之极，"一位议员说："在以后的几天里，谁要是给我打电话，我就把他的头咬下来。"他也确实这样做了。他首先列出了一些选举中所发生的事情。他说很有必要回顾一下自大萧条以来的选举情况，从中找出在首轮选举中就使党产生剧变的东西。寻找问题不是目的，而是对党的前途有着深远的重大意义。

"伙计，"他会对打来电话的人说："你能告诉我一位领导者的姓名吗？——无论哪一位——只要他在第二轮选举中比在第一轮选举中能发挥出更有决定性的影响就行了。"电话至此总会停顿，因为对方在思索，但实在想不出谁行，于是，议员插话道："没人！这就对了——是没人呀！"

从那一刻起，马克·莱瑟姆的领袖地位就朝不保夕了。

在大选结束后的几天里，电话满天飞，人人都在考虑选择改变，考虑把深陷泥沼的工党拽出来。人们谈论工党在选举中惨败时,尖酸刻薄的话会脱口而出。但是,在短期内,工党不可能有任何变化,因为就如何变革一事还没有一个占压倒优势的统一意见。或许,当人们聚会在堪培拉时,情况可能会有所不同。然而在当时,似乎没有一个人能立刻提出一个直接的答案。

工党在初选中遽然惨败,支持率跌至 37.64%,是工党自1931 年以来的最低点。每一位分析家都坚持认为,工党必须在初选中至少要获得 40% 的支持率才会有组阁的希望。倘若没有达到这个至关重要的基本支持率,那么,即使小党的支持者们转而支持工党也无法使工党遂心如愿。形势相当严峻。

工党在大选后遭受到的灾难甚至超过了 1996 年的基廷大溃败。党的下一位领袖面临着一项巨大的任务,那是因为内阁的选举非但没有脱离一系列的选举,反而公然蔑视选举的严肃性。约翰 霍华德虽然掌权已近 10 年,但他还是要经过众议院中越来越多的多数党议员的重新选举。

责备全部指向一人——莱瑟姆,没有一丝一毫宽恕的意思。但是,问题在于,除他之外还有谁可以让我们求助呢。2003 年,吉姆·比兹利的支持者们发动两次推翻当时领导人西蒙·克林的未遂行动,如今,激烈的争执继续分裂党。虽然莱瑟姆只不过是替代克林的候补者,但是,对于导致工党支离破碎的、破坏稳定的运动,党内许多人士依然义愤填膺。

工党舐疗伤口,等待从莱瑟姆领导失败的废墟中自然而然地出现一位新的领袖。但是,此时的莱瑟姆丝毫没有离职的意图,他为了稳定自己的地位,他直接与打败他的议员对质。他在日记中写道:"他所能做的事情就是结结巴巴地说话,他真是一位吹牛的行家里手,却是一个缺乏勇气的人。"

在大选后议会召开的第一次会议上,工党议员合在一起也只能形成一个小规模的、情绪消沉的阵营。接近半数的反对派准备立刻废黜其领导人,但是,法定人数是要超过半数才行。因此,对新领导人选的协商肯定是不会达成统一意见的。紧跟大选后召开的第一次政策讨论会上,愤怒如火山喷发。

"每次政策讨论会都开得生气勃勃,但是很快就起变化了,"一位工党成员说:"这些会议都是为议员开的,媒体报道出来的只是其中的极小一部分。这些会议为通过各种各样的政策和缓解个人之间的紧张关系大开方便之门。"

那些觉得自己曾遭受过莱瑟姆排斥和打击的人开始拿他来出气了。"当时,"一位议员说:"比兹利站出来捍卫他曾经反对过的领导人,这是一个了不起的举动,特别像一个政治家的风范。"

"比兹利本来一直在讲话,突然,他停了下来,环顾四周。他说:'你们当中没有一个人知道,'他停顿一下,重复道:'肯定没有一个人知道领导者所背负的压力。'从根本上来说,他是在维护莱瑟姆,"这位议员说:"人们来自各地,吉姆·比兹利给人留下的印象是,他试图带领工党人士聚集在一起。"

另外一位观察者对同样一件事情显现出来的情况持更加怀疑的态度。"是的,当然罗,"他说:"比兹利支持莱瑟姆——在当时。但是,他总是留一只眼睛盯着在将来重新担当领导人的机会,即使在这样的时刻也是如此。"

问题是真正的领导人还没有出现,而比兹利却发现人们越来越把他当成一位能够带领工党前进的老资格的政治家来对待。就在他输给莱瑟姆之后不久,同僚们就说前领导人辞职似乎是基于这样一个事实:他抛弃了担任总理的最后机会。

但是,随着失败的沉寂,人们注意到有的事情开始起变化了。前面引用过其言的那位议员说:"突然之间,他开始意识到还有一次领导工党的机会,抓不抓住这次机会得由他本人来做出决定了。"

起初是忽隐忽现的闪烁,后来变得越来越明亮—比兹利的抱负被重新激起。如今,比兹利说:"我想在那个时候,他们都认为我是唯一的一个坚强到能够担当领导大任的人。"

领导者当然要面对一项艰巨的任务。大选失败后的深深绝望看起来几乎不可能使人相信党在下一次大选中会获胜。确实,唯一的希望就是在遭受攻击的时间里工党如何找准自己的位置,为赢得 2010 年的选举做准备,这项任务看起来也几乎是不可能的。然而,令人惊讶的是,有抱负的人层出不穷,换言之,没有一个政治家会拒绝挑战。

人们可能都已经找准了自己的位置,但是没有一个人具有公开的举足轻重的影响。在上一次领导人竞争中,韦恩·斯旺和斯蒂芬·史密斯支持比兹利,但结果却是莱瑟姆获胜。莱瑟姆把这两个人贴上了'即将栖息的鸟'的标签,但是,有几位政治家却怀疑,这两个支持比兹利的人可能包藏着他们自己的野心。林赛·丹纳为工党刻画了一幅理智的蓝图,却没有得到核心小组的投票表决。朱莉娅·吉拉尔德仍在勇敢地支持马克·莱瑟姆。

于是,陆克文崭露头角,人们对他的评价众说纷纭。他当时的一位同僚集中批判了陆克文性格中不为其喜欢的一面,说道:"他是一个非常傲慢的小男孩,冷漠超级,极度自我。"但是,对于这种异常的个性特色,另外一些人却集中强调其积极意义。陆克文的一位支持者说:"如果克文知道自己是对的,那么,当然罗,可能会表现出坚持的傲慢,但这并不意味着他不对。他是一个勤于思索的人,除此之外,他随时随地都做好准备去从事导致工党胜利所必需的艰苦工作,我还没有见到过哪一个人能像他那样舍命工作。"

但在此时,莱瑟姆并未辞职,党的领导并未出现真空。没有人敢把他拉下马而导致党的领导人的职位空缺,因为这样做的话会危害党的团结,遭到任何一位新候选人的反对。这就是2004年圣诞节议会休会期间的氛围。对于工党而言,这并非节日假期,有些人开始怀疑工党是否还能重新掌权。

莱瑟姆最终决定退出,但在此前发生了两件大事。

就在圣诞节前,莱瑟姆一家在弗里门托海滩度假,当时,《西澳大利亚人报》的一名新闻记者和一名摄影记者来了,两位记者衣冠楚楚,甚至还穿着鞋走过沙滩。莱瑟姆立马意识到他的生活再也不属于自己了。"恶心的两条狗,"他思忖道,后来又写道:"充其量,这不过是窥淫癖,即使上了真人秀节目也是装模作样。"接着,他的胰腺炎犯了。

莱瑟姆声称,他早先答应过妻子,一旦疼痛的旧病复发,他就退出政坛。这一次的痼疾复发招致了他政治生涯的终止。

* * *

莱瑟姆按计划应该在元旦那一天与霍华德一起出席一场在悉尼举行的板球比赛,但是他没有去,因为病得很厉害。起先,没有人注意到他的缺席,因为媒体的注意力全部关注在那场可怕的、给环印度洋国家造成重创的海啸上。

他的一位朋友,即工党高级人士劳利·布瑞勒顿给莱瑟姆打电话,劝他就这次海啸事件至少应该发表一份公开声明,但是莱瑟姆没有照办。他后来在日记中写道,现在,该是他辞职并且远离公众视野的时候了。他并没有就自己的决定征求同僚们的意见。在以后的几天里,媒体的注意力依然聚焦在别处。

但是,媒体的注意力很快又对准了莱瑟姆。元月第一周周末,莱瑟姆的病况被泄露给媒体,莱瑟姆自此便遭遇到海啸般的灭顶之灾。当海啸的巨浪掠过苍穹的时候,霍华德立刻作出了回应,而莱瑟姆却没有这样做。不久,媒体的风暴便朝他袭来。

莱瑟姆和家人一起在泰雷格尔度假一周,报纸上出现了他在一幢豪华公寓前的游泳池畔休憩的报道,让人觉得他看上去不像生病的样子。很快,莱瑟姆保留自己领导者地位的任何机会都消失得无影无踪,因为作为一名公众人物,他对负面新闻反应不力。这是一场缓慢的谢幕,拖了好几周。

莱瑟姆的情绪很不好。"谁会在意反对派在这种时候说的话呢,"他后来对他的传记作者伯纳德·赖根说:"不管我说什么样的话都没有实际意义——亡者不能复生,浪涛不会退去,组织求援不会停止。"

这些话说得没错,但是,这不是人民所期望的从领导者口中说出来的话。形势很快演变成一场危机。

海林兰公园是一座破旧而叛逆的公园,坐落在英格尔本图书馆的后面,被扔的垃圾塑料袋原封不动地躺在那儿,这里绝对不是吸引人的地方。然而,在暖洋洋的 2005 年 1 月 18 日周二的下午,这块脏兮兮的、碎玻璃成堆、杂草丛生的地方竟然成了澳大利亚政治史上不平凡的一次记者招待会的场所。

电子邮件和传真在记者招待会开始前不到一个小时就发出消息说莱瑟姆即将举行一次记者招待会。然而,从环绕港口的摩天大楼、从市电视台的制作中心赶往被弃置的西部可是一段长长的旅程呀!当天匆匆赶去的每一个人都大致知道莱瑟姆会讲些什么,但是,没有一个人能准确地预测到他会怎样讲或者他会做些什么。

3点钟刚过,一辆米色的三菱玛格纳牌轿车开过来停下。车门被迅速打开,莱瑟姆走了出来,穿着一件深蓝色的衬衫,头发剪得短短的。他似乎更像《现代启示录》中的电影人物科兹上校,而不像一个让人民选择的国家领导人。莱瑟姆挤过人群时,一些正在等候的记者认为他有点衣冠不整,还有点挑衅的意味。这个过程速度很快,当莱瑟姆开始讲话时,有的记者才刚刚跨出轿车冲进干旱的酷热之中。

摄影记者们为了找到最佳的摄影角度,彼此之间推推搡搡,扰得尘土飞扬。莱瑟姆紧紧地拿住手中的一张纸,他的新闻秘书站立其侧分发声明。这是一份莱瑟姆亲自撰写、又经过他人精心删节的声明。莱瑟姆手下的工作人员看到他原先写的声明草稿后再三恳求他重写,原稿中包含了对媒体的辛辣指责,经过商榷后,莱瑟姆同意剔除尖酸刻薄的攻击,可是,在他宣布不再回答任何提问时,他的脸上隐约显现出一丝蔑视。

莱瑟姆声明的第一句话是"许多同僚要求我就工党领导层的不稳定谈谈自己的看法,"23句之后,声明全文结束。

* * *

当晚,工党议员看着莱瑟姆在电视新闻节目中缓缓过去的自毁形象的镜头时都惊骇无比。大多数议员还在休假，有些议员还在国外，陆克文在印度尼西亚，正关注着海啸后的救灾工作。由于政治形势突然演化成一场危机，陆克文加紧工作。

新闻记者着力想在莱瑟姆辞职前就把他打倒。陆克文试图不去理睬国内正在发生的事情。"问题是，"他当时对在印度尼西亚的记者们说："全体澳大利亚人在节礼日〔Boxing Day：英国和部分英联邦国家的法定假日，在圣诞节的次日，如遇星期日则推迟一天，按俗这天向雇员、邮递员等赠送匣装节礼——译者注〕之后集中精力去关心的问题是，作为一个国家，应该怎样有效地去应对海啸灾难。"记者们没有被敷衍过去，一位记者问，"莱瑟姆先生得到你无保留的支持吗？""绝对如此，"陆克文回答道。

几秒钟后，这个回答就变得毫无意义了。

媒体的风暴转而吹向陆克文。人们知道他不仅有志于领导工党，而且几乎在每件事情上都与媒体密切配合。他的一位同僚立即给他打电话，请求他回国，此举的含义不言而喻：如果陆克文真想抓住实现他领导工党的理想的机会，就必需返回澳大利亚，努力办好几件事——疏通同僚、面对媒体、宣传他带领工党前进的清晰计划。

想来陆克文必有所心动，但他并没有回国。与陆克文相反，比兹利在莱瑟姆辞职的次日第一个公开声明他是竞争最高职务的候选人，他希望再给他一次机会去做他在1998年所做的事情：再次激起工党的竞争力。他希望这一次将会大大地不同于以往，这一次他会获胜。他疯狂般地渴望品尝胜利的滋味，他全身心地投入这个新决定中。

就在陆克文待在印度尼西亚期间,他的一位支持者用电话游说选举,他就候选人的更改提出三个特殊的观点:第一,他坚持认为现在是交权给年轻一代人的时候了;第二,工党迫切需要赢得在昆士兰州和新南威士州的选举。这句话的潜台词就是,只有这两个州的候选人才能做到这一点;最后,他点出了陆克文在政坛上的表现以及他鞠躬尽瘁的工作观。

　　一个专门为别人研究策略的人说:"克文也许会想,我们在电视上看到他在印度尼西亚所表现出来的领导风范,这就足够了。可是,恕我坦言,这还远远不够。"莱瑟姆于周二辞职,而陆克文直到周五才从印度尼西亚返回。当他终于踏在澳大利亚国土上时,他说他对领导职务感兴趣,但他仍然没有公开宣布,只是说他得到二十几岁年轻人的支持,但是还有许多人没有表态,他们如何表态就决定了结果。

　　刚下飞机,陆克文就承认了现实形势,他说:"坦率地讲,吉姆·比兹利在过去的两三天跑在我前面了。"他从不文过饰非。

　　在关键时刻,陆克文必须进行个人接触,要给那些犹豫不决者留下深刻印象,那就是,他才是担当党的领袖的最合适的人选,而他当时却待在印度尼西亚。其实,要做的事情绝非仅此。如果在刚开始时他就飞往佩斯[Perth:澳大利亚西南部港市、西澳大利亚州首府——译者注],告诉比兹利,他肯定参与竞选赛,那么,事情就可能是另外一种样子,也就意味着制定了他将来的政治方针。他完全有能力去劝说前领导人应该交权给年轻的一代了。

　　陆克文有别的选择吗?他的一位同僚倒是考虑了这件大事。"刚刚开始时,他完全可以退出。他本可以这样说,我党经历了一段困难时期，我们需要进行一次党内辩论，探讨研究我们应该走向何处以及谁来领导我们行进。我们需要的这场辩论应该在核心小组内进行，而不是在媒体上。我答应举行这次辩论，但必须是在我和我的同僚之间。我不会就此发表进一步的公开评论。我要做的事情就是答应继续留在候选人的名单上直到人民选举结束为止。我想明确表态的是，无论谁获胜，我都会全力支持他。作为一个政党，我们需要商榷和选举。"

这位同僚凭自己的感觉为陆克文杜撰了上述的声明，它强调了工党要留在候选人名单上并以此作为一种手段来决定党的前途。这样做就确保了民主过程的健全，但同时也把陆克文拽进了不成功毋宁死的争斗中——一场挑战游戏。在这场游戏中，竞争者驾车彼此相撞直到最后一刻有人开车离去。陆克文的车还不够结实，冒着被撞毁的危险。

或许，促使陆克文决定竞争领导职务最重要的因素是比兹利的早先声明和他决不放弃的态势。比兹利知道这是他的最后一次机会，他下定决心要抓住它，不能错过。"他拼命想赢，"他的一位同僚说："他不听从任何人的劝说，叫他不要再次参加竞争。"这就解释了比兹利阵营的战略。"尽早发布声明、占据一个强有力的位置和把候选人公之于众会带来极佳的影响效果。这是一种'你有本事就胜我'的方式，但同时也蕴涵着'你没本事就站到我后面去'的信息。"

没有了莱瑟姆，还有 87 张选票能决定谁进入核心小组。任何一位认真的竞争者需要得到 20 个人的支持才能进入初选，需要 30 个人的支持才能吓退另外一些竞争者而到达首轮推选的终点。这一点非常关键，只有绝对可靠地做到这一点才能在选举过程中脱颖而出。任何一位竞争者须得到近 40 个人的坚定支持才能进入候选人名单。

比兹利是宣布参加竞争的第一个人，但是，许多其他的人很快也宣布参加竞争。事情逐渐明朗：选举成了朝 3 个方面前进的比赛，也就是说，朝向比兹利、陆克文和吉拉尔德。

他们 3 人中的任何一个人一旦能够保证获得产生魔力的 40 张选票时，他就可以摊牌了，并且有望将其他几个少数的竞争者抛在其后，完全有可能进入领导层。契机十分重要。候选人必须宣布他的政纲，以防自己潜在的支持者在此之前投了他对手的票。然而，过早地宣布也会有相当大的危险。如果有人宣布过早而后来又放弃原来的主张，或者更糟糕的是，只获得了令人笑掉大牙的微不足道的选票，那么，此人就不可能东山再起，这就否定了他进入领导层的机会，天平倾向别人。没有一个人有意继续破坏党领导地位的稳定——破坏党领导地位的稳定是克林时期的特色。

"起先，电话铃开始响了，"当时正在统计数字的一个人说："人们问道，将要发生什么事情啦，谁会站出来？接着，在最初的几天里，有一阵骚动。"慢慢地，人们明确了自己的决定。"你只能大略地知道人们会怎样投票，你要给他们打电话验证。在数日内，我们会碰到选票转向，有时候竟然是转了又转。于是，只好由你自己来判断了。比方说，有 15 个人对你说'行'，他们就这样做了；有 7 个人对你说'让我想想'，那你几乎可以肯定他们会抨击你；有 3 个人对你说'行'，你也会知道其实他们意思是'不行'。你一直处在判断真伪的过程中，为的是做出正确的决定。你还要确保没有别的竞选人的支持者人数走在了你的前面。"

眼下，仅仅只在讨论将会发生什么事情会使选民越来越少。"领导人的选择常常与在领导人候选名单上的大多数人所考虑的合适人选有极大的关系，"一个研究竞选策略的人说："有时候，选举中带有一种狂热的情绪。但是，在许多时候，人们对少数几个候选人还是表示出极大的尊敬，他们在掂量谁是领导工党前进的最佳人选。有些人放弃，需要时间考虑后才做出决定，这不是因为他们优柔寡断，而是因为他们认真负责。在这种形势下，帮助这些人摆脱犹豫、信服候选人的主张是一个大问题。"

陆克文在周末频繁打电话，他拥有相当数量的民众支持。但是，朱莉娅·吉拉尔德的活动基地的数目增长得更快，显而易见，有的支持人转向了。关注陆克文策略的人说："我们应该从大多数选民个人表达的投票意向出发，从他们的喜好中获益。"但是，要得到选民的偏爱，陆克文必须打败吉拉尔德，进入第二轮选举。

一位议员仍在肯定地说："我对目前形势的看法是，克文很容易地走在朱莉娅的前面。"其他的人就没有这么有把握了。"克文开始流血，而在此时，朱莉娅开始环顾四周寻求支持，"另外一个人说："过了那个周末，选票就开始逐渐渗漏出去。"

这时，朱莉娅·吉拉尔德拒绝支持陆克文，这使得他根本无法当上候选人。陆克文的一名支持者先前就曾乐观地希望朱莉娅·吉拉尔德会支持陆克文，"假如克文当上候选人，那么，史密斯和斯旺就有可能支持他，比兹利也可能就此偃旗息鼓。可是，朱莉娅·吉拉尔德就是不撤退。"

这个人无法理解为什么朱莉娅·吉拉尔德不退出竞争从

而去支持陆克文。"她从未得到过获胜的票数,却分散了非吉姆阵营的选票,她连接近获胜的票数都得不到。"此言大谬。她干得比陆克文还胜一筹。

一个为她出谋划策的人说:"陆克文决不会达到她的水平。"

对这场选举竞争保持一段距离的一位分析家说:"不管你怎样看待竞选策略,即使你把它倒过来看或者弃之一旁都无妨,只要是对方阵营不犯大错误的话,陆克文就无法获胜。"陆克文的一位支持者说:"我对克文的期望是,在选举鸣金收兵时他能当上候选人。克文,你还有一次机会,你还可以为之而奋斗,如果你坚持,我一定全力支持你。但是,你很可能赢不了。"事实上,看上去在每次推举领导人的竞争中,陆克文似乎总是处在老三的位置上。

老三归老三,陆克文常常咨询同僚,时不时地把一样样强有力的武器掷给竞争对手。这种做法给他自己也带来了压力,因为假如他得不到获胜的选票数,这种做法使他看起来成了一个竞选中的拆台者[spoiler:指选举中本人获胜无望却积极争取选票旨在阻止另一候选人获胜的候选人——译者注]。

陆克文还有一种选择:与朱莉娅·吉拉尔德做交易并成为她的副手。然而,即使他脑子里短暂浮现过这个念头,并没有被记录下来让我们知道。我们也不知道年轻一代的候选人是否会放弃谋求领导职务。作为单独的个人,年轻一代的候选人没有能力获得足够的支持来进行一场使人确信能付诸实现的挑战。周末结束前,陆克文虽然尚未宣布,却已经决定退出竞争,转而支持比兹利。

"充当大战风车的堂吉诃德[Don Quixote:西班牙作家塞

万提斯所著小说《堂吉诃德》中的主人公——译者注]毫无意义,"周一,陆克文在布里斯班[Brisbane:澳大利亚东部港市、昆士兰州首府——译者注]宣布他退出这场竞赛,"很遗憾,我从公众那儿所得到的支持没有反映到竞选会议上来。我知道我将没有获胜的机会,继续参与候选人的竞争就是十足的、政治上自我放纵的行为。"

陆克文实话实说:"我没有得到足够的获胜选票,事情就是这么简单明了。"

陆克文决定等待。看起来,挑选比兹利领导工党从溃败中崛起是符合逻辑的,不久,他就成了唯一的候选人。莱瑟姆带着他所有的行囊和对大选失败的责任离开了议会。比兹利跃跃欲试,精心安排,另起炉灶。

林赛·丹纳问道:"倘若克文在任期之初就是工党的领袖,是不是会更好一些呢?"他停顿一下,"这个嘛,天知道!"

第 I 章

成长 1957——1975

> "古为今用……我们能学会我们所不知道的东西。我们
> 不但善于破坏一个旧世界,我们还善于建立一个新世界。"
>
> ——毛泽东

　　陆克文无疑知道自己的身世,正是身世的故事给了他生
存的动力,驱使他从昆士兰州的一个默默无闻的简陋小镇来
到联邦总理官邸门前。就他而言,他明明白白知道来时路,他
记住了,且清清楚楚地告诉他人,令人信服。

　　另外有些人有着不同的和相互矛盾的回忆,产生这种差
异的部分原因可能是基于这样一个事实,那就是,有些事情发
生的时候,陆克文还处于孩提时代。或许,造成这些差异的另
外一个因素是,陆克文处于孩提时期大人对他说的话。家庭
故事威力无比,就是因为家人怀有目的去解释事情为什么会
是这个样子的。

　　理解陆克文的关键看来好像应该着眼于这样一个事实,
即:他那不屈不挠的内驱力和积极性绝非凭空想象亦非胡编
乱造。不容置疑的是,他无保留地相信——或者或许相信
过——关于他童年时期故事的说法。

　　我们还能用什么别的方法来剖析这个男人呢?

＊　＊　＊

　　陆克文的父亲艾伯特——人们称之为伯特——于 1918

年 11 月 18 日出生在一个名叫乌拉昆特的小村庄里。在他出生的前一周,停战结束了第一次世界大战[World War I:第一次世界大战于 1914 年 8 月 爆发,1918 年 11 月 11 日休战——译者注]的大屠杀。但是,像这么重大的新闻费了好长的一段时间还走在传遍世界的半道上呢,还没有传到新南威尔士州南面的瓦格与罗克之间的铁路支线的小站上。

那时,里弗里娜还是一片处女地,机械化才刚刚开始进入该地区。伯特的父亲是一个铁路小站的保养工。深褐色的照片已经褪色,上面是一群穿着破破烂烂衣服的工人正自豪地围站在卡车四周,或者是站在即将被装上火车出口的一袋袋小麦旁,仅此而已,看不到其他的东西。对于一个工人阶级的家庭而言,他还能拿出什么东西呢? 生活艰辛,你只能咬牙挺过,眼前需求的重要性肯定是大大超过对未来的规划。

在伯特的孩提时代,成河的鲜血染红了这个地区,糟蹋了庄稼,毁坏了财产。后来,在他成为十几岁的青少年时,又遭逢上经济大萧条时代[the Great Depression:指 1929 年到 20 世纪 30 年代早期的世界性严重经济萧条——译者注]。对这个小伙子来说,还有许多比在校学习更重要的事情要他去做,于是,伯特便停止了在家乡的求学,虽然这时候他已经能写出一手漂亮的工整手写体来。生活困苦。

1939 年,伯特 21 岁了,长成了一个相貌堂堂的英俊青年,身高 5 英尺 9,身心健康、身强力壮。他曾在像悉尼这样的大城市里干过一阵子活,也在为打仗做准备的民兵营里服役过好长一段时间。可是,他缺少教育的背景意味着他只能以体力劳动来谋生。虽然经济大萧条的阴影已经散去,但是澳大利亚的经济尚未复苏。

后来,与德国的又一场战争再次爆发。伯特没有立刻报名从军。但是,在法国于1940年迅速沦陷之前,他决定参军。他赶回乌拉昆特,赶去瓦格,在那儿,澳大利亚帝国军队正在招募士兵。他7月15日报名,8月26日报到。他在军队的编号是NX36658,士兵。

就这样,他在军队里度过了1958天,成了工兵连的一个地雷工兵,最终——经过5年——他被提升为下士。这对一个没有受过什么教育、来自乡村小镇上的人来说,是一件了不起的收获,这表明了他的能力和毅力。倘若接受过良好的教育,他说不定真的能有所成就。但是,即便是军队,它也不会对一个小学都没有毕业的人委以重任。

伯特在中东和婆罗洲[Borneo:即东南亚的加里曼丹岛——译者注]战时服役近2年。他的档案中所记录的唯一的一次污点是,在开赴北非之前的1941年的某个夜晚,他未经许可而擅自离营,被罚20先令。军队打算培养他成为一名司机或技工。复员开始时,伯特最初被留了下来,因为他还是单身一人,从事的工作亦非至关重要,而且他本人也没有早早复员的理由。可是,伯特最终在马来西亚的拉布安岛上船返回布里斯班。到了1946年2月初,即使像伯特这样满腔热情的工人也不再为人所需了。伯特被解雇了,只有尽己所能竭尽全力地去开辟一条生存之路。

伯特再也没有返回居住在干燥的内陆地区乌拉昆特,27岁的他要品尝一下在更加广阔的世界中生活的滋味,他留在了昆士兰州。

正是在这一段时间里,他在昆士兰州充当流动的户外体力劳动者时遇见了一位姑娘,她不但与他有了联系,还给他带来了将来。玛格丽特·德·维勒没有读到中学毕业，这种情况在当时很普遍。她正在进修当一名护士，可同时又觉得这个职业对她——乔·德·维勒的闺女来说实际上并不太重要。乔在布里斯班北面100公里处的楠普拉拥有一家酒吧，这个地方现在被称之为——为了吸引旅游者——"阳光海岸"。然而，这片青葱翠绿的海岸并不需要迷人的名字才能使伯特坚定地留下来。

他很快就向玛格丽特求婚，赢得芳心。战后两三年，他们俩结婚。伯特没有多少财产，于是开始从事体力劳动的工作，这样的工作对一个年轻的身强力壮精力充沛的男人是再合适不过了。虽然伯特能胜任机修工作，可是，艰苦的体力活似乎更适合他。他有坚定的毅力和饱满的精力，他砍过甘蔗，后来又试图种植香蕉。

一年后，他们的第一个孩子降生了——儿子马尔科姆。第二年女儿劳丽出生。三年后又添一丁——儿子格雷格。不久，这个人丁兴旺的家庭需要安居下来。

陆克文的外公乔·德·维勒有5个儿子——实际上，克文是以他大舅的名字命名的。此时，酒吧的经营每况愈下。老主顾都希望与老板碰碰杯，而乔又有喜欢喝上两口的名声。一个以前的老顾客清晰地回忆说："即使不是大热天，老板也喜欢喝上两口。"所以，家里就没有许多钱来帮助这对小夫妻，他们只有竭尽全力去开辟一条生存之道。

1956年，伯特去管理一家农场主与农场工人共享收益的农场，它位于楠普拉以北不远的一个名叫优门第小镇的边缘。优门第——当时镇上有500口人——是一个典型的农村小镇，现在人们却把它描绘成充满诗情画意的"田园风光"。诺撒南面约20公里至布里斯班北面约118公里之间是一块不大的离海岸很近的内陆地，房屋零零星星地散落在密密的绿野之中，真是一处引人入胜的好地方：这儿是一簇簇紫色的花儿怒放，那儿是金灿灿的橘子累累，仿佛要从翡翠般的绿叶上掉下来。

一位著名的当地人起了一个给人印象深刻的名字：奥布里·洛，他拥有一个占地400英亩的乳牛场。根据他以前的邻居说，它肯定是"肯涅尔华滋大道海岸边最大最好的乳牛场"。在繁茂兴旺、绿油油的草木丛生的小山谷的深处安家、离小镇的路又不远，实属明智之举。用封檐板盖成的小房子漆成白色，成了以后的理想居所，他们从小山奔向小溪。

农场主与农场工人共享收益的农场有着褒贬不一的声誉，尽管成立它的初衷很简单：一个人拥有农场的土地，其他的人管理经营农场的财产。出售农产品、扣除管理农场的开支后的盈利分给双方。在其鼎盛时期，这是一个双赢的安排。可是也有下滑的时候：工人对农场的土地不拥有产权，因此，工人提出来的任何改进措施还得由农场主来拍板；同样地，农场财产的拥有者也有危险，因为农场的土地会被过度使用，雇佣来的农民工会随时离开。

伯特并没有按照经济学家的观点去操作，相反，他按照他认为是正确的想法去做。当时，他认为去管理经营一家奶牛场是一个很不错的主意，而奥布里·洛也十分高兴地找到一个愿意为他打理奶牛场事情的人。在全家搬来后不久，伯特就着手管理奥布里·洛的奶牛场了，一共有120头奶牛，每天都要人去挤奶。

差不多将近两年后，在1957年9月21日，凯文·迈克尔·陆德(中文名：陆克文)降生了,他是家里4个孩子中最小的一个,比他大哥要小8岁。

这个小男孩在蹒跚学步时、在上学之初都不会想到,周围的乡村世界让他感到丝丝凉意的寒风预示着他不幸的将来。

由于地势的原因,这里不可能变成开阔的大农场,因此,作为生产农业产品的农村地区,这里的发展前景有限。现在,在优门第四周实际上没有一个真正的农场。相反,在这里倒建造了许多小型的农居群或解闷乐苑[hobby farm：供有钱的离职或退休者憩息消遣的消闲农庄。——译者注]。这里邻近布里斯班——即便在那时候开车2小时左右即达——就意味着并非与大城市割裂,但也没有邻近到让城里人周末就来度假的程度。迄今仍未被人工糟蹋过的黄金海岸才是富人愿去休憩的地方。小镇越来越依靠那些在高速公路上往北开车行驶的旅游者,这些人会在途中作短暂停息,为的是填饱肚子。

克丽斯汀·福格的双亲在镇上拥有一家提供商业交易信息的新闻社,她在读小学时比陆克文高两个年级。她认为当时的日子没有一丁点儿的诗情画意,相反,她所记忆的是昆士兰州乡间的束缚人手脚的环境。"生活残酷无比,"她边说边回忆起在学校的日子,"比方说,有个小男孩根本不应该来读书,因为他无力应付学习,可他还是被逼来了;如果需要小孩干活,家长就把他留在家里不让读书。我们很容易接受诸如此类的事情,因为这里的风气就是这样。"

她坚持认为财富的巨大差异在这个地方是真实而明显的。"许多小孩赤脚上学,饿着肚子,"她说:"而有的人相当有钱、富得流油。我爸经营一家新闻社,所以我们日子还算过得去。如果你是老板,当然就会有钱。但是,镇上还住着许多其他的人,我能清晰地看到社会差别。处于社会边缘的人,像铁路工人和农场工人,日子过得很苦。"

这条布鲁斯高速公路至少给这个小镇带来了源源不绝的金钱。"有4个加油站和2个食品杂货店,"福格补充道,"它们的老板都发财了。其他的人仍在为生活而苦苦挣扎,常常是入不敷出。"坐落在小镇主干道上的新闻社的对面有几家空店铺,人们很快闻风而至。

菲利普・鲍格・史密斯,优门第博物馆馆长,说:"20世纪60年代末,这个地区迅速走下坡路,苦苦挣扎。1974年白脱油厂关门大吉,不久之后,水果店、蔬菜店都相继歇业。"1976年,布鲁斯高速公路为绕过优门第镇而修建了一条旁道,这样一来,那些原本去黄金海岸度假的旅游者便不会在此停下来进食休息了。

按照福格的说法,导致经济压力更加糟糕的是由于压抑的社会环境,她一直认为,"倘若你不曾在小镇居住过,你就很难理解这里社会交往的复杂性。你对有些事情了如指掌,可你不会公开说出来,你只会讲套话,因为你知道你的余生还要在此与这些人一起度过的。"这是社会阶层起作用的结果。"金钱给一个人的社会地位和生活内容带来举足轻重的影响。这儿只有最基本的公共设施,没有污水排放系统,饮用水取自雨水池,打电话要经过镇上的总机,这儿完完全全是一个老式的、保守的、刻板的、目光短浅的、与世隔绝的地方。"

参照这儿绝对贫困的标准,陆克文的一家还不算是最糟糕的,当然,他们要求的标准是很低的。

陆克文后来说:"和我一起上学的孩子绝大部分是富裕的

国家党成员家庭的子女,他们那时还懵懵懂懂,只是因为家长拨给了昆士兰州教育系统一大笔钱,这使我想到肯定在什么地方使用了不正当的手段。如果平等的机会不始于学校教育系统,那么,任何地方也就不会有平等了。"

具有讽刺意味的是,就是这所优门第小学至少已经产生了两位国家级人物,除陆克文之外,还有帕特·瑞芙特也上过这所学校。该校的一位行政管理人员滔滔不绝地说:"几年前,他还回校颁过奖呢。"校边的一块新地被命名为瑞芙特。"我们现在也拥有了瑞芙特庄园,"这是当地的另外一处地方。"庄园里确实有几栋漂亮的大房子,"她补充道,言语中隐隐约约地透露出羡慕。

如今,优门第镇欣欣向荣,反正统文化[counter-culture:指20世纪60年代和70年代美国青年中形成的一种文化群落,表现为反传统的生活方式和思想道德观念——译者注]的潮流给小镇注入了新的活力,年轻人被这里优美的环境所吸引,纷至沓来。从这里出发,驾车不久即至海滩。居民高兴地看到这个地区兴起了像发展高速公路这样的建设热潮。沿着西尔伯大道的、陆克文曾经居住过的那些以前的农场被分割成一块块土地出售给那些对这里感兴趣的人。"似乎没人十分留恋,出售也便当,"学校里的一位工友说,他在此居住近5年了。

陆克文在2007年1月返回母校,他没有随带电视摄像人员,并不想做让人明确知道新的工党领导人是谁的广告。他站在刚入学读书的那幢大楼旁,背景是如诗如画的农村小镇的田园风光,侃侃而谈他要在澳大利亚恢复的价值观。但是,根据另一位当地人所说的是,"校长气得差点中风。他是看到电视上的广告才知道有一个电影摄制组在他们学校,显而易见,他无比愤怒。后来,有人告诉他说,陆克文与昆士兰州教育局联系了,是教育局批准那次拍摄的,但无人事先与他联系。"

陆克文在小学读书时,校长与学生相处和谐。"最后两年我们班是校长教的,"福格说,"他真是一个好人。而另外有一个老师,她好像很不喜欢在学校度过的分分秒秒,上她的课叫人胆战心惊。"

陆克文学习努力,成绩优秀。即使在年纪很小的时候,他就十分喜爱读书。显而易见,母亲激励了他的这种兴趣,邻居们都肯定了这种说法。毋庸置疑,她激发了儿子的好奇心。陆克文至今还记得,10岁那年,他获得了一本叙述包括中国在内的古代文明的书。书籍似乎为这个小男孩揭示了比局促一隅的优门第镇大上许多的外部世界。

* * *

1968年12月14日,伯特去了布里斯班。他喜欢打保龄球,后来对一个警察说,他参加了在赤壁饭店举行的保龄球手聚会,在那里吃了午饭,"每杯5盎司啤酒喝了6杯,还喝了点威士忌。"再后来,从晚上8点至午夜,他去了位于坚忍山谷的'水牛庙'餐馆用餐,边吃边喝了另外6杯啤酒和一些淡味威士忌,然后他就开车回家。当时,布鲁斯高速公路还不是如今的快速双车道的结构,他似乎费了好长一段时间才走完120公里的路程。

凌晨3点左右,车子突然转向一边冲过中线,冲到公路右侧,冲过柏油碎石路面,径直撞上一根电线杆,撞得一塌糊涂。

伯特没有系安全带,他的漫游者牌小汽车也没有保护司机的缓冲设备,他遭受大面积内伤。他被送往楠普拉综合医院接受初步治疗。过了一段时间,院方意识到他们治不好伯特的内伤,于是把他转到布里斯班皇家医院。将近车祸的2个月后,1969年2月12日,伯特去世,享年50岁。其时,陆克文是11岁。

将近40年以后,埃伦·范宁为《星期天》节目编制了陆克文的简历,他对父亲所发生的事情看来是一清二楚。"医院对他车祸后的诊断是完全对的,可是后来在住院期间感染得很厉害,"他对着摄像镜头说。

"我越来越清楚,我所经历的和我父亲接受治疗的医院系统在当时可以算得上在第三世界里是相当好的了,可是资金不足。我在这里所讲的是上个世纪60年代末期的事情,当时真是太差劲了,实实在在的差劲,因为我曾经看到过报道说,有些医生在给病人动过手术后就离开了医务行业,总有一天,我要弄清其中的原委。"

范宁进行调查,最终公开了验尸官的死亡报告,但这并不能支持陆克文关于医生失职行为的说法,甚至也没有隐含医院做了任何不合适事情的细微迹象。相反,验尸官坚定认为,伯特在车祸中受了大面积的内伤。尽管一连做了四次手术,伯特的病情继续恶化。死亡报告说,导致死亡的原因是腹膜炎伴随着胰腺、肝、胃的并发症。

"院方很重视对我父亲的治疗,即时调整了他住院后期的手术方案,"陆克文说:"可是我要明白无误地知道医生是谁,专业技术怎么样。"因为在随后的报道中,范宁认为,其父死亡的这件事情"培育了陆克文的志向,激发了他要与工党打交道愿望,部分原因是,他误解了其父死亡的真情实况"。

　　腹膜炎或许能解释为什么这个小孩一直在怀疑医生的渎职行为。因为腹膜炎这种疾病如果不立即治疗的话,常常会恶化得很快。腹腔内壁的薄膜火烧火燎,疼痛难熬。若不采取合适的治疗,病情会日趋严重,可还不至于致命。但是,治疗不及时就很难挽回病人的生命。或许这个小孩就认为,不及时又不充分的医治要对其父的死亡负责。

　　就在伯特去世后不久,玛格丽特显然无法继续经营农场。他们的邻居科尔·西尔伯早已在帮忙挤牛奶了。发生车祸的次日,他正在开辟一条防火障,听到伯特住院的消息后立刻跳上一部拖拉机去帮忙。在以后的六周内,他每天帮忙挤奶二次,但是他不能一直这样做下去。

　　伯特经营奶牛场,但其所有权属于奥布里·洛。就在陆克文成为工党领袖之后不久,他对《澳大利亚妇女周刊》描述了一个11岁的小男孩对所发生的事情的看法。他说:"在父亲葬礼后的二三周内,人家通知我们必须离开。我至今都还记得母亲与奶牛场主之间进行的那一场可怕的讨论。遭遇到如此恶劣的对待,我义愤填膺。我还记得我当时所想,'这种事情不应该发生在任何一个人身上'。"

　　陆克文被选为担任领导职务时,这个故事在媒体上起着显著的作用。虽然陆克文在议会发表首次演讲时暗示了这件事,但是在以前,他从未强调过它。当时在议会上,他只是说道:"我的母亲,与成千上万个母亲一样,只能完全依靠当时菲薄的救济金过日子。"这个故事显然激怒了奥布里·洛的孩子们,他们对朋友倾诉,怨声啧啧。

　　后来,悉尼《太阳报》的一名记者克雷·安妮·沃尔士听到完全不同的有关陆克文一家被'驱逐'的说法。她和同事埃蒙·德夫一起进行深入调查,结果发现奥布里·洛的孩子们愤怒地驳斥那些暗示他们父亲冷酷无情的话,他的小女儿吉尔·麦卡翁指出"完全没有理由非要他们(陆克文一家)在7月份在新的工人到来之前离开。"

"我父亲为玛格丽特提供了食物及其他必需品,"麦卡翁说:"她可以不用花一文钱就能在此住下去,一直住到新的工人到来。陆克文一直没有提到的是,新的工人直到7月份才来——离他父亲的去世将近半载了。"

"继续说陆克文在其父丧葬后就被逐出的话是根本令人无法相信的,"麦卡翁坚持道,陆克文"一而再、再而三地把我们父亲的好名声拖过泥沼。"

令记者们感到遗憾的是,陆克文对此没有回应。"我母亲被告知必须离开农场——事情就是这样,"他说:"我记得,坐在隔壁的房间里,洛先生对我母亲说了搬家的事。我父亲为这爿农场工作了13年,为改善农场的管理经营呕心沥血,那么,为此应该给我们家多少补偿呢,我母亲与洛先生为此争执起来。"

"我也清楚地记得,在我妈和我一起乘车离开之前,一个忙碌得像一只工蜂似的人带着家人和邻居就开始动手打扫地板、粉刷墙壁了。"

但是,这是由于道德原因而无法刊印的故事背景——故事背后的故事——它后来被揭露,引起了一阵轰动。《悉尼晨报》记者艾伦·拉姆齐后来报道说,陆克文努力想要叫报纸不要再刊登此类事情。2007年3月3日,陆克文手下一位年轻的新闻秘书打电话给沃尔士,事实证明他在这个岗位上的工作经验不足,因为沃尔士说,一连串带有火药味的猛烈抨击随之而来。几小时后,他又打来电话威胁说,如果继续刊登就"修理你和你们的报纸"。

报纸编辑决定作进一步核实,推迟周末的刊登。一周以后,他很有把握,就继续刊登了。这时,《太阳报》编辑西蒙·杜亨特接到了一连串的电话,开始是陆克文办公室打来的,最后是陆克文本人打来的。"他直截了当,"杜亨特说:"并且坚决要求不要继续刊登。"

当然,一位审慎的律师可能会指出,这两种说法没有必要互相排斥。玛格丽特很可能是在她实际离开前几个月被告知的,但是,正如杜亨特所感觉的那样,陆克文的说法留给人的印象并非如此——陆克文对此又不做任何事情来加以纠正。

对将近40年前发生事情的两种不同的阐释突然演变成真相的拥有者是谁的故事。认为小孩子可能对所发生的事情以及过程中的情况记得不准确是貌似有理的说法。新闻记者们对这个故事引起的强烈反应感到震惊。拉姆齐用宣言式的语言结束文章:"陆克文有一个危险却又不堪一击的下巴。"

虽然陆克文可能居住在邻近的地方,他仍然在优门第小学继续上了一段时间的学。在仔细地搜罗了陆克文的谈话后,我未能发现'陆克文肯定地说全家在其父葬礼后立即被驱逐出农场'的话,仅是别人告诉他们,他们必须离开。

得出进一步的假设是:陆克文全家被逐出农场,无处可去。在《澳大利亚妇女周刊》的一篇文章里,陆克文提到别人告诉他,他母亲叫他去小汽车里睡觉。人们自然而然会推测出这是被逐出农场的后果。但是,认真仔细地往下读就会明了,实情并非如此。陆克文说,他和他母亲"同亲戚待在一起,有时候会产生一些小摩擦，于是，你夹在中间会有一种无依无靠的感觉。这种事情只发生过一次。"

这些事件显而易见是令人痛苦而难忘的，认识到这一点非常重要。然而，正是在多年之后发表拉姆齐的文章才第一次褪去了这位绝顶聪明的工党新领袖身上的光环，人们关心在意的并不是这两种说法之间的差异，而是陆克文对那些质疑声的处理方式。

"他应该学会付诸一笑，不加理会，"采访议会的记者团之中的一位高级记者说："他办公室里尽是一些自负的傻小子，他们没有经验，不能给他提出什么好的建议；或者，他们提出了一些好的建议，而陆克文没有采纳。"

"陆克文必须明白有的事情是无法控制的，"他补充道："甚至连尝试一下控制都是愚蠢的。正是他失败的隐藏真相的企图才以导致大大超过事情本身的喧闹和悲哀而告终，这倒也算均衡吧。"

在我着手准备撰写这部传记时，我无数次地请求陆克文进一步地详细叙述这些事情，最初他拒绝了。

陆克文在议会的首次演说中坚决认为，他的母亲，"与成千上万个母亲一样，只能完全依靠当时菲薄的救济金来养家糊口过日子。"在缺少过硬资料的情况下，很难知道当时他家经济的确切状态以及别的情况。玛格丽特有 5 个兄弟，至少其中一位已经开始变得很有钱。其时，陆克文的哥哥马尔科姆在军中服役，姐姐劳丽在女修道院，格雷格在布里斯班的寄宿学校。然而，陆克文的母亲刚刚失去她赖以生存依靠的丈夫，陆克文的年纪又小，离开农场对这个小孩来说自然是一次痛苦而难忘的经历。

伯特为改善农场的管理经营呕心沥血，玛格丽特指望因此而得到点补偿，很可能包括免费在房子里再住上几个月，可惜，没有这方面事情的记载。

约翰·道尔特的姐姐在当时是玛格丽特的一位闺中密友，他后来通过工党结识了陆克文。"玛格丽特当然不得不离开农场，"道尔特现在说，"因为她无法挤 120 头奶牛的奶。但是克文认为，她母亲遭到了粗暴的对待。"

"当时，农场出售奶油收入的一半归伯特，这是一个高收益的农场，"道尔特继续道："这对陆克文一家处境有利。当然罗，那时没有社会保险，而奥布里又是一个非常精明的人且十分富裕，他完全能够表现出更多的同情心。"

奥布里·洛无疑是一位有影响力的人物。他在一年以后去世，据其家人称，有一千人参加了他的葬礼。以前未被曝光的是，奥布里的侄子大卫·洛是以这个地区国家党党员的身份进入昆士兰州议会的。

在伯特逝世的前一年，玛格丽特的兄弟埃迪·德·维勒在一场预选的恶战中挺身反对大卫·洛，成功地把这个地区的政治控制权从洛氏家族的手里扳了过来。

那时候，道尔特是工党候选人，与大卫·洛及埃迪·德·维勒进行一场 3 人参加的竞争州属下的农村行政区议会主席一职。"大卫患有严重的肝硬化，"他说："健康状况令人震惊。当埃迪挑战大卫时，洛氏家族尝到了极其苦涩的滋味，他们不愿意看到大卫倒下而被一脚踢开。埃迪使洛氏家族伤透了心。"

道尔特猜想，陆克文一家遭受到的对待可能也反过来激发了他参加工党的动机。"这是向他们报复的一种方式，表明自己与他们不同，这是对他、特别是对他母亲所遭受到的对待的一种抗议。"

"洛氏家族本来可以表现出更多的同情心以及对伯特13年来所做的工作给予玛格丽特一些补偿"道尔特继续说，他停顿了一下，立刻又补充道："当然，陆克文后来看到了能做许多别的事情的机会——使其他人的生活变得更加美好的机会。"

不论陆克文一家是否被驱逐出农场，在其父突然去世后，陆克文在农场所呆时间的长短对他已经毫无意义了。道尔特强调了这一点，他说："已经在他身上投下了巨大的阴影，可怜的小家伙！他亲身经历了澳大利亚富人与一无所有的穷人之间的巨大的财富鸿沟。"

他从出生时起就一直居住的房子突然不属于他们了，他小学还没有毕业却只好转校，这是他个人的大灾难，在其父去世后更是雪上加霜。陆克文说在3月份里，他"被送去与来自邻近农场的工人住在一起，继续在优门底公立小学读书，直到1969年第一学期结束。"西尔伯一家人对这样的说法既未证实亦未否定。

陆克文的周围世界倒塌了。他似乎被巨大的经济焦虑和家庭的未来紧紧抓住，他父亲的故世可以看成是他巨大动力的来源——或许也可能是他政治倾向的来源。

理解陆克文的关键在于这样一个事实，那就是，他似乎永不停歇。他努力推进自己、推进身边的人。他雄心勃勃、意志坚定，表现出不达目的誓不罢休气概。回顾以往，童年岁月的经历给予他的巨大影响无论怎样强调都不会过分。

＊ ＊ ＊

玛格丽特不得不工作。她决定为当上一名护士而去接受再培训。最后,她在自己的家乡楠普拉买了一处房子,房子离她上班的医院只有几百米远,这对于一个需要照顾小孩的单身妈妈来说是相当方便的。

房子现在依然坐落在楠普拉公主大道 4 号,陆克文的姐姐劳丽住着。大道的名字如今改为公主环道,为了不与该市另外一侧的公主大道相混淆。昆士兰州的农村地区至今仍然广泛使用王室人物来命名道路,以"公主"命名的大道自然要邻近伊丽莎白大道或者亚历山德娜大道,有一条王后大街,靠近必有一条国王大街。在这些道路的四周点缀着具有自然特色的路名——瀑布路、春花路等,还有一些更加实在的名字,如医院路。

这里的一切各就各位。澳大利亚至今没有举行成立 200 周年的庆典。我们很容易想象到,对一个小男孩而言,生活在自鸣得意的小城里会变得越来越迟钝,然而,政治意识觉醒的最初迹象表明他觉察到了这种情况。

这个小孩以后常常把自己埋在书堆里就不足为怪了。他后来说他"每天晚上要花两三个小时做功课",并且声称这很普通。可是,令我们怀疑的是,大多数农村孩子那时候在做什么呢,似乎是陆克文发现了书籍和功课为他提供了逃避单调乏味的日常生活的一种方法。

小学毕业后,陆克文被送去一所寄宿学校。他上了位于布里斯班市阿什格罗夫的马利亚会会友兄弟中学。学校离市区仅为 7 公里,可是学校拥有 23 公顷[hectare:1 公顷等于 100

公亩或 2.471 英亩,合 15 市亩——译者注]的土地面积,有 8 个椭圆形板球场,仿佛属于另外一个世界。学校坐落在伊诺盖拉海湾岸边,创立于 1940 年,不久即被军方占领。战争结束后,校址归还校方。自此以后,一种重视运动的传统开始兴起,并且彻底主导学校,包括对各项运动在内的兴趣演绎成追求运动卓越的狂热。这种现象不是表明该校的强悍,而是表现了该校不断上升的形象。当时,橄榄球和板球是学生的必修课,学校在这两项运动上声誉卓著,现在依然如此。

学校的座右铭是"阳刚",即:做事要有大丈夫气概。另外一个学生后来说,他很不喜欢"这所旧式学校里一半的、刻板无情的天主教徒老师"。运动在该校受到大肆吹捧,以至于让人有时候很难记住成立学校的目的是为了教育学生而不是仅仅为了形成竞争团队。陆克文觉得自己与学校有点格格不入,对此我们是能够理解的,这并不是他缺乏成功的强烈愿望,恰恰相反,他孜孜不倦地追求知识,不局限于体力运动。

学校的一切被安排得井井有条,个人没有机会去发展自身的爱好,特别是寻求知识、开发智力的爱好。陆克文没有说起过他在这里度过的时光,揣度陆克文不喜欢学校只是貌似有理的说法。相反,他返回楠普拉与母亲生活在一起时,又去上了当地的学校。

生活中一件奇怪的出乎意料的事情是,工党将来的影子内阁的财务主管韦恩·斯旺在国立楠普拉中学读书时比陆克文高两届,可是,他们俩在校期间素未谋面,因为陆克文在布里斯班,否则的话,他们俩或许会相识相知。然而,他们俩当时的个人兴趣却大相径庭。斯旺是"酷"小伙子中的一员,而陆克文回到楠普拉时,他更注重学习上的追求。

"那时期,我冲浪、踢足球、同姑娘谈恋爱,"斯旺如今说,提到姑娘时他稍稍显出几许不自在。他也是在楠普拉边缘地区长大的,与家人一起生活在一个陈旧的奶牛场里。他父亲唐尼在一周中的工作日里要为当地的皇家文学学会做事,除此之外,周末还要运送汽油,他当然希望孩子们能帮忙干。孩子们很快成了运送汽油的行家里手,他们把盛装在大桶里44加仑的汽油分装成5加仑的小罐,送至城里的四面八方。

斯旺过着一种当时典型的乡村生活方式——大量的运动,包括充当兄弟们练习扔板球的靶子。那时候,足球、板球和冲浪运动风靡全校。"整个夏天就是在板球与躺在沙滩上或者在冲浪俱乐部之间度过的,"斯旺说。

"我们有一位可爱的老教师,叫琼斯太太,"斯旺现在说:"麻烦在于她耳朵有点背,所以,她转身在黑板上书写时,教室后排的学生通常总会拖椅拽桌,扰乱课堂秩序,可他们总能躲过去而不受惩罚。"然而,总的来说,教学运转很正常,称呼教师为"先生"、"女士"或"太太"。

"对于学校,我是很认真的,我不希望给你留下坏印象,"斯旺说。他沿着铁路线步行上学。他父亲的家人于20世纪30年代在楠普拉开了一家加油站。二战时,他父亲因患有"神经过敏症"离开军队返回后就在这座加油站工作。现在,神经过敏症被称为外伤后的神经紧张紊乱症。

在校最后一年,斯旺被授予经济学学科的奖金,但同时又告诉他,除非他把头发剪了,否则在颁奖大会上拿不到奖金。斯旺耸耸肩,他不想让奖金阻拦他的生活方式。不管怎样,他还是拿到了那笔奖金——他的虚张声势起了作用。

小小社区生活，人人非常平等。"现今，牙科医生的子女上私立学校的人数可能很多，天主教教徒的子女可以上本堂的学校或者别的学校，"斯旺说："但是，在以前的那些年代里，我们大家都常常聚在一起厮混。"这样的地方才是真实的社区。"这些年来，"他补充说："这些联系渐渐消磨。我不是说我们要再创造一个以前来——现在的贫富悬殊越来越大——但是，不应当有任何不成文的规则，不应当因为这些不成文的规则而变得更加不平等。"

后来，斯旺写了一本聚焦这个问题的书。书中写道，他进行了他称之为"令人心烦的澳大利亚成功者和失败者的大杂烩"的调查，尔后提出了自己的建议，绘制了一幅停止这种"国家分裂"的蓝图。在中学期间，斯旺还没有从事政治。他是后来加入工党的。他就读于布里斯班大学，被征入伍，参加越战。

陆克文迥然不同，他全神贯注于学校的学习。在初级考试中（那时称为 10 年级考验），克文考完 6 门课。他考得最好的一门课是历史，得了满分 7 分；英文、法文和地理都是 6 分（满分 7 分）；他最差的两门课是科学和数学，他很快就不再选修这两门课了。即便如此，就在这次考试中，这两门课也取得了值得称赞的成绩：A 类数学和 B 类科学都得了 6 分，但 B 类数学和 A 类科学都只得了 5 分。造成这种差别的原因就在于陆克文对人文学科感兴趣，而自然学科点燃不了他热情的火花。他身上蕴涵的另外两种个人特征也日益彰显。

他醉心学习。每天，他不告诉任何人就把自己关在与世隔绝的地方坐下来读书。一旦完成家庭作业，他会去读更多的书。很久以后，当他被问道孩子们读书是不是太辛苦了，作为一名政治家,他给出了一个令人惊讶的回答。与"是辛苦呀,还不是为了将来生活得更容易一些"之类的、肤浅的、老一套的传统回答相反,他完全从自身的信念上来看待这个问题。他指出他本人以前每天读大量的书,对他而言,读书显然是一件兴趣盎然的事情。他也看到学习对日后生活中的成功是必需的。不能像别人一样用功学习的事情似乎注定不会在他身上发生。

第二个个人特征是,尽管陆克文这几门课都学得蛮好,他也打算不选修它们。他仍在努力学习,但绝不是为了获取学分。他得到的结果比那些继续选修这几门课的学生所得到的结果要多得多。他决心投身研究问题直到洞悉它,尽管有的问题他并不十分感兴趣。他找到了一种方式让自己深深地沉浸在运用自身无穷无尽的潜力之中。

学习正在奏效。陆克文意识到自己不仅仅是学校里最棒的,也是昆士兰州里的佼佼者。一所农村公立学校里的学生能取得这样的成就真是闻所未闻,而楠普拉中学做到了。陆克文展现出非凡的才能。

1939 年,前学生会人员聚集在一起给母校颁奖,表彰学校倡导公开演讲和公开辩论。一份校办杂志回忆说,"漂亮奖杯的亮相掀起了一股强烈的课外活动的热潮。"事实上,公开辩论渐趋式微,直到 1974 年才恢复活力。领头的是两位老师,罗恩·德雷克和费伊·巴伯,他们俩在 1974 年成立了辩论俱乐部。陆克文在校的最后一年里成了刚成立的辩论队队长,就在那一年晚些时候,他率队出征,赢得了地区辩论赛冠军头衔。在昆士兰州决赛中,仅以毫厘之差败北。

"在辩论的头几年里,我们获得了很大的成功,"纪念学校成立50周年的金色特刊在10年后写道。实际上,在以后的5年中,学校赢得了4次辩论赛的冠军,包括1978年的校队奔赴悉尼参加比赛,在这场比赛中,"圣乔治女子学校辩论队在最后一刻击败他们,仅以一分之多而获得冠军头衔。"陆克文无疑成了巴伯老师最喜欢的学生,老师充满感情地回忆起他对学校参与校际之间辩论赛所作的贡献。

陆克文十分喜爱公开演说,参加了"代表澳大利亚讲话的年轻人"的演讲比赛,这个比赛要求个人就某一个特定的题目进行演说。"举办这样的演讲是为了让中学生提高在公众面前演说的信心和技巧,"陆克文陶醉于能让他表明在这个领域内他是卓尔不群的任何机会之中。他进入了全国总决赛。在这之前,他彻底打败了小组决赛和州决赛中的对手。奖品包括别人捐赠与校图书馆的书籍,如含有大量插图的罗马神话。在那个时期,昆士兰州的学校都觉得没有必要去详细了解亚洲的情况,只要知其大略即可。学校的正统观念是,若要深入了解人类社会的变迁,显而易见,必须从欧洲入手。

课外活动也包括其他内容的竞赛,如"年度青年名人"的选拔。那时,有一张源自摄影的照相画,上面是一个文质彬彬、勤奋读书、具有学者风范、热情投身于各项活动的青少年。当然也有另一种可能性,有的人会认为他是一个蠢人。

楠普拉是一个非常保守的城镇,然而陆克文就是在此地彼时正式参加工党的。道尔特记得,"楠普拉工党支部人数不多,却相当活跃,终于超过35个人"。他说,"有些人是在校教师——其中一人后来成为昆士兰州工党秘书助理——他们成立了一个'青年工党'分支部。"

"我们创立'青年工党'分支部时,只有5个人和一条狗,"

道尔特说:"但是它逐步扩大。这里没有宗派活动,我们大家总聚在一起。我们经常租一辆汽车开往布里斯班去举行集会,忙碌一整天,其乐无穷。"

陆克文对辩论的强烈偏爱足以点燃讨论政治的烈焰。有趣的是,巴伯的儿子雷后来也成为一名澳大利亚工党议员,进入州议会,而不是联邦议会。

陆克文决定加入工党意义重大,这位十几岁的青少年清楚地表明了他将选择自己的人生道路,而不是按照他家庭的传统方式去做。

陆克文的父亲是国家党党员——显然不是一个活跃分子。但是,陆克文的舅舅埃迪·德·维勒是当地杰出的知名人士。即使到了今天,在他去世后多年,当地议会大楼的墙上仍然镌刻着他的名字,四周用色彩鲜艳的斗大的字母作装饰。如果你浏览一下当时的报纸,随意翻到哪一页,常常会有埃迪出现,他正凝眸回望你呢!查一下学校的颁奖仪式,往往你会看到,正是埃迪在颁奖。

这是国家党的心脏地区。埃迪是马罗奇地区国家党的最高官员,他的房子顺着地势逶迤伸展在小山顶上,一条柏油路直达屋前。具有讽刺意味的是,埃迪房前能看到的一处小房子正是斯旺那时候的居住地,那是山脚下没有教堂的名叫卜利卜利的小村子,一条坑坑洼洼的泥泞小道通往那儿。

我们能想到有许多因素促使陆克文参加青年工党,他自己说了一条影响他加入青年工党的重要原因,那就是,他目睹了当时他周围大量的机会不平等现象,事情对有些人很不利,尽管这些人本身并没有什么过错。此外,他感觉到他父亲未能得到高质量的医疗服务,令他非常气愤。加重这些的可能源于这样一个事实：他认为是洛氏家族把他和他母亲逐出农场的，而洛氏家族又是一个声誉显赫政治保守的家族。另外，学校里一些活跃的、生气蓬勃的教师可能也鼓励他加入工党。最后，可能出于对舅舅埃迪的财富有点愤然。

当时的昆士兰州各级政府都在做交易，埃迪从中肯定得到了许多好处，除了直通其家门口的那条路外，他优先获悉了经营甘蔗执照的分配。这样一来结果就是，虽然埃迪实际上只是一个奶牛场的农场主，他却能弄到经营甘蔗的执照，从中获利颇丰。

年轻的陆克文也看到了政治上的交往能派得上用处。大约就在这个时候，陆克文给军方写了一封信，"我去世的父亲于1939年至1945年期间在军队服役，他没有领取军人奖章，我现在要求代领。"他开门见山，直言不讳。"巴纳德先生（当时的国防部长）建议我提供我父亲服役的详细资料，"陆克文在信中写道。他这样写的目的也许是想让军方尽快颁奖。

事实上，尽管漏掉了名字，军方还是犯了一个错误：虽然给陆克文的父亲颁发了太平洋之星、卫国奖章和战斗奖章，还是漏掉了他应该得到的头衔——非洲之星。自1991年起，有一些通讯进一步披露了伯特在军队中服役的文档，这些材料原本被禁止在2021年前公开，这可能是要求最终搞清楚伯特应得的全部奖章。

在校最后一年，陆克文以全校成绩最优学生毕业。他放弃了数学和科学，但是，这两个弱项并没有能阻止他在高考中的出色发挥：现代史、古代史、地理和经济学全部获得满分（7分），英文第一次成绩是6分，后三次全部是7分，法文考试是非强制性的,这也是他的弱项之一,开头两学期是 6 分,最后两学期是 5 分。

各门功课考试满分相加,总分为 140 分,陆克文考了令人瞩目的 139 分,真是了不起的成绩。

对于一所中等规模的农村中学而言,陆克文是该校学习上的明星。一旦发现自己喜欢的学科,他就会全身心地投入到学习中去。对他来说,这并非苦差事,因为他太喜欢读书了,读书不仅让他兴趣盎然,也使他出类拔萃。其他的人注意到他了,也看出了他的能力,这肯定让他感觉良好。如今,人们赞赏他所取得的成绩,无疑会激励他继续前行。

我们很难——或许不可能——确切了解到陆克文对这段时期生活的真实感受,在许多方面,想必他会觉得自己被排斥在财富与成功之外,而这两样东西又被澳大利亚人视为是与生俱来的权利。她母亲的收入很低,家庭经济窘迫,日子过得紧巴巴的。每天早晨出发路过医院去上学时,他必定会清醒地认识到,他们家的房子不是一个昆士兰州人应该住的、占地 100 英亩的豪宅。而在另外一方面,他也必定会清醒地认识到,他的才能为他提供了在他所选择的领域内建功立业的机会,他放弃数学、集中精力于优秀课程的决定对他大有裨益。

虽然还很年轻,但是,一个为当时人们所熟知的陆克文形象出现了:首先是文质彬彬,他对人谦恭有礼,对长者毕恭毕敬。他并不打算去挑战已经建立起来的基本准则。然而,这种态度明显地昭示了暗藏其中的紧张状况。作为全校学习成绩最优秀的学生陆克文依然觉得自己被社会排斥。

他的弱项是数学,这就意味着他不能选择当医生,他也从来没有想过要当医生,对医生职业不感兴趣。那时,医生与护士之间的差别巨大,护士明显属于隶属关系。或许,在他的心中潜藏着对于他母亲所受到的对待而抱有的愤懑,或者从更深一层即从心理层次上来说,他不愿意侵犯他母亲的工作地方。

攻读法律及其相关专业的学位显然是陆克文的最佳选择,他说一想到要进入这个领域,就不由自主地欣喜若狂。毋庸置疑,在这个阶段时,小伙子觉得自己能取得许多成绩。优秀的学业和他对自己能力的充分了解肯定会使他倾向选择法律。

可是,这个来自楠普拉的单身母亲的孩子也意识到,即使毕业后成为一名律师,也有一些微妙的障碍阻止他直接进入律师事务所,律师界没有几个榜样人物可以让他仿效来面对他想投身的事业。虽然他把自己想象成一名在高等法院辩护案件的出庭律师,他也清醒地认识到,要做到这一点,必须花上好几年的光阴不厌其烦地研究案情。想到自己可能成为一名从事土地产权转让的乡间初级律师、想到自己可能身埋在落满尘埃封存日久的书堆里寻找晦涩的差别,陆克文不由得有点不寒而栗。

另一方面,当一名外交官的理想也在激励着这个小伙子。在当时,外交工作是一份值得人们去追求的职业——令人自豪的职业,虽然在脑海中的概念自己只是一名小公务员而不是一个精于世故的谈判老手。甚至连"为了国家利益而被派往国外去说假话"的想法都有一种迷人的诱惑力。

外交部舍得花钱培训其工作人员,待遇相当好。每个人心目中的外交工作人员的形象是,配有司机的轿车风驰电掣般地把他们从鸡尾酒会送回仆人成群的大厦。选择走这条职业道路似乎有着令人兴奋的前途。

许多年以后,人们问陆克文在澳大利亚国立大学读书时为什么选修亚洲语言,他的回答直截了当、明明白白。"逃避现实,"他说,似乎对提出这样的问题感到惊讶。这时,一个有着内在矛盾的青年形象出现了:他是一个充满自信的公开演讲者和才华横溢的学生,然而,尽管有了这些外表成功的现象,他似乎依旧主意坚定要改变自身的环境。

* * *

在这个阶段,陆克文作出了一个异乎寻常的抉择。在20世纪70年代,绝大多数人选择中学毕业后直接上大学。"休学一年"既不符合常规,也不受应届高中毕业生的欢迎,特别不受成绩拔尖的优秀毕业生的欢迎,因为已经确保他们在大学里占有一席之地了。

中学毕业后,陆克文对东海岸进行了一次沿途免费搭乘便车的旅行。他花时间去做不同的工作,其中包括当售货员、在公共图书馆里码书、当酒吧间男招待、当商品促销员助手、还有,当医院病室护工。

为了发现他在这一段生活中的更多情况,我接触了许多人并请他们描述一下这位青年人。陆克文要求他们不要对我说什么,可是,对于一个在1976年就要去堪培拉上大学的年轻人来说,能有什么秘密呢。他已经充分证明了他在学习上有很高的天赋和能力,获此成功的基础就在于扎扎实实的勤奋和有条不紊的处理学习的方式。这种动力无疑来自他心灵深处,或许与他父亲的死也密不可分。他认识到还有许许多多东西要学,对此他满怀信心。他与同学的关系友好,个人境况的差距使他有一种成熟感,这一点是无法与他人分享的。最后一点,或许是至关重要的一点,那就是,他知道自己家境贫寒从而孕育了改变这一切的雄心壮志。

陆克文在澳大利亚国立大学读书时选了修中文。现在他必须要找到住的地方,于是就申请居住在大学伯格曼学院里。在准备申请的过程中,他住在悉尼海湾美景林阴大道的弗雷凯尔顿家中。虽然弗兰克·弗雷凯尔顿认识陆克文才6个星期,但是,作为一名郊区基督教教堂的长老,他对陆克文的事情非常认真负责。

也许对陆克文的实际情况没有真正的了解,所以弗兰克在填写陆克文住宿申请表时用词肯定而简洁。他说陆克文的智力水平"高",学习成绩"好"。他把这个好字也用于评价陆克文的责任心和对运动的兴趣。在回答"对人生的态度,如胸怀大志、随遇而安"问题时,他只勾出"胸怀大志"一词。后来,在陆克文成了工党的领袖之后,电视台九频道的一个记者抓住这个词,说它表明了陆克文素怀野心的事实。弗雷凯尔顿先生说陆克文是一个"谦恭有礼、乐于工作、性格开朗"的人。

陆克文在离开楠普拉前设法获得了两份证明文书,他把这两份证明附在住宿申请表里。第一份证明书是楠普拉中学副校长出具的"学业"证明。证明书上说这个年轻人"在学习上表现出色,是全校成绩最优学生"。但是,大学要寻找的学生不仅仅只是学习好而已,或许,给校长留下深刻印象的是陆克文积极参与课外活动。证明书最后说"且不说陆克文出类拔萃的学习成绩和令人惊叹的演讲才华,我觉得还有比这些更重要的要告诉您,那就是,陆克文是一个成熟的有责任心的青年。我十分欣赏他,非常乐意推荐他。"

第二份证明书用的是一张印有马罗奇地区议会抬头的信笺,由议长陆克文的舅舅埃迪签署。证明书上说,他了解陆克文的全部生活经历(可是在这份热烈赞扬的推荐信中并没有提及他们的家庭关系),完全相信"教师对他的高度赞赏"和"同学对他的普遍欢迎"。舅舅埃迪最后用华丽的词藻结束道,"我信心十足地把他推荐给需要信赖和责任心的任何人或任何机构。"

陆克文认为自己是一个"基督徒"——不像他母亲所信仰的那样只是一个纯粹的罗马天主教徒。他非常感兴趣地选择上新教徒[Protestant:指不受天主教或东正教控制的其他任何基督教徒——译者注]学院——伯格曼学院,而不去上近在咫尺的罗马天主教约翰二十三学院,那时,约翰二十三学院是一所男子学院,运动水平的声誉远远高过伯格曼学院。

正当惠特拉姆政府在危机的最后几个月里日趋恶化时,陆克文整理好了自己申请入学的详细资料。这是他的政治观点发展中的一个至关重要的时期,我们很容易理解这个青年人对政府每次遇到反对时就要修订政策的做法是一种什么样的心情了。

作为一个昆士兰州人,陆克文能够理解约翰爵士的骇人听闻的手段,他不顾宪法,指定艾伯特·菲尔德进入参议院。菲尔德表面上是一名澳大利亚工党党员,其实根本不想支持工党政府。失去了对参议院的控制,惠特拉姆无法保证给基本公共设施提供资金。总督约翰·克尔爵士作出一个单方面的决定:解散惠特拉姆领导的政府,而不是下令举行一次中期参议员选举来解决这个问题。在接踵而来的政府领导人选举中,选民们毫不迟疑地把工党驱逐出去。临时同盟在众议院127个席位中获得了占多数的55个席位的纪录,工党降至垫底的36个席位。

1975年12月,马尔科姆·弗雷泽上台掌权。这时候,陆克文也打算在堪培拉定居,永远离开楠普拉。

第 2 章

中国 *1976——1988*

> "凡人所当得的、就给他。当得粮的、给他纳粮。当
> 得税的、给他上税。当惧怕的、惧怕他。当恭敬的、恭
> 敬他。"
>
> ——保罗达罗马人书,第 13 章第 7 节

1976 年初,陆克文怀着奋发图强之心离开楠普拉去澳大利亚国立大学读书,他不但离开了他成长的农村环境,也告别了他在昆士兰州所处的社交限制和经济窘迫的困境。

在以后的 10 年中,我们会看到陆克文身上所发生的巨大变化。通过不遗余力的勤奋,他先是成了一名学者,而后成了一名审慎的外交官。他表现出全身心地投入到学习掌握新领域内的技术和能力之中,并以此作为将来获得成功的基础,他利用这一段时间培养起自己在智力上从事新领域内工作的能力。

这一时期内,发生在陆克文身上的基本的主旋律是中国。陆克文以坚定的决心和坚强的毅力孜孜不倦地学习这一种东方语言,他表现出来的决心和毅力在大学的莘莘学子中实属凤毛麟角。他也以同样坚定的决心训练自己达到外事工作对一名青年外交官的要求。然而,这一时期内最为重要的事情是,他建立了一张个人关系网,这为他日后事业的成功提供了关键性的基础。这是一个人人事事都按部就班的时代,一个人如果没有努力推动自己前进的决心与不断进取的行动,那

将一事无成。

陆克文对待大学的学习采取了与成功的中学学习一模一样的方式——努力与勤奋。尽管是从社会底层的农场工人的儿子起步,陆克文清醒地意识到,他不能被过去生活的枷锁所束缚。这个年轻人仿佛要疯狂地抓住一切机会把昆士兰州的农村远远地抛在身后。

正如我们之所见,陆克文决定住在澳大利亚国立大学伯格曼学院,对此选择他十分坚定。尽管住宿申请表里建议学生对9个不同学院的不同住宅区表示自己的偏爱与要求,陆克文只在伯格曼学院一栏里划上钩,并在其下面划上一条线。他清楚地知道自己应该居住何处揭示了他办事之道有条不紊。

他去过堪培拉,对大学作了预先调查,并且在学院里遇见了彼得·梅沃尔德,诺福克岛行政长官梅沃尔德给了他一本1975年学院招生手册和申请表,他很快就把填好的表格送回。

当时,伯格曼学院成立仅达5年,所以,相对而言,它还是一所新兴的学院,需要不断地提升其名声。其时,学院由2幢外表一模一样的、长长的三层大楼组成,坐落在胶树丛中。褐色的墙砖、赤裸的水泥地板呈现出风行当时的典型的实用建筑风格,建筑物由不加修饰的建筑材料直截了当地构成似乎也折射出陆克文处理学习的方法。

陆克文注册入学亚洲研究系。第一年里,除了学习语言学,他还选修了另外3门课程:现代汉语1、古代汉语1和东亚概况。他的目的是要全力以赴地去研究这一领域,这个专业没有宽泛的一般学位,他其实是选择了一门很难的专业,极少人选它。他在中学里学过的唯一的一门外语是法语,而这又是他的弱项,可是如今他却选择攻读一门他完全陌生的语言。

学习中文要求陆克文不仅要学习一个个生字,还要学习如何去写。汉字起源于象形文字,每个汉字起源不同、意思不同。掌握这门语言第一步要做的事情就是要认识几千个汉字,会说汉语也同样相当困难,因为汉语是一种声调语言,用5种变调的方式发音来表示字意。[原著如此,现代汉语应为4声,据纪晓岚主编的《康熙字典》定为"平、上、去、入"4声——译者注]

汉语专业以教国语——现在叫普通话——为主,普通话就是中国人"共同讲的一种语言"。汉语专业不教中国方言,但是,开设古代汉语、现代文学(包括汉语口语会话)等课程。采用各种各样的社会交往中的实例情景进行教学。对于一个来自昆士兰州相对封闭环境的青年人来说,中国社会天翻地覆的变化想必对他会有所启示。大大改变了这个国家的文化大革命肯定会让人心醉神迷,尤其是以前被困顿在昆士兰州落后一隅的人。

陆克文是否曾经觉得无力应对学业呢,从成绩分数上完全看不到这一点,他生气勃勃、干劲十足地投入到学习中去。

这个时期,陆克文的主要课外活动是想锁定自己在宗教框架中的位置并以此来阐释世界,表现出来的兴趣是基督教。此时此地,他遇到了特蕾莎。

特蕾莎几乎未能遇到陆克文。当她向澳大利亚国立大学提出住宿申请时,伯格曼学院住宅区是她的第二个选择,首选是布鲁斯学生宿舍,但结果是,布鲁斯学生宿舍已经住满人了。特蕾莎是中学毕业后直接上大学的,她并没有像陆克文那样休学一年去见识世界,她只去过墨尔本的英国女子语法学校的菲尔班克教堂,她是在海湾郊区的博马累斯长大的。

特蕾莎的父亲在战争期间的一次飞机失事中遭受严重伤害,只能坐在轮椅上,后来进行再培训,成了一名航空工程师。他对工作无比热爱,一直干到65岁才退休。

中学时代,特蕾莎是一个给人留下深刻印象的学生。她的校长帕特丽夏·特纳描述她对学习的专注精神是"杰出的——一个渴求知识的学生、一个一直坚持不懈努力学习的学生"。特纳认为特蕾莎适合过住宿的集体生活,因为她"待人友善,关心他人,有着广泛的兴趣爱好"。在中学的最后一年里,特蕾莎学习音乐(包括弹钢琴)、英文、法文和希腊史,与陆克文不同,她还选了数学。此外,正如女校长所言,特蕾莎在参加课外活动时光芒四射。

当时学校里的课外活动名目繁多,除了戏剧之外,还有公开辩论、创办刊物、曲棍球赛、帆船运动、网球比赛。令人感兴趣的是,特蕾莎也叙述了她的一个兴趣,就是充当一名"宗教指导员"。她的老师生动地描绘了一个对自己的将来极负责任的女孩后归结了一个词——也是陆克文的老师对他的描述——"胸怀大志"。特蕾莎计划上5年大学,她注册入学艺术/法律。除了法律课程外,她还选了心理学和英文。随着学习的不断深入,她似乎觉得她对人比对技术性的法律问题更感兴趣。特蕾莎最终是修完心理学课程毕业的。

她的另一位推荐人说,这个女孩"常常低估自己的能力,她根本不必说话如此保留。作为家里3个孩子中的老大,又加上一个截瘫患者的父亲,她生来就具有极大的责任心和事事顾及他人的成熟感,"大卫·塞科姆说,他是作为高级研究科学家在国防部工作。

在大学一年级的 8 月份,特蕾莎患上腺热病,即:传染性单核白细胞增多症。她只得离校。当时,学院院长特雷弗·魏格纳正在墨尔本,他意识到无法继续读书对这个女孩子的打击会有多么大、她会多么沮丧,就立刻给她写了一封信。他说疾病可能会"使人身心交瘁",但劝她不要担心。"首要任务是安心休息调养,不要苦恼于不能做自己想做的事情。如果你操之过急,那就会真的损伤到肝,对疾病的康复大为不利。所以,你千万要抱着'既来之、则安之'的态度,什么都不必担忧,"院长写道。

那一年,学院里有不少人患上腺热病。人们风传这种病是通过嘴巴传染的,在院长办公室里忽地引起一阵骚乱。工作人员怀疑传染是否会跟学院里的杯子与餐具有关,因为这些用具只是被洗干净了却没有经过蒸馏消毒。

一位在当时住过伯格曼学院的人说:"哦,是呀是呀,我记得特蕾莎,她十分可爱,和她在一起感觉特棒。"当我问她知道陆克文么,她一脸茫然。"不知道,我住在伯格曼学院时,他没有住在那儿,"这位以前的学生断言道:"我是 1976 年住在那儿的,"她补充说。我花掉好长的时间才使她相信,在 2 年的时期内,每天 2 次与她共用一个厨房的人可能就是下一届的国家总理。"我实在是想不起他来了,"她说。

大学里,同声相应,同气相求的人才会聚在一起用餐,所以,人们想不起陆克文实属平常,无须大惊小怪。而且在当时,陆克文肯定是一头埋在书堆里。

在许多青年人达到一定的年龄后便开始尝试各种生活方式时,陆克文只是单纯而快乐地工作着学习着。"他好像知道自己要什么"另外一位在当时住过伯格曼学院的人说:"与我们中的一些人不同"。陆克文绝对不是一个放荡不羁的文化人。"他的穿着并不时髦,却干干净净整整齐齐,"这位以前的学生用一个字概括了他——"沉稳"。

大学一年级中间,住校大学生协会举行了一次会议。会上,特蕾莎曾经问了几个重要的问题。伯格曼学院院长后来给她写信,提出了"只要有6名学生准备修完8期的课程,学院就开设严肃的'圣经中关于基督教与性的研究'的系列讲座。学院计划在晚上这门课,但是,'附带条件是,上课的学生必须事先做好严肃认真的准备工作……因为我没有时间在这些事情上与他人'分享无知'。"

"如果你认为你能找到这些愿意接受附带条件的人来研究圣经,那我很高兴和你们一道努力工作,"院长最后写道:"希望你来看我的时候能就这件事畅所欲言。"

显而易见,与任何地方的青年人一样,特蕾莎觉得需要对一些事情做出决定。然而,与许多青年人不同的是,她是从智力的角度来考虑的,并且把信仰也列入考虑之中。

大学一年级结束时,特蕾莎决定假期留校继续学习。陆克文在假期作为一名临时清洁工也在校工作。他为许多人做过清洁工作,其中包括政治新闻记者劳利·欧克斯。陆克文记得某天干完房屋四周的清洁工作后被邀请与这位政治新闻记者一起观看电视上的板球比赛。十几后,他们在与此次完全不同的场合又见面了。

陆克文在校园里只住了两年,修完课程后就决定搬出去。实际上,没有证据表明他迁居之后的生活发生了很大的变化。根据当时的另外一名住宿学生说,陆克文参加老一套的活动越来越少。他显然认识到,比起学校里含有狭隘性质的各种各样的活动来,还有更广阔的外部世界需要他全身心地投入到其中去。

＊　＊　＊

陆克文上课学习的情景给人印象深刻,他总是课前做了充分的准备。他对学习的认真态度也从他对待自己的衣着反映出来。"在那些年代里,相当多的学生打赤脚,"当时的一位辅导教师说:"但克文不是,他总是衣着得体。"

"他论文的内容总是承载着要考虑的问题,"他补充道:"他的评论从来不会岔开到不相干的事情上或者扯上什么个人隐私。"在课堂上,他热衷而投入。他完成老师布置的作业,有时做得更多。"他给别人的感觉是完全的自控、真正的自律。"从根本上来说,陆克文是一个刻苦用功的人。

"他成熟,"导师说:"他完全适合读大学,为人可靠、严于自律、遵时守刻、循规蹈矩。事事有计划,事事经过深思熟虑。"

人人都常常通过发现共同之处来与他人联系,比如谈体育、谈音乐、谈电影。而陆克文仿佛更有兴趣谈论一些比较严肃的话题,比如谈读书、谈哲学。

"即使在当时,他就能看出理想与现实之间的差距,"一位当时认识他的人说:"他有一种敏锐的洞察力能知道你会达到什么样的成就,不会去助推那些头脑空空如也的人。他总是把精力集中在该做的事情上,不像我们当中的某些人对什么都进行挑战。"

又有一位教师强调了他性格中的另外一个方面,"克文知道怎样把可能性变成现实的诀窍。有眼力还不够,你得击毁砖墙清除障碍;懂窍门还不够,你得保持成就扩大战果。除非你把这两者结合起来,否则你将寸步难行一事无成。"

这个时期的一位教师叙述了不少学生迅速调换专业的情况。"这很自然,"他说:"教书的人说英国文学适合所有的人。于是有人就说,你瞧,我讲英语,最好选这门课,因为对我而言可能容易些。"但是亚洲研究专业就不是那么一回事了。少数人出于愚蠢的好奇心选择了这门课,可是,仅仅经过几周或几个月就放弃了,因为要跟上这门语言课的学习,你需要做大量的课外作业。

确实,这门课程需要坚持不懈的努力和坚忍不拔的勤奋,要求相当高。在课堂上,有人很快就表现出跟不上,尤其是生字。学生除非一直能圆满完成大量的课外作业,否则很容易跟不上,而一旦跟不上,再想赶上去是难乎其难。"能够坚持学下来的人肯定有着强大的动力,"一位教师说:"一个人如果不是从心眼里喜欢这门课的话,仅仅是为了完成学业而学之,那真是一种天大的惩罚。"

"学习这门课程时,只要片刻分神,就立刻堕入云里雾里,课堂上不会读,课文不会译,"他补充说。只有动力十足意志坚强的人才能掌控这门课程的沉重的学习负担。

学习这门课程的确要有极大的兴致,否则就是活受罪。教师觉得,能坚持学习这门课程的人会作出更大的贡献,根本不必去鼓动他们,他们身上的学习动力可能是与生俱来的。这门课程为学习者提供了一个机会去深入了解一种迷人的异域文化,当然,这是需要不辞辛劳的工作。

安尼塔·张(张典姊)是另外一个导师,她热切地想超越官方常规的教学内容去拓展学生们的知识。在陆克文上大二时,她写了一出京剧,剧名叫《小放牛》,14 位学生参加了这次业余的京剧演出。在两个月的晚上排练中,她经常帮助演员买饭。陆克文在剧中担任主角,扮演一个有着一妻六妾的地主老财。

安尼塔·张说:"我用兰蔻睫毛膏在他脸上画上八字须,在他穿的长袍里面塞着一个篮球让他看起来肥胖些。他能言善辩、滔滔不绝,正是扮演豪强地主角色的最佳人选。"她又补充说:"他也演得相当出色,把有权势的富人嘴脸恰如其分地表现了出来。"

200 名客人观看了学生们表演的这出武打与唱腔并存的京剧。陆克文组织了一场演出后的谢师宴,师生合影以志纪念。陆克文至今谈起这场演出仍然会激动不已。"陆克文说他有一个强烈的愿望,就是组织这出戏去上海演出,"张说:"他唱得字正腔圆。"

事实上,陆克文许多年以后在上海的确唱了,不过,不是作为剧团演出的一分子。

陆克文对伯格曼学院的各种活动虽然不甚反感,但是,他却把全部精力投入在专业学习上。他的任课教师或者指导教师中没有一个人会想到他在大学期间会与政治活动联系起来,可是,他的的确确担任了院学生会主席。

"一旦有可能性,克文总是喜欢用汉语与我交谈,"张说:"这样做是需要一定勇气的。他刻苦练习口语,渴求尽快掌握。他意志坚定,口才流利。"

皮埃尔·莱克曼斯是陆克文成为优等生那一年的指导老师,他现在说:"陆克文是全校寥若晨星般的几名学生中的一个,只有这几个人才能与你交流思想。克文有着一种充分掌控语言的能力,但更加重要的是他的分析能力、阐发能力和表达自己思想的能力。我记得,他做了许多典型性的工作,我们大家都乐意见到他能做得更多。"

陆克文与这位指导老师之间存在着一种君子之交的风范。陆克文性格刚毅,莱克曼斯强调不要把"性格刚毅"与"刚愎自用"混为一谈。"他辞令娴熟、头脑清晰、谦恭有礼。然而,对生活的真正理解往往是通过自己的亲身经历。"陆克文通过琢磨看起来是理解了老师的这句话。

优等生寥若晨星。任何一个人在评为优等生之前,每学期的学习成绩至少都是良等。陆克文做到了这一点,他的优等生申请书获得批准。

大四评优等生时要求学生准备一篇特殊的长文。"这样做的想法首先是检测学生处理书面材料的能力,"莱克曼斯说:"他们必须找到中文的原文,并把它译成英文,还要考虑到怎样条理清晰地表达。这个练习的基本目的是让学生展现他们利用中文材料的能力,诠译文件的能力和分析的能力。"

"我指导过许多学生……随着光阴的流逝和我记忆力的衰退,我都一个一个地把他们忘了。但是,陆克文——我决不会忘的,"时至今日,莱克曼斯还是这样说。陆克文加入了一个选择成员严格的社团。

"他们是一伙有趣的人,教与学的经历蛮使人快乐的,"他说。

头顶优等生头衔的学生确实需要把大量的时间花在学习上,不过,这些人个个都是天资聪颖,学习刻苦。

"我们常常会拥有出类拔萃的学生,可是有的时候,这类学生的出现无法确定、且不连贯,或者他们本身也在升升降降、沉沉浮浮。我不知道陆克文是否能走进其列,但是,有一点给我留下极其深刻的印象,他知道他要什么,而且对自己充满信心。"

"有时候,在 25 年之后你再遇到教过的学生时,你会发现他们都变了,"莱克曼斯说:"但是陆克文没有变。你看到他做学生时看起来比别人年长些,可是你现在看到他作为一名政治家看起来很年轻。不管怎么说,他显然还是同一个人。"莱克曼斯认为这是他身上表现出来的、给人印象深刻的连贯性所致。

"我绝对相信他出身于有宗教信仰渊源的家庭,"莱克曼斯说:"我想他曾经在一所出色的教会中学里受过教育,曾经享受到那儿不受世俗纷争干扰的生活。然而,物极必反,所以我认为在他内心潜藏着一种深深的不安全感。结果就是发奋读书刻苦学习,"莱克曼斯强调道:"他不仅能自控、自律,而且冷静、谨严。"这些与年龄不相符合的异乎寻常之处给老师们印象深刻。

"克文完全用现代语言来分析他论文中关于持不同政见的主题,"指导老师说。事实上,他用的是现代汉语。他用现代汉语翻译这些概念,而在传统文化的汉语中没有这方面的参考资料。这就意味着他除了要精通现代汉语语言之外,还要对这个国家的当前的政治运动有着详细的了解和充分的理解。

"在一个短暂的时间内(20 世纪 60 年代末期),中国的青年人被告知这个国家的命运在他们的手上,应当由他们来揭发腐败的官员,"莱克曼斯说:"当然罗,这种做法最终只是毛泽东得益。"

就在陆克文开始学习中文之前不久,全中国上上下下所有的干部都在挥动着"红宝书"(《毛泽东语录》)高唱颂歌。"这个时候,若要精通了解中国,就要直接接触紧随革命之后出现的持不同政见的运动,"莱克曼斯说:"了解文化大革命发起与发展的方式及其被操纵的手段就能隐约了解到权力在中国内部的运作方式,"他补充道。理想破灭之后,持不同政见的运动衍变成个人与社会的冲突。陆克文想探究知识分子在运动中的作用。

优等生可以选择自己要研究的主题和指导自己的教师。陆克文问莱克曼斯能否做他的指导教师。我们不知道最初是什么原因吸引这个学生挑选这位教师的,但是回顾起来,一个明显的事实凸现出来,当陆克文还在上中学时,他就对托马斯·莫尔[Thomas More:1477—1535,英国人文主义者,天主教圣徒。曾任下院议长、内阁大臣。《乌托邦》一书的作者。因反对国王亨利八世离婚案和教会政策持异议,被诬陷处死。1935年被追谥为圣徒——译者注]感兴趣。莫尔是一位伟大的英国人文主义者,他反对亨利八世离婚案被关入狱而后被处死。

莱克曼斯就担任陆克文指导教师一事说:"那时,我的写字台上有一张小小的明信片,我一直放在那儿让人看。明信片上是汉斯·霍尔拜因画的托马斯·莫尔的肖像,我在肖像边用中文写了一句话,'一位追求真理胜过追随君王的大臣'。我不知道陆克文是否注意到了,但我深切感受到他'顿悟'了。"

"他来见我?询问能否研究持不同政见的问题,"莱克曼斯说。这位教授在课堂上经常使用这方面的材料作为翻译成现代汉语的有趣素材,他着重于语言转换而不是政治研究。"这些材料中有不少机敏辛辣的文章,"他说:"除此之外,也比枯燥无味的教科书有趣得多。"

这不是一个时髦的主题。"对这个问题的研究不会让你拿到去中国的奖学金,显而易见,因为在中国,这等于是在讨论异端邪说。"反叛的想法显然十分强烈地吸引着陆克文。"我鼓励他,"莱克曼斯说:"因为他完全是一个有着高度辨别能力的人。"

"我对民主运动深表同情,"莱克曼斯说:"我们认真调查了民众与政府之间潜在的冲突,研讨一个人应该追随自己的良知还是臣服暴君的专制。他与此类问题真是一拍即合。"文章不完全是讨论道德问题,这位指导教师觉得,还有一个更加重要的原因使得陆克文乐此不疲。

"陆克文感兴趣的是,这是一个未定的或然性问题,"莱克曼斯强调说:"我们调查民众与政府之间的冲突。我应该追随自己的良知还是臣服暴君的专制?"

莱克曼斯用笔名西蒙·莱士发表文章,是一位得奖作者。陆克文非常幸运能有机会与这样一位杰出的学者一起进行学说研究并从他那儿获益颇多。

当然,对于一个胸怀抱负、渴望当外交官的学生来说,研究处理这个主题不仅仅是表现出他对现代汉语语言的精通,而且使他了解持不同政见人士的网络,这篇论文中的一些内容对任何一份这方面的申请表来说都是作了一种不可或缺的补充。论文展现出陆克文的毋庸置疑的能力:他不是单纯地分析这个国家公开的政治状况,他是洞悉了这个国家里的潜藏力量并以此来阐释中国的政治动力。

"我不知道——我们从未讨论过——他想做什么，"莱克曼斯说："我唯一有把握的是，他将走得更远。他似乎非常清楚自己是什么样的人以及自己想要什么。"他补充说："他自信十足、信心满满，但同时也是一个相当克制、矜持寡言的人。我们对此从来没有讨论过，他从不主动说及他的志向。"

"不言而喻，陆克文对由崇高的理想主义激发出来的人民运动表现出极大的兴趣和深深的同情，"莱克曼斯说："这些人对自己的命运不抱幻想。"陆克文明了此点，想必他对最终必胜却暂时挫折的政治运动很感兴趣。"当他还在研究时，这场运动正处在遭遇压制中，"指导教师说。

"一个彻头彻尾的实用主义者会把目光盯在诸如'谁负责经济'、'外国的事情与我们何干'等问题上，"莱克曼斯指出："如果你对民主运动感兴趣，那么，你就会对坐牢的人感兴趣。简言之，着眼将来，似乎在短期内不太实用。"但是在莱克曼斯看来，这是一件值得投入的更加有意义的工作。他着重指出："你会对中国的双重性有着更好更透彻的理解。"

陆克文学习中文并不完全是因为对外交鸡尾酒会感兴趣，这个年轻的学生似乎要对中国社会内部的漩涡进行深入的了解。

需要对惊人的、数字庞大的文件和材料进行研究。虽然民主运动只是在短期内昙花一现过，但是，这是一个非常活跃的时期。形形色色的思想被表达得清楚有力，令人难忘。还有源源不绝的信息，如各种各样的照片、地下流传的小册子等。当然，消息的主要来源还是收听香港电台。"外逃的红卫兵带来了这些东西，他们是在夜间游到岛上的，他们带来了从大陆走私过来的成捆的用罗尼欧蜡纸复印的资料。"莱克曼斯说:"这些东西让我们知道已经发生的事情和将要发生的事情。"陆克文有一条资料来源丰富而可靠的途径,这有助于他把正在发生的事情准确无误地翻译出来,甚至连逃离大陆的持不同政见者的声明也被翻译出来。

很容易了解正统的中国、高官的观点以及中国想以何种面貌示人等情况,因为有关这些情况有着大量的材料。但是,如果你想知道除这些之外的更多情况,即两重性的另一面,你就需要开启反对的观点。

"令我们释怀的是,持不同政见者改变了中国单方面的宣传。"莱克曼斯说:"要是没有他们,你对这个国家完全会产生一个虚假的概念。"中国一直有着另外的一张脸,另外的这张脸总是被遮蔽在神秘之中。陆克文的研究使他能够接近中国隐藏着的那张脸。

"在特定的时期里,除了表面的东西之外,根本无法获得任何别的东西,铁幕遮掩着真实的中国,"莱克曼斯说:"但是有时候,给人以假象的外观突然裂开,你才可能瞧见幕后是些什么。"

这种情况吸引着陆克文,他总希望能窥见全貌。几年后,当他被派往这个国家时,政治的发展表明了环境已经发生了相当大的变化。但是不管怎么说,他在大学里艰辛付出的劳动为他打开了两扇门。他不仅获得了参与外交事务工作的机会,也对中国有了切实的了解,这对他后来的工作大有裨益。

待到研究结束时,陆克文已经获得了一门了不起的专业知识,这门专业日后使他在工作中与一位重要的邻居一起占据在最重要的位置上。这个年轻的学生也磨砺出分析政治和经济问题的良好素质,现在,他所需要就是投身工作、充分发挥其潜能。

＊ ＊ ＊

官方的称谓是'服务职位记载录',而了解内情的人称之为'良种登记册'。这是外交部考察每一位雇员的一项重要手段,它衡量比较同行之间工作能力水平的高低、预测晋升的前景以及勾勒出谁是这场竞赛的最后胜出者。陆克文作为一名外交官开始其职业生涯,他进入外交部工作的过程很顺利。

看过这本记载录的人会知道,陆克文是在1981年1月28日作为一名外交部实习生任职于公共服务司。一位选拔小组的人后来私下说,在面试过程中,陆克文并不是一个表现杰出的候选人。"没有什么特别之处,"他肯定地说。唯一的好处可能就像事后有人指出的那样可以提高部门的整体水平。可是,陆克文被授予较高的职务显然是名副其实的,亚历山大·唐纳也是如此,虽然他们两人不在同一年。

这就意味着陆克文将在堪培拉待上最初的一年,要学会与部里的各个部门打交道的经验。这也能让高级外交官们有机会去评估这些招募来的新人,然后才能派遣他们去国外任职。当时的部门规模不大,名声不小,内部成员,精英汇集。所有招募来的新人都是大学毕业,许多人都是优秀毕业生。他们的工作性质要求他们必须具备对问题作出详细分析的能力——对争执不休的各方评论要衡量各种因素,然后得出一致的结论和建议随之而采取的一个合情合理的行动过程。

然而,陆克文很快意识到,当一名外交官不仅仅是有能力写报告、写文章,还需要掌握更多的东西。部门内的整体合作也不仅仅是由一丝不苟的官员们决定的,还有比这更多的东西。他需要显示出完全有能力干好工作,或许甚至更加重要的是,他要在错综复杂的政治环境中磨砺出一种至关重要的能力,那就是:如何协商解决难以捉摸的潜在危机和浇灌培育私人友谊的关系。

在那个时代,外交事务被认为是一项'脑力'工作的看法远甚于现在。身处外交部的人都有一种无声的优越感,虽然在工作中人人平等而且不会考虑招募来的新人的个人背景。

后来,斯图尔特·哈里斯接任外交部长。他是从外交事务部门以外的地方调来的,没有在外交部的各级部门里工作过。于是,他任命一个委员会对外交部的人事结构作一项调查,证实一下社会上的杰出人物统治外交部的传闻是否属实。令一些人大为惊诧的是,调查表明了作为一个群体,外交官们本身就折射出普通社会的情景。那些来自国立学校的人在数量上大大超过能系上私立公学'校友领带'的人。

如果在招募来的新人中有什么相似之处的话,那可能就是都是自愿选择来外交部的。陆克文的许多新同事都讲英语,而且同他有着一样的口音。这是他们想要的方式,也是他们看待自己的方式。不仅他们的发音象陆克文,而且他们也能像陆克文所喜欢的那样用一种逻辑性很强而又精确的方式来清楚地表达自己的想法,使用相似的词汇,这些词汇自然而然地从他们的嘴里蹦出来。

陆克文十分希望自己能给他人留下一个好的印象,他做到了。当时的一位高官说:"新来的人应该小心翼翼地寻找到一条适应新环境的路。有时候,那些在大学里取得优异成果的人在充当外交官之初并非能取得相同的成果。"在学术环境中光芒四射的能力与在工作压力下跟同事保持积极友好关系的能力之间存在着巨大的鸿沟。

"陆克文自然而娴熟地运用社交技能,十分容易地与他人交往。"他补充道:"除此之外,他的工作也达到了部里要求的标准。"这些其实不会让我们感到惊讶,因为陆克文早已表现出对自己能力的绝对自信以及目前他为自己设计好的前进方向。

对于这个青年人而言,设计好自己生活中要走的路是一件再自然不过的事,然而在许多方面,别人并不会都像他那样。在中学时,由于他关注学习,肯定会容易被老师相中;在伯格曼学院时,他被那些对学习不大感兴趣的富家子弟学生包围着。但是,陆克文不为这些所动,他沿着自己要走的路走出迷宫,同时保持着沉着冷静、集中精力去争取成功。他已经是一块当外交官的材料了,他所需要的只是官方的认可。

陆克文的专长当然是对中国的研究,所以,部里做出一项明智的决定让他担任一份可以展现其处理焦点问题能力的工作。经过短暂的熟悉期,了解工作的性质与职能后,陆克文开始了在东南亚国家联盟事务处的工作,其任务是察看澳大利亚与东南亚国家之间的关系。一位后来的部门主管理查德·乌尔科特坚定声称,事务处所关注的焦点决不会改变。"在亚洲总会出现一些特别的焦点问题,"他说:"只是程度不同而已。但是在目前,亚洲北部被认为是稍稍次要点,我们把重点放在与我们邻近的国家上。"

对陆克文而言,这是一次微妙的考试,考察他是否是"恰当的人选"。并非所有的"聪明的年轻人"在脱离舒舒服服的生存空间后能幸存下来。有时候,即便是那些最优秀的年轻人,他们也会无力处理以前在他们面前没有出现过的问题。

我们必须知道,思想的缜密和智力的磨炼皆是一个人与生俱来的品质,所以我们可以说,分析的能力可以被运用到任何问题上,而不单单是外交官所熟悉的事情。

"陆克文非常注重细节,能力很强。"乌尔科特如今说道:"我们部门里曾经有过这样一种说法,凡是学业优秀的人未必能出色地完成本行的工作。可是你瞧,陆克文可不是这样的一种人。"

这段时期也让部门领导有机会考察一下陆克文是怎样与他人交往的,在他被派往海外之前,完全有必要确认陆克文的性格能否与小组内的另外几个澳大利亚人和谐相处、能否适应国外的相当孤独的工作环境。乌尔科特说:"有些人第一次被派往国外任职几乎就等同于'在职培训'。"

陆克文非常适应,如鱼得水。他的上司注意到他主动与同事们搞好关系,尊敬同事。如果"通力合作者"一词是这个时期创造出来的话,那么用它来描述陆克文是再合适不过了。他的书面表达能力高出平均水平。正是他表现出来的对工作的献身精神才引起了每个人的注意。

5月,陆克文辞行,他有许多小事要处理解决。然而,他所关注的最重要的事情是,一旦被派往国外的机会降临,他能在第一时间内整装出发。7月,陆克文返回,被派往经济关系司任职。迄今,对陆克文在外交部工作的适应能力已经毫无异议了,人人都乐于与他共事。而且,新工作让他有了机会在一个新领域内发展才能。中学时代,陆克文避开一切跟数学有关的学科,当然也包括经济学。所以,这份工作带给他的挑战远远甚于他早期在东南亚国家联盟事务处工作时的挑战。当时的同事说,陆克文在这一段时间里全身心投入每件事情,近乎废寝忘食,因为对他而言,这是一个十分陌生的领域。在众人中之所以挑选陆克文是由于他的一个突出的特征,就是他对所承担的每一项任务都抱有极大的热忱和紧紧抓住主旨的钻研精神。

陆克文并未等待很久就生平头一次有机会走出国门。当时的航空旅行不像现在这般司空见惯,陆克文还没有出过国呢,想必他自己也觉得一个没有出过国的人与外交官的身份不相称。如果他要升到最高领导,就必须知道最有效的工具是什么,那就是获取职位。年终之前,机会来了。

斯德哥尔摩大使馆急切需要一名三等秘书,这是外交部等级制度中最低的级别,但是,这也是每一个外交工作人员的起步点。

这位兴奋不已的外交官在离开首都赴任前必须要做另外一件事:陆克文和特蕾莎在堪培拉举行结婚典礼。

＊　＊　＊

一个有能力的青年外交官以初级官员的身份任职于澳大利亚驻瑞典大使馆,官方对此事的记载寥寥数语——可能要求就是这样。任职欧洲的期限通常为 3 年,然而这对夫妇在1983 年 10 月就返回澳大利亚了,因为特蕾莎预计在 12 月 7日要生下他们的千金杰西卡·克莱尔·陆德。这位自豪的父亲在部里做了 2 个月的案头准备,然后在 1984 年 1 月被派往库克点军校[Point Cook:指澳大利亚皇家空军学院——译者注]去进行为期 8 个月的高级汉语普通话培训。

这是对被任命去北京任职的外交官的标准做法,目的是为了确保在大学里所掌握的语言不断更新与现代汉语口语表达相匹配。培训结束时,陆克文在语言上已经不存在任何障碍了。虽然他后来说自己不是什么语言专家,很显然,这完全是自我谦虚。毋庸置疑,陆克文掌握了这种复杂难懂的语言(规范的和口语的)以及中国文化,这对他的职业生涯将会带来许许多多的裨益。

"澳大利亚与亚洲一直关系密切。"乌尔科特如今说道:"还记得么,哈罗德·霍尔特[Harold Edward Holt:1908—1967,澳大利亚总理(1966—1967)、自由党副主席(1956—1966)、劳动部长(1949—1958)、财政部长(1958—1966)等,曾致力于改善对华关系——译者注]出国访问的第一站就是印度尼西亚。直到现在,澳大利亚的外交重点主要还是我们的邻国和这个地区,毕竟,这是我们赖以生存的地方。"

这时候,中国的形势比他在大学里研究这个国家时更加令人激动。中国的经济开放始于1978年,但在当时进展缓慢。到了80年代后期,改革的势头达到高潮。1989年的政治风波之后,改革再一次遭到压抑。但是,在陆克文在华的整个时期内,变化一直在发生着,这是待在北京的一段叫人兴奋不已的时间。

当时,西方人认为,当时的中国总理是一位有才智的领导者,他可能会带领这个国家朝着另外一个不同的方向走。他分析了国际关系和国内政策,于1983年访问澳大利亚。这次访问原先是弗雷泽政府安排的,霍克接任后照办了并且在第二年进行了回访,打那以后,澳中关系处于活跃时期。

互相猜疑阻碍了美国同北京发展成一种更加紧密的关系,而欧洲人对亚洲国家的了解依然停滞在几十年前。同样,许多非共产主义集团的亚洲国家都没有能与中华人民共和国建立外交关系。自从惠特拉姆于 1972 年建立了与中国的联系后,澳大利亚就一直处在中国国际关系的前沿,这种状态持续到弗雷泽政府时期。

澳大利亚社会中一个令人惊叹的现象是,与有着如此巨大差异的国家竟然有着如此深厚的关系。民意调查显示,第二次世界大战刚结束时,澳大利亚社会对华人移民的友好态度远远甚于对犹太移民的态度,尽管大家都知道希特勒迫害犹太人的种种暴行。二战后,对亚洲人的态度总的来说搀入了比以前更加多的混杂成分。现在,亚洲移民不是像他们刚来时基本上做些小生意那样,他们越来越多地从事更有技术性的职业。这样一来似乎增加了民众中其他一些人的不安全感。

但是就在这时候,北京认为澳大利亚是一个不错的国家,打算试着与之交往。作为一个处在亚太地区的西方小国,堪培拉着力发展与超级大国之间的建设性关系几乎是有百利而无一弊的。澳大利亚是第一个与中国签署外援协议的国家,在中国执行开放政策的早期的 80 年代初,澳大利亚就有与中国进一步发展双边关系的强大愿望。

1984 年 9 月,陆克文被任命为澳大利亚驻北京大使馆二等秘书,但很快就被提升为一等秘书。陆克文在大使馆政治处工作,其主要任务是密切关注中国政界正在发生的事情。另外一位工作人员说:"陆克文从来不会想当然地对待任何事情。"第二年 7 月,由于馆内人手不够,陆克文担当了级别更高的工作,充当参赞达 5 个月,直到那年年底。

前《亚洲周刊》记者琳达·贾文后来对《澳大利亚经济评论》说:"我很快发现陆克文是北京消息灵通的外交官之

一……而且，他对错综复杂的中国政治的分析鞭辟入里、入木三分。"我在电话里同她交谈时，她对我同样强调了这一点。贾文一直抽不出时间回国与我面晤。当后来我再次与她通话时，她只是说"他非常卓越、才华横溢，对中国了如指掌。"然后声称自己不舒服，便挂断电话。

我们应当注意到，这时候，还没有遮掩陆克文活动的愿望，尽管中国某些"遮盖的东西"是要靠暗中监视刺探的。虽然这时期的在华外交官要密切注视着中国的动向以便向本国政府汇报，可是，陆克文并没有担当什么间谍组织的首脑，相反，他此时的任务仅仅是一个有能力的、中等级别的大使馆工作人员应该做的事情。

陆克文在大使馆里一项重要的责任是关注中国与朝鲜之间的关系。当时大使馆内的其他工作人员说，陆克文觉得这项任务特别有趣。对比分外引人注目：鸭绿江分隔两个国家，一边是中国，虽然依旧是共产主义政体，却向世界开放；另一边是朝鲜，曾经被称为"与世隔绝之邦"，现在仍然闭关锁国，自诩为"具有亚洲特色的共产主义"。"自力更生"是这个乖僻国家的思想意识，正在摧毁这个国家。

如果陆克文需要经验提醒他，中央集权的计划经济会对经济发展造成巨大灾难，那么，他对朝鲜的观察就足够了。与韩国的对比也是引人注目：在第二次世界大战结束后将近20年的时间里，汉城崛起了，兴旺发达、蒸蒸日上，虽然这个国家迄今还不是一个充分民主的国家，但是，至少人民是衣食无忧、安居乐业。恰恰相反，平壤的政治体制迄今还没有醒悟到思想意识替代不了粮食。

大使馆的每个人也注意到海峡两岸之间的摇摆不定的、

起起落落的关系。台湾海峡两边的形势对澳大利亚提出了特别微妙复杂的外交问题。堪培拉承诺与北京保持外交关系，然而,华盛顿与台北之间的紧密关系使得澳大利亚不得不筹划,一旦海峡两边的争吵升级,澳大利亚如何避免被迫选择站在哪一边才是最重要的问题。所以,80年代中期,中国的的确确处于澳大利亚外交的前沿。

政治家们进行的多次访问使得联邦议会第一次知道了陆克文其人。1985年7月,一个澳大利亚代表团访华。议员们注意到这次访问的一篇报道中说,大使和夫人以及一位"陆克文先生全程陪同代表团,他们对中国和中国人民的了解对这次访问的成功作出了很大的贡献。"

提供有价值的建议和协助议会代表团访华成功给这位年轻的大使馆工作人员以后的工作带来了压力和负担。"向中方介绍内阁部长们、省总理们和其他的来访者们成了陆克文的一大工作,"一位回忆当时情况的外交官说。

陆克文待在北京期间,大使丹尼斯·阿戈尔病了,不得不离任回国,需要尽快任命一位新大使。总理鲍勃·霍克会任命谁呢,他想到他的经济顾问罗斯·嘉瑙特,罗斯以前是澳大利亚国立大学的一位学者。对华关系现在成了澳大利亚一项头等大事,所以,霍克要求罗斯去北京担任新的驻华大使。

这位新大使不是来自外交部,所以,他首先要对其部下属员迅速进行一番评估。陆克文遭到这位性格爽直的新大使一顿严厉的批评,但他同时又说:"我是在充实自我智能。陆克文对待工作严肃认真、小心谨慎,很想知道我处理问题的方式。"

"我要求他汇报几个经济问题,"嘉瑙特说,他本人以前是工作在这方面的专家,"给我留下深刻印象的是,他认认真真地向我介绍他的基本情况,然后坦然请教我许多经济术语的意思——他不懂,但他要学。我们花了一些时间谈论经济概念方面的事。"

陆克文是政治分析家,但在这个时期,中国政治观点的改变事实上是意味着经济的变化。这些改革都被置于政治议事日程的最前沿。陆克文不是回避这些变化,而是全身心地投入其中去研究理解改革的真实含意。

有趣的是,嘉瑙特看到了这时候大使馆的整体水平,他说有许多"思想特别敏锐的人"当时在北京的驻华使馆内工作,所以,陆克文很难做到与众不同、鹤立鸡群。"克文属于一小群非常非常优秀的人物之一。"嘉瑙特说:"但是,他显然注定是要做外交事务中更高层次的事情。"

克文和特蕾莎与其他使馆的工作人员及其家属和睦相处,北京的外交人员住宅社区内有不少年轻人组成的小家庭,他们彼此都成了好朋友。

在非正式会见场合,陆克文有时候就充当大使的译员。他谈起了自己这样一件糗事,"嘉瑙特以正式的问候语开始,"陆克文后来对科科达基金会说,大使这样做是一种暗示,表现了"中国和澳大利亚目前正在经历一种前所未有的紧密联系。"

陆克文说,他翻译"中国和澳大利亚目前正在经历一种前所未有的紧密联系"这句话后,遭到了年轻听众的哄堂大笑和年老听众的满脸羞怒。"显而易见,我的汉语表达出岔了,我译成的汉语是,中国和澳大利亚目前正在经历奇妙的共同达到的(性)高潮。"

嘉瑙特对这件事既未质疑,也未认可。有极大可能性的是,陆克文挑出这件事来说是一种手段,借此表明他对汉语的驾轻就熟。

陆克文也花费时间与中国政府官员、与他国外交官交往。许多信息在关注中国政治动态的观察家们之间交换。他也频繁接触被称为中国"思想库"的地方——设置于许多大学内的各种各样的研究机构。

"我们要拜访各种各样的政府代表团和政治家。"嘉瑙特说:"不管在什么样的场合,陆克文绝不会把自己个人的政治观点显露在脸上。他知道我与霍克共过事,但他不考虑他服务对象个人的政治纽带而是勤勤恳恳、兢兢业业地工作。"

"如果你问我,我认为陆克文将走向何处,"嘉瑙特说:"我会说他将会很快越过层层级别达到一个很高的位置上。中国会成为他职业生涯中经过的一个重要部分,有朝一日,他会成为大使。他是一个百分之百的职业外交家。这是我希望的事情发展的方向……当然罗,事情的结果也可能完全不是这个样子。"

"即便此时,他的兴趣还在补充完善已经不错的公共政策,"嘉瑙特说。对于陆克文偏离到一个特殊的方向,他一点儿都不感到吃惊。

90年代中期,关于澳大利亚是否属于亚洲国家的争论如火如荼。后来,争论戴上了浓厚的政治色彩。最终,争论的焦点集中到地图的经纬线上以及满大街随处可见的"亚洲人脸"的数量上。

理查德·乌尔科特在外交部是有名的"亚洲通",他帮助亚历山大·唐纳在1996年制定了自由党的外交政策,称之为

"充满自信的澳大利亚",首倡优先考虑与亚洲的关系。然而,乌尔科特遗憾地说,"2001 年 9 月 11 日以后一切全变了,约翰·霍华德发展了对布什政府更加顺从的关系。"他对陆克文寄予厚望。

＊　＊　＊

1986 年 8 月 20 日,就在陆克文北京任期将满之际,他们的第二个孩子尼古拉斯出生了。后来,他们没有返回亚洲。特蕾莎找到了一份做康复顾问的兼职工作。

一条传闻至今还在外交部内流传,说的是陆克文离开中国返回澳大利亚,他觉得自己应该被提升为外交部副部长——跳过好几级的晋职。"大家都惊诧不已,怎么会有人期盼这样一种火箭式的晋升呢,"另外一名外交官如今说道。但是,回想起在那个时期,他耸耸肩说:"正是克文所思,难道不是吗?"

1986 年 9 月,陆克文回到澳大利亚,在外交部内被任命两次职务。第一次去政策司,干了一年多点,然后被派往人事司,一直干到 1988 年 6 月。对一个局外人来说,这时候的陆克文"完全是一个道道地地的外交官模样——一个发光闪亮的人。依我看,他对外交部的工作十分痴迷。"

外交官需要去国外工作,陆克文开始四下寻找下一个任职的地方。他已经洞悉亚洲,为了能继续晋升,也为了不让别人认为他是一个铁杆的亲华人士,他必须去西方国家任职。陆克文身上蕴涵着的追求飞黄腾达的雄心使他再三权衡其将来的职务,这个职务必须能充分发挥他分析和推理能力的长处,必须能显示出他与众不同、出类拔萃,就像设在伦敦的国家评价局的工作,它可以直接向联邦总理报告人才问题、战略问题等,显然非常适合他。于是,陆克文毫不迟疑地申请这个职务,很快即被批准任命去伦敦。

　　但是,陆克文在等待任命的时候,他要求部里派他去一下昆士兰州。他说在布里斯班读到一份报纸,报纸上刊登一条性质完全不同的工作广告。

第 3 章

戈斯 *1989——1998*

"行程完美无瑕,非常成功。遗憾的是……总理对韦恩·戈斯直言不讳,并且称其顾问陆克文是一个'威胁者'。"

——唐·沃森:《一个心肠过软者的回忆录》

陆克文与韦恩·戈斯之间发展起来的关系为他提供了第三种对他有着重大影响的经历,决定了他走向世界的道路。从陆克文回到昆士兰州时起,他的人生历程无法避免地与戈斯捆绑在一起,1989 至 1996 年间,戈斯任州长。

在过去的 30 年间,昆士兰州一直牢牢地被掌握在国家党人约翰·比约克-彼得生州长的手里。这个州变得思想上死气沉沉,使人昏昏欲睡的酷热和热带雨水局限了人们思想思维的环境和体力劳动的环境。这里已经繁荣到足以让人们幸福地生活,没有必要去改变许多事情,昆士兰州人喜欢这种生活方式的流言到处流传。这位有其独特癖好的州长精心谱制了这一曲调,这是他希望听到的一首弹奏乐。

工党已经习惯了在失败的支离破碎的残局中奋斗。作为一个在野党,其净化了的意识形态业已呈现出一种神圣的献身精神。一些人,特别是党内左翼人士,有时候非常珍惜这种美德,而不是仅仅把它融入到可能吸引那些茫然的选民的政策中去。

韦恩·戈斯大踏步地走进困局收拾烂摊子。其他的人并非不能看到需要做些什么才能使工党重新执政,但是,在比一代人还要多的时间里,没有一个人获得成功。戈斯很快证明自己不仅仅是"在合适的时间合适的地方出现的一个合适的人"。在长期的执政过程中犯下了一系列的错误以及许多表现其无能的事例,比约克-彼得生政府似乎理所当然地应该垮台,可它就是垮不掉,甚至在菲茨杰拉德调查中发现其腐败情况给州政府投下一道浓浓的阴影后也未倒台。显而易见,在野党不能指望政权会轻而易举地落在自己的身上。真正的权威是"自己的卧榻之处岂容他人酣睡",在野党必须奋力夺取。

这是戈斯担任州工党领袖时的形势。工党习惯了在野地位,没有一点儿团结,党内分裂削弱其在州议会中的力量和党组织的力量。党内派系之间的长期争斗时不时地出现在媒体上,大大增强了人们的感觉:工党一片混乱。

戈斯的任务是从组织上对党加以改革,制定一套党怎样才能进入政府执政的政策和一张工作进程时间表,然后大张旗鼓地进行宣传运动直到工党在下一次选举中获胜掌权。他有条不紊地进行着,并且开始了对下属的任命。

戈斯成功担任州工党领袖,他的第一位重要助手韦恩·斯旺功不可没。这位前楠普拉中学的学生在昆士兰州立大学学习经济学和法律,只是后来才意识到政治才是他的至爱。大学毕业之后,他有幸成为一名大学讲师,教授他所学的专业,他所在的学校现在成为新的昆士兰州理工学院。越南战争、约翰爵士以及昆士兰州给予他的抑郁感使得这个青年人对政治倾心起来,他加入了工党。戈斯邀请他接替彼得·贝蒂担任工党州秘书一职,他同意了。(极具讽刺意味的是,彼得·贝蒂倒成了现任的州长。)

斯旺为戈斯提供所需的牢固的支持基地帮助他发动进

攻,可是,这位在野党领袖需要起草各项政策和制定政治进程表,这是戈斯自己的责任,为了做好这件事,他迫切需要一个办公室来有效地支持他。当他的幕僚长宣布去意时,戈斯认识到他必须找到一个合适的人来做幕僚长,从事这项至关重要的工作。他不是从党内直接物色任命某人,而是刊登广告招聘最佳人选。

戈斯说起了这件事。"1988年3月,我成为昆士兰州工党领袖时就打定主意要花点时间来寻找一位最合适的幕僚长。有80位应聘者,我把5人列为供最后挑选的候选人。"他如今说道:"其中3人显著优秀,可堪此任。然而,克文比他们又胜一筹。"

1988年5月,戈斯按计划去堪培拉出席新议会大厦的落成典礼。陆克文来到他下榻的旅馆拜会他。戈斯说他立刻意识到他找到了他的幕僚长。的确,在当时,似乎不可能找到比陆克文更加合适的人选了。陆克文的方方面面都符合要求:他在楠普拉中学读书时就加入了青年工党,表现对工党的信奉与支持;他是一流的优等毕业生,这就清楚地说明了他的才智与能力;也许最最重要的是,他有着曾经制定政策的背景,有着在官僚体系中协调的能力,这一切还得归功于他在外交部的经历。

陆克文刚得到戈斯的相邀,就立刻抓住这次机会。庆幸的是,当时的外交部制定了一项新政策,支持外交官在公共服务的其他领域内任职以便取得经验。部里允许陆克文留职停薪。1988年7月11日,陆克文离开了外交部。

陆克文回到昆士兰州时发现,他必须改善和提高成为在野党许多年后的党领袖办公室的办事效率。例如,办公室与企业家之间没有联系。"我对自己说,这不大好吧。"陆克文后来对《澳大利亚经济评论》记者勒诺·泰勒说:"我认真研究之后确定了昆士兰州的 40 家大公司,获得了他们的年度报告。我确认了他们的总裁和总经理并且一直在追踪他们情况。我组织韦恩和我与这些人会晤,也与本州内顶尖级的工业实体接触。"

陆克文从毕马威会计师事务所招来几名顾问,要求他们制定出一份详细的计划,说明工党由在野变成执政所需的经费。许多人在身处新环境又没有明确的前进方向时往往会手足无措、办砸事情,而陆克文例外。毫无疑问,他膺服戈斯的指导,也接受公司的支持。另外一位政治家说,陆克文表现了在管理一间小小的办公室时牢牢掌握主动权的才能。

戈斯、斯旺和陆克文一起很快被称为三驾马车。戈斯驱动政治改革,斯旺推动政治运动,陆克文的关键作用是协调政治进程。年轻的团队团结合作、共事愉快。他们之间清晰地勾勒出各自的责任范围,当然,具有广泛影响力的和深受选民爱戴的是戈斯,毋庸置疑,他主宰着这一辆三驾马车。

戈斯的副手是汤姆·彭斯,他是一位广受尊敬的工党重量级人物,他乐于在年轻领袖的后面发挥其巨大的影响力,他向戈斯提供各种各样的有益建议,完善戈斯推行的各项政策,联系工党最基本的群众即老一代的工人。彭斯自嘲自己是一个老式的工党人,可他越来越喜欢这位年轻的、不达目的决不罢休的前外交官。他说:"我们想赢,这是我们所做一切事情的终极目标。我们已经长期处于在野的位置,有些人认为我们应该进入议会了。"

1972 年,高夫·惠特拉姆获得联邦执政权。刚好 17 年过去了,如今又面临选举。惠特拉姆的胜利标志着工党在野24年之后又重新执政。而在昆士兰州,工党一直被埋没在荒野之中,令人绝望地长达32年之久。

当晚,戈斯胜出,但他告诫人们不要过于激动,准确一点说,他认为大家都需要"洗一次冷水淋浴"。这是一个生动而形象的比喻,非常有说服力,一位听众后来就兴高采烈地去冲冷水澡。

选举后的周日晚上,3个亢奋的人坐在一起开始绘制新的州政府的蓝图。戈斯知道,避免党内争吵是眼下要做的重中之重的事情。首先制定一份清晰的工作计划进程表,这就保证了从第一个周一的早晨开始,用一种井井有条的方式来处理当选政府所计划的改革事宜。自从惠特拉姆在1972年执政以来,澳大利亚工党内部从未见过任何一项改革。

第一个周一的早晨就立即关闭特殊政策分部,这是一个专门研究特殊政策来不断骚扰前政体中的反对者们使他们苦恼困乏的机构。成千上万名失业的教师被分配到学校,政府增加了提供给大学选择校址的地方的数量。狂飙骤起,吹进了一向不死不活缓慢运转的昆士兰州的公共事业。

"确实有必要清除一些脏地方,"戈斯说。这位工党人的这句话有点像希腊神话中赫拉克勒斯[Hercules:希腊神话中Zeus和Alcmene之子,力大无比,以完成12项英雄业绩闻名——译者注]的气概。在希腊神话中,这位英雄必须把奥吉厄斯国王巨大的牛舍[Augean stable:相传舍内养牛3000头,30年未打扫,Hercules引河水,于一日内洗清——译者注]打扫干净。这个牛舍以前从未打扫过,所以堆积了巨大的污秽之物,只有引用整整一条河的水才能把它冲洗干净。戈斯觉得眼下昆士兰州的情况与此如出一辙,事事都要着手处理。

＊　＊　＊

"我们接过 27 个公共服务部门,"戈斯说:"只有 2 个部门的头头是在刊登职位广告后从应聘者中挑选的,在其余的人当中就有一个是我州长办公室的头头,但我还是把他留了下来,我们所做的当然不会是无情的政治大屠杀。"

然而,在一个月的选举中,换掉了 18 个部门的头头,9 个部门被彻底废除。

为了更好地理解戈斯以及为什么选民在其两任多一点时间后投票反对其政府的原因,就有必要了解菲茨杰拉德皇家委员会在州政府腐败中所起的关键作用。戈斯是被民众选举上台掌权的,他带来了一揽子的改革计划。问题是认认真真的改革不可避免地会引起敌意与仇恨,而在另一方面,戈斯又没有什么举措让党内左翼人士感到满意而放心,或者,我们从另外一个角度来看待问题,也许不是工党内的每一个人都关注戈斯所关注的问题。

与戈斯如此紧密地共事意味着陆克文参与了事情的全过程并且谙熟其道。

对幕僚长应该完成的任务有着不同的概念。显而易见,其主要任务是保持首脑办公室正常运转,次要任务才是要具有影响政策结果的能力,似乎陆克文是满腔热情地不放过任何一次机会去做到这一点。

一位见微知著的观察家回顾了这一段时期。"现在,有这样一种说法,昆士兰州在当时所发生的事情都是由陆克文推动而发生的,依我看,这并不正确,戈斯可不是一个容易上当受骗的傻瓜。他们之间有分歧时我在场,总是由戈斯最后一锤定音的。"这位评论家停顿了几秒钟,"对此你不担忧么,"他哈哈大笑,似乎在回响着一个熟悉的约翰爵士的话,"州长永远正确。"

非常清楚的承诺在选举中已经亮相,戈斯希望能确保这些承诺尽快兑现。举个例子吧,一个承诺是让昆士兰州国家公园的面积增加一倍,可是,仅仅这一件小事在官僚主义体制中仿佛是比登天还难的一件大事,他们强调说,这不仅牵涉到通过协商谈判来获得大面积乡间土地的问题,而且还牵涉到其中最根本的一个问题,某些地区永久性的改变需要找到一种长期解决问题的办法。

州政府说要关闭弗雷泽岛上的沙矿场,可是在托尼·菲茨杰拉德报告说要从更广阔的含义上理解这项政策后,就补充了一份结构调整计划,专门考虑可替代工业的发展和劳动力转换过程以及相应的补偿办法。

从第一天起就改革州内阁的办事过程。前政府遗留下来的一个大问题是部门与部门之间根本没有协调合作关系。戈斯亲自起草了一份二页纸的文件,概略地叙述了各部门的首脑要服从内阁领导的方式。其中有一条醒目的标题是"磋商",其目的是用这样一种方式来保证不同部门之间互相交谈以确保发展成一种合作的关系。

过后不久,戈斯又不得不修改这份文件,包含了另外一个标题"磋商结果",这是因为各位头头(或者各个部门)根本就漠视他们不同意的、其他部门的'贡献'。戈斯试图在昆士兰州推行改革但绝不是蛮干,有时候,作为州长的他不得不约束一些人的行为,这些人大肆吹嘘自己钟爱的方案而不从更广阔的范围内去考虑可能衍生的结果。

在新当选的政府正式掌权之前,学者帕特里克·韦勒奉命准备一份文件,名字叫"使政府运转起来"。"当时,昆士兰州政府处于非常僵化的状态,"韦勒回忆起当时的情况,脸上露出冷冷的微笑。"这里根本没有什么实质性的变化,"他强调说:"尽是一些在改革中失败的人在表演,这些人中的绝大多数者并不希望昆士兰州进入 20 世纪。"

经过长达 32 年的执政之后,前州政府已经牢牢地建立起自己的地位。对公共事业的重新构建和大面积的改革似乎是一块相当难啃的硬骨头。戈斯发现他可以信赖陆克文。这样一来,他们两人就公共事业的改革和政策等问题密切合作、同心协力地工作着。戈斯如今说道:"克文知道我的想法,他总是和我一起把事情干起来。有时候就会产生摩擦和关系紧张,但是,我俩的友情关系是牢不可破的。"

"克文和韦恩有着各自的特殊爱好,从根本上来说,公共事业并不是他们十分感兴趣的事情。格里菲斯大学现任副校长彼得·科尔德雷克和墨尔本大学现任副校长格林·戴维斯当时任职于公共事务管理委员会,他们致力于改革。老实告诉你吧,他们可不是畏缩腼腆之辈,"韦勒强调说。

有些人认为,成立委员会只是为了加强州长手中的权力,可是情况并非如此,虽然许多心怀不轨的人被撵出了委员会。一位前委员会的头头说:"我们当中的一些人很快对公共事业的改革失去信心,但这又是我们必须要做的事情。知道不,克文可是花了大气力的……大气力。"

肯·威尔夏尔教授后来注意到人们很快"把公共事业的改革与对其倡导者的政治忠诚联系起来。"

昆士兰州学者斯科特·普拉叟坚持认为"陆克文是州长宝座后面的总管，是韦恩、戈斯的亲密顾问，是州长身边说话算数的人，是一个关键人物。"但是，他并不赞赏所取得的成绩。"这段时期的实行政府控制、办事遮遮盖盖和操纵任命过程深深印在人们的心中，"他说道。

　　还有几件不同的事情。第一件事情是执行改革的速度。长期在野之后，工党要努力快速推行改革。当时，公共事业被认为是无政治意义的东西。由于工党不掌权的时间太长以至于许多人觉得公共事业机构已经被保守的观念牢牢掌控。不论正确与否，新政府认为公共事业部门太受旧政府的影响并与其保持着千丝万缕的联系。

　　"我已经听到这样一种说法，戈斯政府将公共事业'政治化'了，"那时候的一位高级公务员说。"可是，坚持住……把原先存在的公业事业结构描绘成纯粹是无党派的和高度专业化肯定是错误的，那只不过是一个神话，好像现政府应该继续留用国家党安插的人员似的。"

　　陆克文向已经建立起来的结构挑战，目的是要改组处于牢固地位而又长期不负责任的官僚体制。于是，很快招致怨言和愤恨，人们对他的管理方式不屑一顾。许多人认为要是他们的建议不符合陆克文本人先入为主的观念时，他就不理会他们的专业知识。这些人还添油加醋地说，陆克文越来越不尊重与他紧密结合在一起的小圈子以外的人。这些人拒绝讲话录音，因为他们觉得这些仅供参考的意见肯定会被漠视的。

　　"我在近距离的范围内密切注视他达 6 年之久，"当时昆士兰州公共事业机构中任职的另外一个人说："他恫吓别人，完全是深思熟虑和精心策划的。如果你做了他所希望的事情，那么一切好说、一切照旧；如果你向他建议说可能还有别的解决办法，你会遭到痛斥和驳回。"

前同事们认为陆克文"事事插手"。他荣任内阁办公室主任后仍然占有在州长办公室隔壁的那间办公室，一扇工人们称之为"猫跃"的门把两个房间沟通。有些人认为他"掌控一切"，另外一些人则强调他们不同意此种说法。

不管怎么说，陆克文在戈斯政府中起着至关重要的作用。一位前工党政治家说："用来描述陆克文工作方式的一个词就是规章制度，他一点儿也不能容忍他认为是蠢人的行为。遗憾的是，在相互关系中并非每个人都会承认自己是蠢人，所以，用来描述陆克文的另外一个词就是傲慢自大。"

* * *

"听着，伙计，你不要指望从我这里了解到太多的事情，因为每个人几乎都已经知无不言了。"一个在当时了解陆克文并且拒绝对我深谈的人说："你知道，这是为了党的利益。闭上嘴巴，什么都不要说，诸如此类的事情也不要问。陆克文这台机器业已运转了。"

"他一门心思地每次只做一件事，集中精力考虑他认为值得考虑的在当时发生的事情，"另外一位政治家说。"并且考虑他的解决办法，而他的解决办法总是对的。他没有太多的时间等候那些达不到他要求的人。对他而言，没有几个人能符合他的衡量标准肯定是一件挺遗憾的事，"他挖苦道。

"他有办事偏执的名声。"另外一个从局外观察他的人说："这可能是对的，也可能是不对的——我不去评判。不管怎么说,他是希望把事情办好。"

在政治舞台、政策制定和执改工作之间有着明显的差异。"陆克文工作起来十分勤奋,对达不到标准要求的别人工作毫无耐心。但是,在一群耀眼的精英团队当中,他仍然是最瞩目的,"第三位观察者说。

起初,在州长办公室内成立了一个特别政策署,目的是激发新思想和保证改革进程的实施。这个部门应该是州政府的心脏室,可是,在几年的时间里,单单有这个部门还不够,还需要做一些其他的事情。

"韦恩·戈斯看到了新南威尔士州尼克·格林纳的内阁办公室,"韦勒说:"戈斯说,从根本上来说,'我希望有一间这样的办公室'。"戈斯驳斥了这种说法,他说与其这样做的话,他倒不如采纳在自由党接任的 10 年前由内维尔·弗兰首创的模式。这可能是"政治原理",却非实情。戈斯认识到他需要一个人,这个人既能理解他的意图,又能使新政府有效地运作起来。不出所料,陆克文担当起这一重任。

陆克文不再充当戈斯与议员之间的屏障,相反,他在系统阐述政策上起着更加重要的作用。这样一来就出现了一种情况,他的所作所为并不总是与布里斯班州政府气氛融洽的环境相和谐。

"我想陆克文的重要之处就在于他能推动政策的通过,"韦勒推测道:"而有时候推力恰恰是必需的。他心中的榜样是外交部的办事模式,他来自一个人人都非常胜任的部门,习惯于经过充分辩论而产生的政策意见,可是,来到昆士兰州之后,他发现这里没有这种情况。"

"承担这份工作的难处是你同时要做许多件事情,"韦勒肯定地说:"要熟知各个部门首脑正在做的事情,确保这些事情要紧跟州长的意图。如果你有机会把你自己的意图掺杂其中,那么,你要做的事情就更多了。"

陆克文是这样解释他的工作风格的。"我天生就是一个办事有条不紊的人,"他对《澳大利亚经济评论》说:"你发现问题,你发现解决问题的多种办法,把办法付诸讨论,最后决定,只有在这个时候,你才会把最后决定的解决办法放到政治棱镜下照一照。我认为好的意见就是应该用这样的方式构建出来的。"

"你知道,"另外一名学者型的观察家说:"我们在阐释陆克文生活中的每件事时有一种提心吊胆的感觉,仿佛每件事都是他获得今天成就的台阶。但是,事实并非如此,而且,他所追求的道路并非一帆风顺、并非注定抵达堪培拉。他可能会采纳这种说法,但这不是实情。"

这位观察家指出,虽然"克文有兴趣让事情发生,但是在他周围有一些绝顶聪明的人,他们关心的是团队的行进。陆克文思想机灵,所以,什么事情也没有发生。政府的日常工作才是至关重要的。"

今天,人们对戈斯说,陆克文像他办公室外面的一只蜘蛛,用他的蜘蛛网缠着那些不受欢迎的来访者、阻挡他们谒见州长,戈斯只是哈哈大笑而已。这是一种圆润而洪亮的真诚笑声,它传达了这样一层意思:戈斯似乎觉得真的很有趣。当然罗,戈斯深信他本人掌管州政府,其余的人,特别包括陆克文,都是在支持他,而不是在管理州政府。

这两个人亲密无间,但也确确实实存在差异。"说'不'会产生关系紧张和摩擦。其中有些东西影响着陆克文。"关键是戈斯需要有人替他疏远那些不符合要求的屈从。

　　如果一位政治家的确有什么事情,他总是可以直接找到州长的。"州政府所有部门的首脑都知道如何逮住我,"戈斯说:"他们随时可以给我打电话。每周一的内阁会议前后的时间里,我总有功夫。当然,还有议会。不,不要在议会交谈。有人会以为是某人在审查某人,这太愚蠢了。"

＊ ＊ ＊

　　陆克文的家在布里斯班定居下来,孩子们最终在一所私立中学上学。特蕾莎从事一份康复顾问的兼职工作,她意识到他们将在此地营建未来,于是决定干一番事业,成立一家职业介绍公司。需要启动资金,夫妇俩去借钱,并以房屋抵押贷款。陆克文说有一段时间,事情有点难办,因为他们没有太多的闲钱。然而,他全力支持特蕾莎,说:"如果这是你想做的事情,那就是我们要做的事情。"

　　这是一项明智的投资,公司随着昆士兰州的发展而不断壮大。理疗专家弗朗西丝·爱德华兹说:"我们这里有许多背部受伤的砌砖工人和护士,他们无法继续干下去。因此,我们所做的事情就是帮助他们寻找到他们可以做的工作。"公司迅速发展。

　　后来,公司在新南威尔士州的里士满开了一家分公司,90年代初期,又在悉尼开了另外一家分公司,公司效益不错,苗壮成长。1993年,基廷政府决定委托公司为那些长期失业的人安置工作,特蕾莎的公司签到了这份合同。

　　这个家庭喜从天降。1993年,特蕾莎生下了这对夫妇的第三个孩子,儿子马库斯。

＊　＊　＊

　　陆克文小心翼翼地协调自己在政治事务与政府职能部门之间的狭窄空间里的行为举止，信心与日俱增。陆克文的情况有点例外，他相对年轻，而且在联邦政府的一个部门积累了许多工作经验，他很快就处在学习曲线［learning curve：表示在某一领域中获得熟练技巧的进步过程的图线，通常呈 S 型——译者注］上，着手建立自己在政府中的地位，这就导致了与许多人的冲突。

　　并不是陆克文一个人用任何可能的办法来推进人事改革的，实际上，根据当时的一位高级公务员——也是陆克文想招至麾下的新人——所说，有时候，"克文能做的也只是阻止令人震惊的任命和糟糕的决定。任人唯亲和裙带关系是一些部门首脑的用人之道，"他说："倘若克文不集中权力的话，这样的灾难就会早早来临。"

　　"当我看到一些欲把克文摧毁的批评时，"另一位戈斯政府中的高官说："我几乎要呕吐了。"此人无疑是看透了攻击陆克文的那些人的动机："有些人没有得到提升，这就是原因，就这么清楚、这么简单。他们原先以为新政府会忽然发现他们耀眼的天才并且提拔他们，而他们所谓的天赋没有被赏识时，他们就变得伤心欲绝、痛苦不堪。他们可能在实际上什么事情都还没有开始做呢。"

　　戈斯的副手汤姆·彭斯刚遇见陆克文时并不看好他。"我从来都不相信一个刚出校门的人会干好政治，这种人从来都没有做过什么实际工作，只会引经据典、生搬硬套学校教他们的那一套。可是，至少克文是个例外，他庆幸地拥有学历和实际工作的经历，"他说道。

"一些部门的首脑会带着自己的空想去制定部门的财政预算计划，可又做得漏洞百出，当然被打了回来，他们会怪谁呢？怪克文！他们称他是'死亡博士'、'清朝官僚'以及许许多多诸如此类的称谓；为什么，还不是因为他严格嘛。"

可能最初给陆克文起"死亡博士"绰号的是一位部门首脑，因为克文"使他的梦想变成了睡眠"。而另外一些人则说这个绰号起源于一则笑话。起初，陆克文还认为绰号蕴涵了几许勉强的尊重。随着内部纷争愈演愈烈，令人不爽的是，绰号似乎演绎到另外一种边缘上去了。

"情况是，"当时的一位政治玩家说："有些人得不到他们想要的东西，就会很不高兴，他们就会骂'那个混账的陆克文'。这是因为他们不骂上几声'杂种'就不爽，这可不是他们的错。"

"部门首脑非常生气，"彭斯补充说："他们都给陆克文留条要他给他们回电话。我经过他的电话机时看见许多这样贴在那儿的条子，都说某某某来电、给某某某回电。于是，我对克文的秘书说，'你最好把这些条子都全部扔到垃圾箱里'。"克文根本无须烦心给任何人回电话。

彭斯说昆士兰州的工党人士迄今仍然"清晰记得惠特拉姆政府给人留下深刻印象的惨败，部长们四下狂奔如鸟兽散，没有一个人站出来掌控局面"。自那以后，各州的工党政府以及联邦的工党政府都制定相应的对策来确保不陷入此等困境。"我要提醒他们记住联邦政府曾经发生过的事情，"他着重指出说："曾记否，我们在 1949 年下台，一直到 1972 年才重新上台。许许多多人苦苦等待了许许多多年，期盼改革。这段时间带给我们的教训是,不管我们什么时候上台执政,我们都需要严格的纪律。"

戈斯在昆士兰州的政坛上有"为人凶暴"的名声,但起初情况并非如此。彭斯回想起在早期的一次内阁会议上,州长的一项决定被推翻了。彭斯当场勃然大怒。他后来对戈斯说,他坚决认为这种事情决不能再发生,州长必须掌控局面、全面负责。彭斯如今说道:"我们需要一种体系,因为我们没有执政的经验。克文把这个体系组合起来了。"

彭斯叙述自己非常热心与中国进一步接触,他参与了1972 年的史无前例的决定:澳大利亚与台北断交、与北京建交。起初,陆克文与彭斯似乎不大可能会成为朋友,但是他们有一个共同点,那就是对中国的满腔激情。现在,他们要因公访华。

"一天晚上,我们住在上海的希尔顿旅馆或者是什么别的旅馆,"彭斯说:"旅馆内酒吧的价格十分荒唐可笑——简直是天价——所以我们就走到街对面的酒吧。有几个年轻人在那儿唱歌,所以克文也就去唱了,他唱得相当好。年轻人很快停了下来,他们希望克文多唱几首歌,于是,大家就合在一起唱开了。"彭斯微笑着频频点头回忆起往事。

"不管在什么时候,克文一旦知道我情绪低落,"彭斯说:"我之所以情绪低落是因为政府借不到钱来完成我认为是值得做的工程,或者诸如此类的事情,他都会过来与我谈谈这些事情。他总是说,'您好,彭老!'随后与我交心细聊,总是能让我振奋起来。"

彭斯说他特别佩服陆克文的政治判断力。"有一天,"他回忆说:"不少消防队员在议会大楼前抗议示威。其实,在前一天,我已经同消防队长们谈过话并且逐条逐项地解决了问题。但是,抗议示威是事先计划好的,所以照旧进行。我去议会时,就给消防队长们打了电话,称他们是'卑鄙之人'。糟糕的是,媒体认为我使用这个字眼来形容这些消防队员。"

彭斯想去澄清事实,但同时也冒着遭遇更大更猛的媒体攻击灾难的危险。"克文给打电话说,'到此为止,别再行动'。可是,我仍然想出去向众人解释清楚,不过,我还是接受了他的判断——我个人名誉受点损失而已。我赞赏他、信任他,所以就没有出去。"

克雷格·爱默生也洞察陆克文的习性。爱默生其时已与鲍勃·霍克相处四载,担任他的环境顾问。戈斯政府上台执政时,他很想动一动。陆克文与爱默生多次在电话里讨论政策事宜,直到有一天,陆克文来到堪培拉,他们在海厄特旅馆见面,饮酒聊天,这种状况持续到1990年底。

爱默生对陆克文印象深刻,于是,他决定申请昆士兰州环境与自然遗产部门主管一职。他经历了至今他还记忆犹新的、"特别艰难的"面试过程。虽说他担任过像政策顾问之类的高官以及总理和内阁办公室主任助理等职,他也享受不到"优先待遇"。

面试的问题包括"你觉得什么样的体制结构适合你所申请的部门"。爱默生认为这表明了新政府团队为了取得更好的结果而乐意考虑各种不同的办事方式。爱默生必须提供达到标准要求的细节措施和专家审核的报告。虽然爱默生觉得这样做很累人,但他还是尊重面试过程中对专业化的考量。"人们可能会说,瞧,他是搞政治的,我可不想让别人说我没能力不够格。"

另外一个人支持面试过程中考量专业化水平的做法。"陆克文在处理这些事情上很有专业水准。如果他发现某人真的是干某项工作的最佳人选,他会在此人的身边安插一个人,这与配备工作伙伴的情况不尽相同。他并不'友好'。"

　　正是在这段时间里,陆克文第一次遇见鲍勃·卡尔。戈斯曾经被邀请访问新南威尔士州,那时,卡尔是在野党领袖,他现在急切地把自己描绘成这股改革新浪潮的一分子,想越过州界沾点"戈斯光泽"。于是,陆克文陪同州长飞抵新南威尔士州会见该州的工党领导团队。出于对媒体的考虑而把这次访问包装起来,称之为"从在野到执政的过渡"研讨会。

　　卡尔把这次机会看成是向公众展示信心和领导团结的一种手段,他决心利用与这位胜利的工党州长关系而自肥。不管从哪一方面来说,他认为这样做都是值得的。而在当时,卡尔的影子内阁的成员们还没有达到相当高的能力水准,所以,想要叫他们思考制定出理性的政策只会招致卡尔的一阵狂笑。然而,两个州的工党领导人的聚首肯定比产生某种媒体假象要有意义得多。

　　此时,新南威尔士州工党胜利在望,可是,一桩又一桩的事情凑在一起对它相当不利。首先,州政府赢得奥林匹克运动会的举办权,州长约翰·华海满脸堆笑的照片铺天盖地般醒目刊登在日报上。其次,新年伊始发生在悉尼周围的林区大火帮了州政府的大忙,使它看上去成了保护人们居所的救星。最后,华海在澳大利亚日那一天,匆忙而果断地缴了一个人的武器,这个人看上去似乎要枪杀查尔斯亲王。

　　陆克文第一次聚焦关注鲍勃·卡尔是在这位在野党领袖正去派拉门特的途中,他是去那儿进行一场议会补缺选举运动的。突然，车上的电话响了。虽然离州选举还有好几个月，而且陆克文已经建立了自己与以华海为首的内阁办公室的个人联系，但是，他想确切一下，如果卡尔竞选失败，他能否继续奋斗下去。在这个极为特殊的时刻，对话就是某种导致注意力分散的怪诞的东西。

卡尔静静地听完陆克文称赞罗杰·威尔金斯有"合作意向"，有着一流的头脑，是公共事务方面的天才。陆克文说有一点让自负文化修养很高的卡尔大吃一惊。"你知道么，"陆克文说："在威尔金斯还是小孩的时候，他们一家人就围在钢琴旁吟唱瓦格纳〔Wagner：(1813—1883)德国作曲家，毕生致力于歌剧的改革与创新，作品有《漂泊的荷兰人》、《纽伦堡名歌手》及歌剧四联剧《尼伯龙根的指环》等——译者注〕的歌剧了，他就是在这样极具文化氛围的屋子里长大的。"陆克文准确地抓住了吸引卡尔的东西。这次对话给这位在野党领袖留下了非常深刻的印象，因为他觉得此时的陆克文显然是信心十足充当"演奏家"的角色。

陆克文认定，除非政策朝好的方向转变，否则待在政府里毫无意义。他利用一切机会竭尽力量促成他认为正确的事情。

在陆克文看来，教育是至关重要的。教育能使孩子们掌握知识，为他们提供了大大改善今后生活的机会。他也看到在澳大利亚的经济发展中，教育起着关键的作用。他决定从两个层面来处理它——第一，为在校学习滞后的学生提供帮助；第二，推动他深信的、对国家进一步发展有帮助的某一学科领域不断向前。

"恢复阅读"计划原先是在新西兰兴起的。州政府的工作人员说,陆克文非常热衷于在昆士兰州推行这个计划,把它作为州教育改革的首项工程。其次,更加具有重大意义的首创事情是,在学校里开设亚洲语言课程。

令人惊讶的是,这么一件单纯的事情竟然在全国引起愤愤怒气和嚣嚣怨恨,特别是一些工党人员尤甚。尽管基廷政府竭力想讨好亚洲,但是,不同的州却发出同一种声音:拒绝包括对亚洲语言的学习。最终,州政府的不作为加上联邦政府的不支持摧毁了陆克文在这方面的绝大部分很有创意的计划。

这一阵子,戈斯(还有陆克文)与基廷的关系起起落落、时好时坏,最糟糕的一次突然爆发于 1993 年中期,当时他们一起去亚洲访问。就在他们这次出访前,在墨尔本举行了一次澳大利亚联邦政府议会。在这次会议上,最高法院承认出生在澳大利亚的人的国籍的"麦帕决定"成为讨论的焦点,而基廷对州长们提出的土地管理建议持排斥的反应又挑起了惯常的议员退出会场的举动。

此后不久,基廷和戈斯(和陆克文)一起访问中国。在从首尔飞往北京的途中,基廷走过飞机上的过道与戈斯交谈。两位昆士兰州人建议基廷在"麦帕决定"问题上与最高法院妥协,陆克文详细地分析了妥协会带来什么样的好处。

戈斯说:"我们真的是想帮帮他,基廷想干实事,想大踏步地迈进。而我们的观点是,我们不能操之过急,但至少我们能实实在在的向前迈进半步,这有助于解决一个又一个的问题。"戈斯进一步说:"各个州都有土地管理方面的专业人士,而联邦政府却没有。"

"基廷说他会认真考虑的,然后走回前舱,"戈斯继续说:

"过了一会儿,他又走了过来,拒绝了陆克文提出的妥协建议,说'都是狡辩之词,狡辩之词'。这未免有失政治家的风范。有时还大发雷霆,真的,基廷有一种反复无常的性格。"

"如今,"一位非常熟悉基廷的人说:"他被自己对霍华德政府的极度憎恨搞得精疲力竭,他也可能认为陆克文是一个自命不凡的家伙。当然,那是很久以前的事了。一旦时机成熟,他会不折不扣地支持克文。"

这时候,乌尔科特返回堪培拉,成了外交部部长。"我们出借了4名外交官给不同的州政府,至今没有一人返回外交部。显而易见,戈斯已经十分倚重克文了。我对陆克文说,他的借调不能无限期地继续下去。后来,韦恩、戈斯都给我打电话,问我陆克文是否能再多待上一段时间。"

现在正是陆克文对自己的未来下决断的时刻了。虽然他热切地想牢牢占据外交部的位置,但最终还是决定放弃,他如今有了另外一种雄心壮志。

乌尔科特早先帮助陆克文加入"澳美领导层对话"机构。"菲尔·斯坎兰创立了这一机构,他问我,'你认为20年后谁会坐在你现在的位置上?'我想了想,说,'唔,你干嘛不邀请陆克文?'陆克文加入进来,当然罗,这里非常适合他直言不讳的性格,他可是一位反美人士呀,"这位前外交官现在说道。

* * *

"如果克文和韦恩两个人都是超天才人物的话,那么,你肯定会奇怪为什么戈斯政府仅仅在两任多一点点的时间后就立马被驱逐呢,"一位戈斯的前顾问说。

工党失败的原因错综复杂。选举前3个月,人们还普遍认为戈斯是不可能被打败的。在联邦内和在州内,不满基廷的声浪汹涌澎湃,普遍反对他的处事方式。国家党狠狠地利用了这一点从而夺回执政权。

工党在1989年的胜利使昆士兰州发生了变化——有的变得太快,而有的又变得太慢。戈斯本人不喜欢不同意见的争论。实际上,州政府成了某些工党左翼人士嘲笑的对象,因为这些人对缓慢的改革步伐极为不满。"'还要多久'他们问道:'韦恩、戈斯才能更换一只电灯泡?'回答是:'遥遥无期,因为韦恩根本不会改变任何事情。'"

许多基本的内部因素——处在不同职位上的个人问题——毁掉了工党政府。此外,在州内许多问题上赫然耸现的基廷政府形象也给摇曳闪烁的工党身上的光亮投下了一笔浓浓的黑影。

仅仅掌权两任后就全线溃败蕴涵着除失败以外的更多内容——对政府的疏远和敌意,这才是影响更为久远的东西。一些党内人士认为,戈斯个人的很高的得票率实际上隐藏着真正的问题,他的大部分选票来自工党成员,其结果就是,有着沾沾自喜感觉的政府与现实隔离了。对工党而言,不幸的是,州长本人与选民之间的融洽关系并不能轻而易举地改变选举。

"如果韦恩想要什么东西,那么,他就会得到这样东西,"一位前工党议员说:"我们不要在政治上自作聪明。我以为,戈斯、陆克文迷信办事,所以他们就推动办理各种各样的事情,而此举实属愚蠢。"他说政府没有使用基本的政治判断。

政府办事没有节制——不管是修筑一条新路、或是公共事业的改革、还是变革教育制度。这位议员补充说:"我们是在解决问题,但是,我们解决问题的方式却同时产生了另外一个更加糟糕的政治问题,这不是在胡作非为么。"

"毋庸置疑,我们给人一种自高自大的感觉,"当问到彭斯时,他承认说:"我们忘记了我们是怎样上台的。最终,我们开始反省,觉悟了许多东西。是呀,当人们走到投票箱前,他们认为自己会做出更好的选择。这些就是1996年我们在昆士兰州惨遭失败的原因。"

＊ ＊ ＊

1994年,在布里斯班南部格里菲斯选区的选举中,陆克文被选为布立巴分部的主席和书记。从布里斯班市中心驾车出发,穿过大河,很快就到这里。此时,陆克文决定参加1996年的联邦大选,因为本地区的联邦成员即将退休。虽然分配给本地区的名额变化对工党极为不利,但是,这个席位还是牢牢地掌握在工党人的手中。当然罗,应该在选举时期内找到一处舒适的地方居住。

1995年夏,政治记者格伦·米尔恩在一次澳大利亚联邦政府议会召开时与陆克文交谈。他们在九号渔人码头饭店一起用餐,米尔恩怀疑这次聚餐是陆克文尚未表露出来的政治安排的一部分内容。随后来到酒吧,陆克文终于捅开他心中所想的事情。"我正在考虑参加工党联邦预选,"他尽可能漫不经心地说:"我在想您会有什么看法?"

米尔恩坚定认为陆克文应当参加预选,"参加,"他说:"因为你会为工党联邦核心组织锦上添花;其次,也许在将来的某一天你会成为工党政府中一位出色的外交部长。"接着,米尔恩补充了十分尖锐的第三点:"可是,如果你想领导整个工党,赶快打消此念！那些在政治上下赌注的人不会喜欢一个书生气十足的、会讲汉语普通话的前外交官担任工党领袖的，选民会以为你是火星人。"

在选举事宜上受到这样的赞扬并非人人唾手可得。这时候，工党内部的竞选对手的派系彼此之间进行着残酷的争斗，事实上，一位党内左翼人士正热衷地、眼巴巴地盯住这场预选哩。过了一段时间，预选的恶战似乎要"真刀真枪"地展开了，然而就在此时，澳大利亚广播公司《四面八方》节目报道说，碰巧都在昆士兰州政府工作的一群人突然在这次预选中成立了一个新的分部，几乎就在同时，许许多多越南人迅速签名加入这个特别的分部。

电视节目对于此事并未提出任何怀疑，只是据实报道，并且说在工党内，越来越多的人潮水般地涌入这个分部。由于发生了这桩事情，选举的疆界最终起了变化，陆克文轻而易举地赢得了预选的胜利。

陆克文把自己参加预选的事情也告诉了他的外交部的朋友们。"克文告诉我他要参加预选，"乌尔科特说："或许，令人感到吃惊的是，我从来都没有真正地了解他的政治倾向。"

自由党这时候也意识到在格里菲斯选区有获胜的机会，于是就张牙舞爪、大张旗鼓地发起一场竞选运动。1995 年 8 月底，陆克文受到了联邦议会的第二次关注，虽然这是一次不友好的关注。企图给昆士兰州的工党候选人制造麻烦，联邦议会的参议员伊恩·麦克唐纳注意到《左翼报》上的一篇文章。

他注意到这篇文章把州长和州长办公室主任描述成"说谎者和应该被除掉的惨败者"。文章还进一步把陆克文描述成"一个极右的基要主义者[fundamentalist：第一次世界大战以来，基督教新教一些自称'保守'的神学家为反对现代主义，尤其是圣经评断学，而形成的神学主张，称之为fundamentalism（基要主义），而信奉基要主义的人被称为基要主义者——译者注]，一个对工党基本原则一无所知的人"。

参议员大卫·麦克吉本在一个月之后也加入了这次攻击行动，他声称在昆士兰州工党范围内，陆克文和韦恩·斯旺被称为"一对男仆"。他还着重强调了这两个人与澳大利亚工人联合会帮派之间的联系，他说："昆士兰州工党范围内的人统称他们是路德维格办公室的伙计，这两个伙计想出一个点子，就是要恫吓选民（要他们投工党的票）。"可是，这位参议员似乎没有做好功课，因为陆克文是昆士兰州里少数几个与澳大利亚工人联合会没有任何关系的政治家之一。

这几次攻击毫无必要。戈斯的判断是正确的，选民要推翻基廷的工党联邦政府，所以，他们会毫不迟疑地在州内给工党候选人施加惩罚。在联邦范围内，工党沦落成议会中不重要的政党，陆克文没有当上联邦议会中的工党议员，他没有为工党竞争到格里菲斯选区的联邦议会的席位。

"对此人真正的衡量是他已经全身心地投入了并且一直努力争取赢得这个席位，"联邦内的一位工党人士说："不是么，许多人都不愿意经历这种事情，这是一场艰苦卓绝的过程，而且没有任何保证能赢。尤其特别的是，在那场特别的选举中，一切又是变幻莫测异常迅速。"

他回忆起当时弥漫在工党内的绝望情绪："基廷的工党联邦政府不只是被打败，而是被连根拔起、被人兴高采烈地一锅端了！投机家们让我们彻底完蛋。"他的一个拳头重重地敲在另一只手的掌心上，在倾吐了心中的郁闷情绪后，他似乎有一种宣泄净化的轻松感。工党的这次溃败是一种警示，昆士兰州的许多工党成员对此时的基廷充其量也只是抱着一种模棱两可的态度。接着，他又回忆起陆克文的尴尬处境："没有任何东西能够确保陆克文在下一次选举中获胜，绝对没有！"

一位来自昆士兰州议会的政治联络员说："那时，他正忙于赚钱谋生，所以，我们其实并没有太看好他。"陆克文静悄悄的、不露声色，在格里菲斯选区继续埋头苦干。

在这一段时期内，鲍勃·卡尔也时不时地来到布里斯班。他注意到陆克文即使在失去权力之后仍在继续从事政治活动，至少，在陆克文家的阳台上有过一次临时的聚会，新南威尔士州州长、韦恩、戈斯前来讨论政治问题。

"联邦内有相当多的令人讨厌的政客不厌其烦地与选民接触，可是，克文不是这样，"一位前州工党官员说："很难批评他发起的做基层民众工作的运动，而他本人于1996年和1998年两次选举之间的时期内实实在在的在基层工作。"

"我认为陆克文在这段时间里很好地处理了与比尔·路德维格之间的关系，"一位不是澳大利亚工人联合会帮派成员的人说："因为这是一种微妙而敏感的关系。比尔可以为你提供对你有帮助的金钱，但他不能提供让你进入议会的选票。你必须发动一场场运动为自己去争取选票。知道么，在那场预选中，路德维格和他的一帮子人根本就没有支持过克文，我们从中看到了那个时代的一些两面派手段，实在令人失望，大大的失望呵。"

他继续说："澳大利亚工人联合会逐渐知道了它并不拥有工党。克文肯定不是路德维格办公室的伙计，故此他休想得到大力的支持，他只有全凭自己的才能与实力了。"

"如果霍华德不进行变革，如果他按部就班有条不紊地行事，那么，陆克文就有可能成为一本无聊而乏味的选举历史教科书中的一条注释才被人记起，"他评论道："你甚至可以想象出这条注释会怎么写，很可能是这样写的，'连输两次者陆克文在1998年的选举中再次功亏一篑，退而复干专职顾问老本行。'说实在的，这可不能算人生中特别生动的纪念，你说是吗?"

事实上，这当然不是陆克文的政治墓志铭。

他努力工作。为写本书而做的所有调查中，没有一个人认为陆克文惊人的职业道德是伪装的。当下一次选举即将来临之际，陆克文已经做好准备。部分原因要归功于领导者吉姆·比兹利——陆克文日后要取而代之——搞运动的天赋，才使陆克文走进联邦议会。

第 4 章

议员 *1998——2001*

> "我们都是以往的自身经历和自己思想的产物。正是这些简单的经历和平凡的信念使得我自豪地坐在这儿,而不是那些反对派坐在席位上。"
>
> ——陆克文 1998 年 11 月 11 日

1998 年最后几个月中,陆克文不仅以一个官员的身份,而且还是第一次以选举出来的人民代表的身份去了堪培拉。这个激动人心的时刻使我们想起来叙述一下陆克文生平中前后几桩幸运的成就。

他与一位事业有成、精力十足的女人结婚;他有 3 个孩子(学业优秀,踏入社会后各方面的综合表现突出);他有一种牢固的宗教信仰;他是一位精通汉语、了解中国的学者型的知识分子;他有置身最高官阶层的深厚经验;如今,他所取得的成就又锦上添花,他是一名澳大利亚联邦议会的议员。

陆克文从家乡优门第出发,走过长长的路程才到达今天这个地步,虽然一路上也曾有贵人相助,但主要还是通过自己的决心、意志、奋斗才保证了今天成就的到来。或许,并非人人都喜欢他,但在事实上,他似乎并没有大量树敌,他极有分寸地平衡着与对立面之间的那条横木,对立面中有不少杰出的天才人物都是他的朋友。

现在,比兹利称 1998 年的那场选举是"逃跑选举"。尽管如此,成就还是十分巨大的。1998 年,工党已经非常接近组阁掌权的胜利。工党稳得超过 50％的选票,可惜这些选票集中在少数几个工党候选人的身上,在议会构不成多数派。反对派在议会赢得 67 个席位,国家党赢得 80 个席位,无党派人士赢得 1 个席位。

"在竞选运动的最后一周里,缺少焦点,"比兹利如今说道。"辩论像'资本收入税'之类的问题并没有给我们带来选票,反而使我们像无线电台播放唱片似的。你想一想,我们连一个想要真正成功的反对派的锋芒都没有,"他不无遗憾地说。

"我们一直把组阁装在心里,"比兹利继续说:"这对选举的结果会产生多种多样的影响。很可能在最后,有着'把政府交给说得对的人去管理'的想法的人并不多。"

"我们虽然没有受到上苍的委任,但是我们实实在在的留下了几许耀眼的火星,"比兹利说。他又进一步阐发他的想法:"'委任'是选民的观点,认为你有能力进行管理,这样他们就会选举你。这次选举至少还有残留的效果,那就是,我们有能力组成政府。"

"我们工党在昆士兰州的选举中表现优秀,把克文送进了联邦议会。我总是在想我们有可能在此地获胜,因为在 1996 年我们在此地惨遭重创。"

陆克文的老朋友克雷格·爱默生在布里斯班南部的兰金选区也被选为代表进入联邦议会。"实在是令人兴奋不已!我记得,由于某种原因,那天早晨,有许多我们工党的人坐在同一部车里,"他说:"我们终于再一次走进议会,但是这一次却让人终身不忘,令人异常激动。一路上,我们插科打诨、开怀大笑。"

爱默生非常熟悉议会。他作为霍克的顾问之一，经常坐在四周被围起来的小小空间里，而这些小小空间都位于靠近公文箱的地方，但是，从来不允许他走出被围隔的空间像一位议员那样走在议会大厦的神圣的地板上。"我们都有不同的进出通道，对于哪些地方是我们决不能去的，所有办事人员都一清二楚。而这一次却有别于以往啦，可以脚踏实地走在绿色的地毯上，不必担忧工作人员嘘你走开，真是叫人乐不可支。"

在最初的任期内，陆克文知道他必须树立起持续不断取得成功的个人形象，他不想自己只是被划到"一位称职的地方代表"的范畴里去，他雄心勃勃，要达到比这个评价多得多的成就。他似乎规定了自己在第一任期结束时必须完成的两项具体任务：他想让别人清清楚楚地知道，当工党下一次掌权组阁时，他是外交部长的最佳人选；其次，同样重要的是，他必须确保自己在下一次选举中百分之百当选。

出于这些考虑，陆克文决心摒绝一切所谓理所当然的事情，而是兢兢业业脚踏实地工作。他曾经受惠于宝琳·汉森的统一民族党，该党候选人在选举中获得 7% 的选票。格里菲斯选区绝非"稳操胜券"的选区：工党获得 52.4% 的选票，这在选举中仅仅是微不足道、勉勉强强的多数。除此之外，昆士兰州被选举出来的 27 人中，除 3 人外，其余的人已经对工党若即若离，显而易见，形势严峻，需要做大量的工作啊。

尽管如此，陆克文还是能看到成功之望。他个人的办事风格显然起了作用。他在预选中获得了 44% 的选票，这比许多工党中竞选参议员席位的候选人高出 6% 的选票。虽然有些候选人的个人风格也产生了相似的效果，但是，候选人所关注的问题才是起决定意义的东西,它能吸引相当广泛的选民支持。

地区人口统计的变化对工党不利。选民中中产阶级的流动性很大,曾经是布里斯班近郊的地区已经不复存在。今天,可爱的昆士兰州的老居民们依然喜欢湖畔泉边,但是,他们更喜欢有一个百万富翁式的家。虽然部分选区——特别是南部——依旧保留着昔日的遗风,但其他的地方变化甚大,可谓是旧貌换新颜。一位议员说:"20年前左右的光景,陆克文的部分选民被认为是那些远离市中心的人,依我看,恐怕现在没有人能做到这一点了,因为城市进程化速度大大加快,选民都是住在城里,只不过是离市中心的远近而已。"

1996年,选民抛弃了工党,没有人能保证他们不走老路。但是在另一方面,像陆克文这样的政治家深信,如果新的选民逐渐了解他的话,他们可能会喜欢上他的。于是,他以一个人的十字军[crusade:西方基督教徒组织的反对穆斯林国家的几次军事东征。此处指改革积弊、清除公害等的运动——译者注]的面貌出现在公众面前,对选民发表演说,力图给选民产生非选举他不可的印象。陆克文在选举期间的勤奋工作,加上他又是当地人以及在工党内的职位,这些因素组合在一起发挥了作用,随着岁月的流逝,他在下一次被选进联邦议会的安全系数越来越大。

1988年,似乎是在最后的时刻,工党失去了牢固的、纪律严明的优势。许多人痛苦失望之极,认为工党在选举的最后几天里没有尽力紧紧掌控竞选运动,鲍勃·麦克穆伦就是其中之一,他说:"我认为,1996年后,许多人思想迟钝,没有意识到下一次选举我们是有可能获胜的。"

这好像是工党的一个问题。"我从来没有听到吉姆说这是一项'两次选举的战略方针',而有的人却去自行其道,真是做了一件愚蠢的事情,"麦克穆伦说:"我们在选举中已经取得了不俗的成绩,然而在澳大利亚历史上罕见的事情却发生了:在普选中获得大多数选票的政党却在组阁的选举中失败。我想这个结果一定会让所有的政治观察家们大跌眼镜、莫名惊诧。我毫不怀疑自由党在那天晚上深信自己会惨败,特别是那些参加电视上专题小组公开讨论的人士。"

　　麦克穆伦在那天晚上眼睁睁地看着胜利从工党的手中滑掉,显得怒气冲天。当然,现在把当年全国竞选运动失败的责任归咎某人的做法已经毫无意义了。很可能在竞选运动的最后阶段出现了多处差错,但是反过来说它也同时产生了某种契机,因为老一代的工党成员丧失了他们自身的优势。

　　然而,那次选举让许多才华横溢的新人注入议会。"工党能人辈出,我们还是很幸运的,"麦克穆伦继续说道:"在某些情况下,选举过程本身虽非尽善尽美,但是,常常叫人吃惊的是,选举的结果却是十全十美的。尼古拉·罗克生就是一个让人不会忘记的人物。"

　　"人们说,克文和那些与他类似的人都野心勃勃,"麦克穆伦补充道:"说得对,但是这样的描述显然不够全面。诸如此类的人——当然,并非人人都能成为领袖——或许在更加重要的意义上来说都是对自己的将来怀有憧憬的人。"麦克穆伦坚定地认为,这些政治家之所以有别于常人就在于他们能感觉到自己可以取得什么样的成就。他说:"能人常常驱动自己干事,或许部分原因是为了自己,但更加重要的是,也是在为社会做事。雄心壮志没有什么错,只要这样的雄心壮志是为了成就民众的事业,而不是为了成就个人的名望。"

人们在参与政治多年之后,很快能练就出一双火眼金睛,他们必须如此。"当然,这纯粹是个人主观上的看法,"麦克穆伦说:"不过,似乎人人都能区别这两种人,一种人只是不断地往上爬,另外一种人满腔热情地谋求一个能让他们做事的职位。当然罗,没有一个人会只属于其中的一个范畴,因为这两者是不可分割的统一体。"

"显而易见,"麦克穆伦坦言道:"来到联邦议会的人都有个人的动机,当然也希望制定出好政策与带来好的结果。"迄今为止,没有一个人能确切地知道陆克文在联邦议会中是如何平衡个人动机和议员职责之间关系的。

＊ ＊ ＊

这位格里菲斯选区的新代表也开始着手在工党内建立起自己的观点。"看一看他在联邦议会上的初次演讲吧,"一位同陆克文密切共事的人说:"他演讲中的全部精髓都指向——"他停息一下,"指向权力。"他接着补充说:"这是一个来到堪培拉的洞察人性的人,他明明白白地知道自己寻求什么,并且找到了。"

1998年11月11日下午6点零6分,陆克文第一次站在议会大厦的地板上发表演说。表明时间的数字是十分吉利的,所以,他以一种挑衅的口吻开场:"政治就是权力,"他肯定地说。陆克文就是用这6个字清清楚楚、毫不含糊地表明他为什么来到堪培拉。在此次成为联邦议员之后,他制定出几项原则,并用这些原则来指导自己对权力的运用。

有些人试图仿效某人追名逐利,陆克文却反其道而行之,他把遵循的原则建立在自己理想的基础上。"我深信理想非常重要，理想造就行为，"他断言道。在引用了凯恩斯［Keynes：(1883—1946)英国经济学家，凯恩斯主义创始人，认为失业和经济危机的原因在于有效需求的不足，主张国家干预经济生活并管理通货，主要著作有《就业、利息和货币通论》等——译者注］的话之后，陆克文继续说："经济学家和政治哲学家……要比人们通常认为的强有力得多。事实上，世界是由极少数人支配的。动手实干的人以为自己完全摆脱了知识分子的影响，其实，他们通常是某位已故经济学家的奴隶。"

但是，这仅仅是辞令而已，陆克文真正想要做的事情是引起工党再次进行一场大辩论，原先的那场大辩论因为东欧阵营的轰然崩溃和苏联的迅速解体戛然而止。"直率地说，我持党内再次进行一场大辩论的观点，因为党的传统权利和遗产现在已经被转移到称之为'中心'的虚构地方，其一切后果只能产生本质上的技术专家政治论的决定，从而导致团队内一派领导者反对另外一派领导者。"

这是一件许多人觉得工党早已遗忘的事情，但是陆克文下定决心要倾覆这种正统观念。他说其父亲的去世促使当时还年幼的他思索："父亲的去世使我认为，设计一个适当的社会保障体系来保护弱势群体绝非坏事。"他列举了一个健康的社会必须要做到的两件事情：公众住房和恰当的公民健康医疗体制。教育也是至关重要的，陆克文在演讲中用了很大的篇幅来阐发这个问题："如果机会的平等不始于学校，那么就没有任何地方会有平等了。"

当然，陆克文演讲的开宗明义是经济，他坚定认为市场管理是必要的，因为"市场有时候失灵"。他并未言明他拥护托尼·布莱尔的"第三种方式"——只是着力论述基本原理和明明白白地"拒绝撒切尔主义"。他在演讲中把澳大利亚未能与本地区国家建立多边的密切关系的责任归咎于外交部长亚历山大·唐纳。

最后(也是意义重大的一点,陆克文是代表格里菲斯选区进入联邦议会的,所以他考虑到了选举的影响),他肯定地说:"今天,我站在这儿,最最重要的是,我代表了我的选区的选民们。"这是陆克文在议会任职期间会反反复复提起的话题,即使他成为外交部的发言人之后,在访问当地学校或者对志愿者所做的贡献表示感谢时,他总是寻找机会对选民表达此意。

陆克文在演讲结束时感谢了家人和工党的同事,对陆克文来说,礼节很重要,所以,他一一提及了与他密切共事的同僚并致谢意。

＊　＊　＊

陆克文已经建立起自己的演讲风格。从现在起,他只会不断地润色提高而用不着改变自然而然的表达方式。作为一种表现出来的风格;它也清楚地昭示了他的思维方式。聆听他在联邦议会中的演讲,人们越来越明显地感觉到,陆克文是通过对可以获得的多种选择进行认真仔细的理性分析之后才得出结论的。

尤其是在议会的发言中,他的观点总是有强大的说服力,因为它是基于逻辑思维的推理分析而不是以情动人;基于彬彬有礼的言辞而不是怀恨报复的话语;以及基于神定气闲的结论。

这位代表格里菲斯选区的精力十足的新议员的名声在昆

士兰州越来越大。卡尔·翁格勒向外交部请了假,正在昆士兰州立大学撰写《论澳大利亚军备控制政策》的博士论文。卡尔找到陆克文,想问问克文在闲暇时间里能否为他工作——大约每周一天。

翁格勒对自己的学术成绩怀有无可非议的自豪感,他的第一次任务是准备就朝鲜形势发表一次演讲。他全力以赴,要给上司留下深刻印象,他要确保做到涵盖这个问题的方方面面——可是,研究与平壤关系的机构叠床架屋。在他演讲后,陆克文回来了。

"噢,蛮好的。我估计能得 70 分,"陆克文说。翁格勒听了目瞪口呆,怔怔地站了好一会儿,他在想:这算什么? 真的能算好么? "我后来得知,这个分数从陆克文的手中打出的确算是高分了,算是一种很高殊荣,我可不是常常拿高分的人呀,"他哈哈一笑。

"陆克文对别人的想法很感兴趣,"翁格勒说:"但他也自信满满,认为自已比别人更能抓住问题的实质——除了相当的细枝末节外。举个例子吧,早上七点,我接到通知,在陆克文于上午七点半与媒体见面之前我们要通过核燃料循环法案。陆克文很可能对离心机分离和核燃料浓缩之间的区别没有十足的把握,这就是我所说的诸如此类的细枝末节。但是,实际上,陆克文每次与媒体见面之前都做了充分的准备工作,达到非常仔细、一丝不苟的地步,达到他深信自己决不会丧失警惕而被政策问题或微小细节的问题所难倒的地步。"

"他有一颗极其敏锐的头脑,能清清楚楚地表达自己的意思,"翁格勒说:"他能听从别人的忠告——在陆克文的世界观里,'忠告'占有一席之地,"他补充说,但或多或少不是十分强调了。

可是,陆克文的顾问们发现,他似乎什么事情也无需别人施教,他比较担忧的是那些细节问题,总是想方设法不被它们绊倒。说到外交事务,陆克文处理起来得心应手,因为他非常熟悉。所以,他侃侃而谈外交事宜时,你根本不必惊讶。

新闻驱使记者闻风而起。但是,对眼下发生的事情,记者根本了解不到任何详细情况,只能得到肤浅的和能言善辩的应答。所以,即使报道的内容对知情者来说可能只是浮光掠影,可是,报道的笔法也只能如此,因为它有着自身的准则。人们常常把对新闻报道的要求比作"糊"(质量差的粥)。尽管这样,陆克文总是千方百计地与记者会面,许多记者都乐意与之交谈,而他也似乎乐意与记者交谈。

或许更加重要的是,许多议员后来注意到,一旦陆克文打定主意,如果没有确凿而具体的证据证明他错了,他是决不会改变的。

上任伊始,陆克文为寻找自己办公室的幕僚而考察了许多人,同事们戏称他雇佣来的人为"九月先生"或者"十月先生"。考察一直持续到阿利斯特·乔丹的出现才告终止。阿利斯特·乔丹进入了陆克文的办公室且被留了下来,他一直干到今天。

"陆克文来到堪培拉,除吉姆·比兹利外,对国际事务的了解无人能出其右,"澳大利亚国立大学休·怀特教授说。在比兹利担任国防部长期间,怀特在他手下工作。"他的知识水准无人可与之匹敌,"怀特补充道。

陆克文一直渴望得到别人更多的建议、渴望与别人交流思想。怀特至今还记得他在布里斯班与陆克文一家共进午餐的情景。他说:"陆氏一家人之间的亲密关系给人印象非常深刻,你看到一个人怎样与家人相处,你就能真实地了解这个人的某些方面。他视子女为友,常常敦促子女充当积极的参与者来参加我们讨论。想一想吧,我们讨论的问题极有可能都是一些带有战略性的事情——对大多数人来说,绝非是一个有趣的话题——看到他在讨论中频频盘诘子女同时又鼓励他们畅所欲言,真是了不起! 他一点儿也不觉得屈尊。"

"我一直在想这真是和谐家庭的楷模,"怀特说:"这是一顿美妙无比的午餐。"

怀特是陆克文的狂热仰慕者,而一些其他的人对陆克文却是大肆挑剔、横加批评,但这些人不愿意自己的言词被记录在案,不表明身份的这些人的评论与别人的看法严重对立。"不,我认为陆克文并没有对他人的话无动于衷的毛病,"一位目睹陆克文工作情况的人说:"他只是在用心思索,其实,各人有各人的办事方式,世界本来就是这样,因此,怎么看待这种情况完全因人而异。"

当时工作的一位职员觉得陆克文"严厉、生硬和剥削别人"。一些观察到陆克文与其办公室里幕僚之间关系的人认为,解释差异的唯一办法就是把陆克文分成两个人来看待——公众面前的陆克文与私下的陆克文。

"有一次陆克文给自己的办公室打电话叫人送一份文件来,当时我正好在场,"一位在议会大厦工作的人说:"好长时间都没有人回电话。当工作人员最终把文件送来时,他因打扰他们而表示道歉,辛辣的挖苦溢于言表。陆克文有时候会判若两人,这是由谁在听他讲话和他对谁讲话所决定的。"

相当令人可信的是他脾气暴躁的迹象,或者是一位工作人员达不到他的高标准时他表现出来的蔑视的礼貌——显然，这是一桩更加糟糕的事情。这清楚地表明了陆克文肯定辞退过不少人，但是，这也无话可说。当然罗，无数的议论会从他的办公室里飞了出来，凭此可以断言，如果别人的建议与他事先构成的想法不相吻合，他一定会置之不理。

但是，绝大多数人坚定认为陆克文是一个能给别人带来乐趣的人，尤其擅长于在非正式场合的交往中。这是一门极为关键的政治技巧，对一位领袖而言更是至关重要。

多年之后，2006年5月，惠特拉姆推开了陆克文在毛宁赛德的竞选办公室，讲起了陆克文原先对他讲的事情。惠特拉姆坚信年轻一代的工党政治家从前自由党部长吉姆·基伦身上学到了一条宝贵的经验，他说："吉姆向陆克文昭示了如何把边缘席位[marginal seat：指仅以微弱多数取胜因而不稳固的议员席位——译者注]精心照料培育成大多数人支持的稳固席位。吉姆在竞选期间每个周六的早晨都要去访问一家购物中心。吉姆·基伦在摩顿[Moreton：位于澳大利亚昆士兰州东南部布里斯班河口——译者注]所做的事情，陆克文决定在格里斯菲仿效实践。"惠特拉姆为了突出他的最后一句话而夸张地停顿下来。

惠特拉姆是基伦的好朋友，他特别赞赏这件事情。

然而，有人为此批评陆克文，认为他多少有点不像一个真正的工党人士了，持这种看法的人主要是不了解陆克文。

就在陆克文进入联邦议会之前，在一位前高级官员同与之交往的一位资深牧师交谈中，牧师好像说到过陆克文。"陆克文加入工党，令人遗憾！他本应该成为我们当中的一员呀。"当我向这位牧师证实此话时，他断然否认，声称在当时他根本不知道陆克文为何人。"可是,"他轻轻地搓揉双手,问道:"你们干嘛把注意力集中在这件事情上,是利用宗教来谋取政治利益?"直到我们的谈话结束时,也没有办法能确切地知道究竟是谁厚颜无耻地硬用宗教来支持自己的观点。

鲍勃·卡尔坚决认为任何暗示陆克文不是真正的"工人阶级",或者用一种隐晦的方式说他不是一个地道的工党代表都是空穴来风,此等伎俩由来已久。卡尔记得在70年代,一帮"唠唠叨叨的人"抱怨"高夫·惠特拉姆不是一个真正的工党人",称这位联邦总理是"叨光者[coat-and-tails:据梁实秋所著的《最新美国俚语辞典》云:依赖他人获得成功,通常指在一次政治竞选中,一位不知名或人望不高的候选人由于同一选票上另一候选人知名度的力量而赢得选举——译者注]高夫"。

"这种说法完全是废话,简直就是在胡说八道,"卡尔说道。

议会大厦内的动力非比寻常。必须把在毫无生气的长长的走廊上的临时接触交流降低到最低程度,所以就代之以单间斗室。为了满足接触交流的机会,大厦的内部强调了屏障的使用。在几乎没有什么使用率的空白处用框架构成一个个单间,被粉刷得白白净净,四四方方的黄铜板上蚀刻出小小的黑色数字表明了是个人使用的地方。

普通议员有时候极想逗逗乐子。"这儿的一些议员绝非常人,"一个人说:"他们绝不是那种可以同你一起喝喝啤酒的人。但我很幸运,可以与陆克文坐在同一条板凳上。"

"我们玩游戏,陆克文参加了几次。你要知道,我们所玩的游戏无非是猜猜谁在演讲中会使某一个特别的字眼以及诸如此类的事情，陆克文一旦猜中，会表现出十分快乐的样子来。"

　　每一位议员都可以分到一套小小的办公室，一旦入室，就与外部世界完全隔离开来。根据布告，洁白的内墙可以任其主人自由装饰。唯一例外的是，向议会大厦收藏室借来的艺术品要摆放在适当的位置上。充满生活情趣的绘画成了"艺术品"，可是它们被局限在狭小的空间里，即使被悬挂起来，它们的灵性也早已经被议会上冗长的审议过程消磨殆尽。

　　相传，议员们在离开自己小小办公室的一路上留下面包屑做记号，以便回来时能找到。这个传说并不属实，因为在议会大厦里，决不容许破坏公共场所的干净整洁，哪怕是一分钟也不行。议会大厦内的每一个人都必须遵守这些严格的规章制度，显而易见，制定这些规章制度只是为了抹去任何人为遗留的标志。在墙上张贴海报是一种严重的违纪行为，必须立刻纠正。照布告所说，要确保整座议会大厦内清清爽爽的统一与单调。

　　陆克文千方百计地要使个人的特征在议会大厦里留下来。他办公桌后面悬挂着卷轴，据他说，是他在台北时的某个深夜偶然买来的。他的书橱里装满了书，都是他读过的或者感兴趣的书，而不是看上去整齐划一、令人敬畏的议会议事录拷贝。1998年底，陆克文作为一名鲜为人知的后座议员进入联邦议会，就从那一刻起，他就下定决心要在议会的丛林中披荆斩棘为自己开辟出一条金光大道。

＊　＊　＊

　　陆克文在首任内准备了一份政策讨论会的文件，研讨处理澳大利亚与印度尼西亚之间的关系，重点是讲清楚了工党对东帝汶政策的来龙去脉。这也埋下了与工党发言人劳利·布瑞勒顿之间长期的慢慢激化的争执。劳利·布瑞勒顿要为推翻工党的早期政策负责，工党的早期政策是承认印度尼西亚对东帝汶岛的主权，而劳利则相反，声称东帝汶的命运要由岛上的人民投票表决。

"我深信，劳利认为，在东帝汶问题上抢先采取赞同其独立的立场会使自己在政治上捞到好处，"一位不愿意透露自己身份的人说。然而，这样的分析忽视了一个事实：这也是工党绝对必要采取的立场。如果布瑞勒顿没有改变政策，那么，在东帝汶人民投票赞成独立后前印度尼西亚民兵施行报复时，激进的左派就会抛弃工党。"这是一次在政治上很有远见的改变，"另外一位政治家说："不管其个人动机是什么。"

布瑞勒顿关于工党在东帝汶事情上调整政策的重要讲话立刻招致烟花爆竹满天响——这可不是节日庆典上燃放的烟花爆竹。为了达到讲话的效果，布瑞勒顿不仅苛刻地批评了惠特拉姆的政策，而且还质疑了由保罗·基廷和加勒思·伊文思共同与印度尼西亚政府缔造的密切关系。布瑞勒顿遭受指责，人们认为他只是为了在《悉尼晨报》读者和澳大利亚广播公司听众中间抬高自己的名声。

高夫·惠特拉姆迅速参与，声称"这是工党迄今为止最不合格的影子内阁外交部长"——这是代替激烈争论、刺伤力很强的训斥。保守派中的其他人老谋深算，只是一味地三缄其口。而抓破这只活痂并没有让布瑞勒顿受人喜欢，包括党内那些对帝汶岛多年来滥用人权现象视而不见的人。

布瑞勒顿的态度只是清楚地表明了一个长期以来就很明

显的事实——即：遭到入侵的20多年后，东帝汶依然没有与印度尼西亚合并在一起。但是，他把人权置先于政治的做法伤害了那些以前与雅加达有着特权关系的人。

尽管如此，政策的改变刚被强行通过，一片如释重负声此起彼伏。前工党主席卡尔门·劳伦斯此时非常热情地关注着劳利·布瑞勒顿所表现出来的作用。"依我看，劳利为我们调整了对东帝汶的政策，是为党做了一件了不起的事情。他也在强调一份新的、范围更广的人权进程表中发挥了重要的作用，"她说："在劳利改变政策之前，我们党在将近30年的时间里在东帝汶问题上一直执行错误政策，所以，劳利的这一步取得了极大的成功，他摆脱了他周围少数几个在我党历史上非常自负的人的影响。置身于外交事务俱乐部的一些人可能还没有他的这种胆量与作为。"

"从长远的观点来看，此项政策的成功或失败是由东帝汶的成功或失败决定的，"一位前工党泰斗说："最近一系列的事情表明东帝汶政府腐败，几乎不能独立生存。那么，它的前途何在呢？然而，要说它与印度尼西亚共和国合并就会富裕起来也是言之过早。"

布瑞勒顿的讲话为陆克文打开了一扇方便之门，能让他展现自己对印度尼西亚关系的观点。他反复强调，虽然东帝汶问题和人权问题是很重要，但是，与雅加达保持双边对等互惠关系对澳大利亚的长治久安是绝对至关重要的。

这是一个老生常谈的争论话题，可是，工党人士弄不明白，为什么陆克文会挑起与布瑞勒顿争斗呢。许多人猜疑隐藏在进行这一场表面上政策争论后面的动机，他们认为，在陆克文藏于心中的工作进程表中，是要利用这次机会，加速提升自己在党内的影响力。

时至今日，陆克文着手在工党内精心编织关系网。在国内，他每到一座城市时都会利用一切机会来做到这一点——拜访州长、拜会同宗盟友——随后，他一步一步地、小心翼翼地让别人了解他的鸿鹄之志。一个其时在议会外游说的人嘲讽道："看起来有点荒谬可笑，可是，不管怎么说，他一直坚持这样做。"

布瑞勒顿的一位熟人谈起这段时期的情况："他恨陆克文，大家很容易知道这是为什么。劳利是职业政治家——一个纯粹的政治家——与一位职业外交家交上手，而这位职业外交家正在积极动用他的许多老关系。"

布瑞勒顿在党内其他同僚面前对陆克文大张挞伐，因为他认为，陆克文染指外交事务显而易见是在挖他的墙脚。他同时指出，陆克文此时参加议会内的两个委员会，而陆氏应把注意力集中在国内事务上。"既然他对制定外交政策这般感兴趣，为什么不拿出点实质性的东西来呢？"布瑞勒顿质疑道。他指出，虽然陆克文追逐这个职位，可是他为此并没有作出过任何贡献。而陆克文相信，凭他在华期间所培养的对宏观经济的把握能力，完全能胜任毕马威会计师事务所顾问一职。

一位工党核心成员脸上带着隐约的微笑如今说道："我不记得劳利与克文之间有什么冲突。"然而，在进一步追问下，他似乎回忆起某一次特殊的工党核心小组会议。"每一次核心会议都有其自身的变动，有时候，人们对某个问题的讨论热烈异常，"他补充说："有一次，在与会者的每一个人面前，陆克文被告知，不要再挖发言人的墙脚了。劳利不是傻瓜，他知道正在发生的事情意味着什么。可是，挖空心思掘出当年不愉快的分歧来又有什么意义呢。"

对于可能性与现实性，布瑞勒顿有着政治家的眼光。他觉得他在工党内所担任的职务是顺理成章的事情。那时候，陆克文经验不足，而且持不同的观点。可是，在随后的岁月里，他们两人之间的关系发生了变化。布瑞勒顿与莱瑟姆关系密切，他满腔热情地鼓吹莱瑟姆的领导能力。最近，一位议员引用了布瑞勒顿支持陆克文的话，此外，更加特别的是，他赞同陆克文的思想。

"陆克文必须做比兹利的工作，"布瑞勒顿最近说："我们现在相处融洽，过去曾经有过的分歧和不愉快已经云消雾散了。我们迫切需要一个能颠覆霍华德并且取而代之的人。"

作为新人的陆克文已经开始与马克·莱瑟姆交手了，他回击莱瑟姆对工党的批评，捍卫了工党。莱瑟姆指责澳大利亚工党失去智力、缺少政策。莱瑟姆声称他要给工党重新定位。而在这一段时间里，陆克文似乎比较赞同工党的传统观念。

陆克文与外交部长亚历山大·唐纳的关系好像也发生了巨大变化。唐纳好几次出面支持陆克文。其他的议员们怀疑，唐纳此举是想挑起其对立面中的布瑞勒顿与陆克文之间的摩擦。

后来，一位外交部官员注意到"在邀请名单上划掉了陆克文，"他神秘兮兮地补充说："一切由唐纳决定。"

"我想，唐纳与陆克文彼此讨厌的一个原因是因为他们在同一个部门里工作，"另外一位外交部官员说。"唐纳资质平平，"此人轻蔑地说："只能得到他人中等的评价。我想，这其中是否会有点嫉妒的因素。"

一位高级政策分析师攻击霍华德政府，他认为"良好的国内政治却制造了很坏的对外政策"。后来，他指出，陆克文也干了类似霍华德所干的傻事，陆氏对此应该感到内疚。"其中一个例子就是要求印度尼西亚禁止穆斯林组织回教祈祷团。依我看呐，诸如此类的事情再也不要出现了，这是一种愚蠢的要求。我向陆克文指出了这一点。从一开始，用他们的话来说，我的提醒还有点同志之情，可是，他们两人中没有一个人听进去。国内政策的优越程度远远超过对外政策。"

他停了一下，又继续往下说："克文是一个基督教徒，我想，他是真正地担忧激进的伊斯兰教信徒会做的事情。"我问他，他的这番话是否还有弦外之音，这位高级政策分析师沉默了，守口如瓶。

* * *

新一届议会之初，珍妮特·霍华德在联邦总理官邸举行午餐会，款待新任议员的夫人。特蕾莎去堪培拉出席这次聚餐会，她被安排在自由党议员布鲁斯·贝尔德夫人朱迪思的邻座。经过简短的——可能很不全面的——引介之后，两位夫人交谈起来，并且很快发现，她们两人有着太多的共同之处。

那天晚上，朱迪斯后来告诉贝尔德，她见到特蕾莎并且与她作了一番有趣的交谈。她问丈夫陆克文在政治派别上身处何方。"我想他属于右翼，"贝尔德回答说，马上看出妻子脸上惊讶的表情，她显然没有把那位与之交谈的、可爱的女人的丈夫视为右翼人士。突然，妻子的看法让贝尔德领悟，他问道："你真的认为他是工党人士？"

"哦,我不知道,绝对不知道,"她开怀大笑。其实,她与特蕾莎有一个相似的看法,她也认为陆克文极有可能是一位采取自由主义立场的政治家。

随着时光的流逝,陆克文和贝尔德都发现,他们两人在另外一件事情上有着共同之处:他们都有着虔诚的基督教信仰。

10年前,贝尔德是格林纳政府中一位受人欢迎的、办事有效果的部长,当时,选民们抛弃了恩斯沃思政府,把格林纳政府推上了掌握新南威尔士州权力的位置。现在,贝尔德是一位经验丰富的、能力胜任的联邦政府的政治家,但是,尽管他的资格完全适合担任内阁里一名部长级高官,可是,霍华德从未提升过他。分析人士认为,这里因为贝尔德有点自由主义思想,并且表现了对渐进的社会计划的关注。

"克文是一位绝对虔诚的地地道道的基督徒,对此我深信不疑,"贝尔德说:"这并不是某种他要接受采纳的东西,但是在政治上给他带来方便。"在我们其后的谈话中,他反反复复地提到这一点。"他的信仰根深蒂固,绝对不是表面做作,"贝尔德说:"然而,这也是当代基督教的情况——这不是一个能明显改变信仰的时代。但是,陆克文似乎也强烈地意识到教堂的日趋式微。"

正如我们前面所提到的,陆克文认定自己属于英格兰教堂,决心摒弃他母亲信仰的罗马天主教。"他可以舒舒坦坦地坐在任何地方,"另外一位朋友强调说:"他认为,一个人不要被他的宗教信仰所局限,一个人是通过他的生存方式来阐发他的信仰,并不是你刻意的'标新立异'就能增添其重大意义的。"

甚至,在其议员生涯的初期,陆克文的宗教信仰造成了别人无所适从的窘境,因为他需要调整自己的个人信仰才能与一个工党成员应有的信仰保持一致。

"毫无疑问,他祈祷上帝的指引,"哈里·奎克说。他是一位新当选的工党议员,公开声称自己是一位基督教徒。奎克的父亲是一个出生在土耳其加利波利半岛的退伍老兵,比妻子大20岁,曾经是屠夫。当时的家庭经常依靠教堂慷慨救济的生活必需品才生存下来,奎克因此对基督教顶礼膜拜。他曾经是一个小学教师和校长,后来从政成了一名政治家。他说:"有二三个人,其中还有站在对立面的人,我同他们有一种宗教认同感上的联系。在某些方面,比如对待牧师和选民,我们有同一类人之感,似乎也有助于我们今后的再次竞选。"

贝尔德注意到了这一点。"作为政治家,我们有时候觉得,很难遵循圣经上训谕我们要保持的谦逊,"贝尔德说:"这些原则似乎与推动我们不断前进的工作的合理要求相矛盾,克文清醒地意识到这种情况。"

"克文特别喜欢去圣保罗大教堂,"贝尔德说:"他在穿越地中海东部地区的旅行时,特意买了一张昔日的地图,想要实地走一下当年圣徒走过的路线。"

陆克文选择去圣保罗大教堂是一件十分有趣的事情。圣徒保罗的头衔是"旅行传道者",人们记住他是通过旅行和书信来传播福音的。今天,改变宗教信仰遭人质疑,然而,我们可以从另外一个角度来看待保罗想要做的事情。保罗的宗教观有很大的包容性,事实上,他就曾竭力主张、大声疾呼需要在异教徒(不是天生的犹太人)中传播福音。

许多人很难理解陆克文为什么会对这样一位旅行传道者感兴趣。有些人会着重聚焦这样一个事实:保罗全身心地投入到传播福音的使命中,不屈不挠、常年不懈,完全依靠自己。据说,他曾经从3次海难中脱险、被人用石头砸过、还坐过牢,他对自己的弱点非常清楚,但是,他在对上帝的无条件的热爱中找到希望。持怀疑态度的人担心,在对基督教教义的这种阐释里,是否会有反对男女平等主义和控制宗教归宿感的因素。

陆克文对《圣经》和教会历史的烂熟于胸使得他获得了另外一些非同寻常的素质。很久以后,一个在联邦议会大厦内的工作人员回想起在一次大型会议上,他与陆克文及其他的人在一起的情景。"每个人都在叽叽喳喳地谈论着寻常俗事,这些俗事令人乏味,"她说:"突然,虽说我不是故意留神的,但我还是听到了'山穷水尽'这个字眼。在党的会议上听到人们用这种方式讲话实属罕见,于是,我马上挺起腰板坐直了,竖耳倾听。我开始注意起他所使用的宗教措辞,他这样做并非完全是为了效果,显而易见,这是他通常说话的一种方式。打那以后,我就一直留意他使用宗教用语的方式。天哪,他是如此频繁地在他讲话中使用这种方式,或者利用在《圣经》中经常使用的神奇的词汇结构。"

陆克文宣言信仰基督教对他造成的一个巨大威胁是信仰其他宗教的人会觉得自己遭到排斥,陆克文认识到了这一点。于是,在2004年后期,他通过《澳大利亚犹太人消息报》与前工党议员巴里·科恩展开一场大辩论。科恩宣称守旧的工党已经猖獗反对犹太人了,陆克文立刻挺身而出与这样的诋毁作斗争。

"人们不分青红皂白地到处滥用反犹太人这个字眼是相当危险的,害莫大焉,"他说:"我认为,操这种腔调的人完全出自个人的别有用心的无礼行为,令人作呕。"陆克文也认识到宗教里的政治分寸,声称道:"我也担心政府会积极主动地制造工党与犹太人之间的藩篱,作为长期竞选战略的一部分。"

或许,关键之处在于陆克文相信某种精神鼓励的必要性。第二次世界大战之后,诗人艾略特[T. S. Eliot(1888—1965)英国诗人、剧作家和文学评论家,对20世纪英美现代派文学和新批评派评论起了开拓作用,代表诗作有《荒原》和获1948年诺贝尔文学奖的《四个四重奏》,还有诗歌、批评文集等——译者注]逐步相信文化的基本思想处于威胁之中,他坚定认为,文明需要宗教的帮助才能兴旺繁荣。他觉得,要是没有来自宗教的共同信仰,世界上就没有哪一样东西能够把人们结合在同一社会里。

但是,并非所有的政治家都认为这些问题的解决需要求助于宗教。比如,卡尔曼·劳伦斯就时不时地笑话陆克文的基督教观。然而,她又说在这种轻松愉快的戏谑背后蕴藏着彼此欣赏,不一样的东西却一样地激励着他们两人。"我们不仅仅只是关注经济发展而已,"她说。劳伦斯是在一个信奉罗马天主教的家庭长大的,很小的时候离开家人,在寄宿学校生活里生活了数年。"我会偶尔提醒他我真真切切地知道他来自何处,特别提醒他的是那些所谓的'精神'问题,"她说:"我们可以彼此尊敬对方的观念—当然我们也知道我们相距甚远。"

因为她在党内属于左翼人士,所以他们两人不是同宗派的盟友。可是,他们相遇时,间或也会讨论起书籍、写作以及稍稍涉及政治的话题。事实上,在对一些重大问题的看法上,他们两人各持己见、大相径庭,谁也说服不了谁。卡尔曼·劳伦斯说:"尽管如此,与陆克文辩论是一件十分有趣的事情,会产生一种智力上的快感。"她认为他所采取的立场或多或少有点保守,但是,在个人关系上,她绝无任何敌意。

"我视他为朋友,"劳伦斯说:"不是那种政治术语中使用的轻描淡写的朋友。"

＊ ＊ ＊

在家庭中,陆克文并不是唯一的成功追求到自己目标的人,特蕾莎的公司也在迅速发展壮大,最大的动力始于1998年,其时,霍华德政府决定废除联邦就业部,建立工作网络,这就要求为所有的失业人员提供就业岗位。

现在,特蕾莎有着自己的联系通道。在公司的布告栏上夸耀地贴着几位大人物的名字,再加上戈斯、迈克·科德(前联邦公共事务部部长),也是坎塔斯董事会成员、巴里·亚当斯(前澳大利亚国家安全与贸易委员会昆士兰州分会主席)。

2000年底,特蕾莎的公司重新命名,现在称为英杰思,并且在伦敦开设了办事处。这又带来了更大的发展,先在法国,后在德国又开设了办事处。最后,公司一半以上的收入来自海外的运作。

＊ ＊ ＊

2001年初,国防部部长约翰·穆尔辞职。长期以来,总理与穆尔关系冷淡,有时候近于冷若冰霜。穆尔是关键的策划人之一,他在1989年帮助反对党领袖安德鲁·皮科克推翻了在第一任期内的霍华德。1975年,穆尔首次坐上了布里斯班郊区赖安选区的代表席位,经过一段时间的经营,他坐稳了这个位置。即使在 1998 的选举中，工党以压倒的多数选票夺回在 1996 年被自由党夺取的政权时，穆尔仍然获得来自两党的高达 59% 的选票，这是一个工党本来不会获胜的席位。

对自由党政府的支持在全国范围内惨遭失败。当时的一位民意调查者加里·摩根说，如果联邦政府的选举在 2 月底举行，那么，澳大利亚自由党会获得一边倒的胜利。自前一年起，自由党政府的时运陷入螺旋式下降的死胡同中，似乎无法跳将出来。就在议会补缺选举进行之前，摩根的民意调查表明，对自由党的基本支持率跌入有史以来的最低点，下降了30%，这甚至比引进实行格林尼治恒星时的支持率还要低。即使自由党在选举中按照不切实际的个人喜好进行布局后，工党仍然获得了广泛的高达 63% 的选票。顷刻之间，不能取胜的一方看起来有可能取胜了。

赖安选区的工党候选人是利奥妮·肖特，一位医学研究人员。在穆尔决定退出政界之前，她在该区的预选竞争中势头很旺，胜利的前景似乎只是一箭之遥而已。但是，现在一切都改变了。昆士兰州的工党团队不惜工本、投入一切要在这场竞选战役中取胜。陆克文和他的宗派朋友阿尔奇·贝维斯再加上同伙利奥妮·肖特并肩战斗在竞选运动中。利奥妮不知疲倦地推销自己，令人窒息的炎热烤干了几乎所有人的热情，但意志最坚定的工党人例外，利奥妮就是其中之一。她顽强地坚持着：头顶烈日，挨家挨户地宣传；在盖珀区的市场上向购物者微笑致意；穿越购物中心分发宣传小册子。

工党还有另外一个困难，这个困难使得工党获得席位的问题更加复杂化。由于联邦选举与州选举不一样，它要求选举人在联邦选票的每一个空格上都要涂上标记。在最近的一次州选举中,州长贝蒂在竞选运动中就提出了"只选一人"的口号,他希望工党在非正式选举时就丧失许多选票。

然而,随着点票的进行,越来越清楚地表明了没有一种办法起作用。选民对政府不满之极,愤怒压倒了一切。工党轻而易举地获得了赖安选区的席位。这似乎明确地昭示了,如果工党在自由党的心脏地区都能赢,那么,在当年后期的联邦选举中反对派工党获胜不过是时间问题了。

自满的情绪在工党内迅速弥漫开来,想不乐观都难。同样的,霍华德政府面临的一个阴森逼近的事实是,这不是一次小小的失败,而是选民们对领导层不满情绪的一次完全、彻底、愤怒的集中释放。民意调查后的星期天早晨,政府开始了从选举灾难边缘的奋起反击。

那年的预算表现了政府处心积虑的慷慨,对反对派敲响了警钟。充分利用派别的力量来确保那些摇摆不定的选民——那些对投工党票不认真对待的人——被争取到自由党一方来。

预算的泄漏不只是局限在委员会内。经过仔细分析后得出的结论是,有钱人不管怎么说会投自由党的票,政府应该把精力集中在所谓的霍华德能吸引的选民身上,必须采取新的措施来直接吸引这些人。

表明工党开始失掉地盘的最初迹象来自维多利亚州。阿斯顿选区代表彼得·纳金特去世后,进行了一次补缺选举。工党提醒新闻记者说,要从政府手里夺回这个代表席位,必定是一场"艰难的索取",因为人口统计方法改变了。实际上,自从投票表决法施行之后,对政府而言,这个席位是越来越安全了。如今,政府还有高达 13.2%的缓冲率,所以,工党想获得这个代表席位几乎是不可能的。

然而,在2001年,情况并非如此。不管工党怎么说,大多数专家都很有把握预测工党必败无疑。虽然有不少摇摆不定的人也反对政府,但是,这个席位最终被一名自由党候选人赢得,重返堪培拉。

　　"白痴! 许许多多的白痴,"比兹利尖锐地说:"都以为我们在阿斯顿补缺选举中做得很糟糕,而其实我们在竞选这个席位上所做的工作比以前任何一次都更好。从根本上来说,让我对澳大利亚媒体感到抑郁的是,他们解释不了任何问题,只是徒有其表的所谓新闻,而对此你却无能为力。"

　　根据其手下人所言,比兹利相当失望,但是,他并没有被这样的结果搞得心绪不宁,他说了一句简单的话。对这次失败作了理性的诠释后,他信心十足地断言,工党将会轻松而体面地取得胜利。

　　这是一种乐观的希望,还是一种沾沾自喜的自我满足?政府加倍努力扭转局势,同时又在加大力度,而工党看上去却在全国范围内松掉原本紧握在手中的缰绳。

　　值得注意的是,陆克文并没有放松让格里菲斯选区成为工党王冠上一颗宝石的努力。作为一名后座议员,他的大部分时间由自己支配,这是他最大的资源。他虽然投入大量的精力在工党的全国范围内找准自己的位置,可是他真正的焦点直接对准确保他议员席位的万无一失。

　　一位竞选运动中的工作人员肯定地认为,1996年的选举结果对陆克文有着重大影响。"他绝不会认为选民不会抛弃他,"这位工作人员说:"每个周末,他都走出家门,会见各式人等,向他们解释为什么应当选举他。当然,也会说到另外一件大事……"他的声音越来越轻。

"没有哪一位政治家会真心诚意地对待像建造飞机场这样的问题，"他说："因为你永远不知道，建造飞机场这件事以后会变成什么样子，说不定因哪个环节出了毛病而让你身败名裂。可是，陆克文态度鲜明，自始至终作为捍卫当地利益的代言人而努力工作，他全身心地投入其中，工作给他带来了回报。"

另外一位政治上的同僚说："飞机场成了他竞选中一个实实在在的问题，他觉得有必要把这件事情向公众说得清清楚楚。他接受了许多各类媒体的采访——电视、《信使报》——我想，所有这一切都有助于提升他的个人形象。"

布里斯班飞机场要扩建，这就意味着更多的飞机要在他选民的头上飞过。这种情况与生活在悉尼飞机航道下的情况大相径庭，可是，对布里斯班来说却意义非凡。陆克文的代表席位并没有受到太严重的影响，但他还是领导了反对机场扩建的斗争。人口统计方法的改变使得机场跑道的选址工作变得尤为重要。"人们走出家门，密切关注着自己的财产，"一位参加抗议机场扩建的当地居民说："我们需要有人挺身而出、站出来为我们说话。"

"我认为克文对这件事情的处理非常得体，其结果是，他的形象在选民中上升到一个相当高的位置，"一位曾经为陆克文工作过的人说。"他与能联系到的每一位飞机驾驶员交谈，"当地的一个居民说："他在机场四周鸣钟试验，揭示出在不同的风速下会产生什么类型的噪声，他掌握细节的程度真是匪夷所思。"

对于实际情况的细致掌握使得陆克文十分有把握地站在公众面前告诉他们应该做些什么。他把机场扩建的事情提交法院，恳请法院出面阻止，但是，法官却漠然视之。陆克文输掉了这场官司,法官认为这是一场"无聊的争讼"。没有哪一条法律是针对修建另一条平行的机场跑道,然而,事实绝非仅仅如此。陆克文在反对机场扩建的事情上表明了他对选民恪守信诺、并且乐意为之做任何事情。

* * *

比兹利十分肯定地说"一场竞选运动——对一位反对党领袖来说——就是一个纯粹的欢乐过程"。他颔首微笑。"在电视和收音机的帮助下,可以把你的讲话一字不漏地传播出去,你可以每天晚上在电视上出现 30 秒。"这是关键之所在。"报纸只是背景噪音的部分反映——白噪音[white noise:喷气发动机工作等时可听到的全部声波频率范围所发出的音响效果,亦指用以盖没某些噪音的声音——译者注]," 他言之凿凿。

"我们要准备一下可供选择的几套方案," 比兹利补充说:"我部分的看法是,或许没有明显的分界线——在我们与政府之间没有泾渭分明之处。可是,倘若选民不赞同你,那么,与政府有分歧又有什么意义呢。"

对 2001 年选举的结果有着截然相反的两种意见。比兹利依旧绝对坚信是什么东西毁了工党,对他而言,这场选举永远是他的坦帕号轮事件和 9.11 事件。

"在坦帕号轮事件前一周,民意调查表明,我们在马尔布鲁选区代表席位上获得 58% 的两党选民的支持,看起来我们要轻松取胜了," 比兹利说:"他最终仅以 2% 的微弱多数胜出,他本来是应该败北的。"

"问题的实质是——我一直坚信在任何一场选举中——

任何一个人都可能获胜，"比兹利说："2001年竞选运动结束之际，我们惨遭挫败，但是，我仍然认为，我们还是有可能获胜的，我们在这场运动中将选民对我们的支持率提高了7%。"

"我们原本在国内问题上会赢得加分，我揣摩，只是在《澳大利亚人报》刊登年轻人并不热心于选举的报道时我们才输了。议事安排转向政府的强项——国家安全问题，"比兹利仍然坚定地说："这种变化起了生死攸关的作用，顷刻之间，我们的观点与其他东西混杂在一起了。"

但是，在自由党战略家所做民意调查之后，立刻出现了一种迥然不同的解释：政府从自身的错误中吸取了教训并且起了变化。这种观点断言，在坦帕号轮挪威籍船长决定拯救失事沉船上的人并且驶往澳大利亚水域之前，政府在选民中的形象已经变得好多了。

仲裁两种对立的观点中哪一方更加接近事实，最好是尽可能地采信中立性资料。就在这一段时期内，民意调查机构新闻调查公司正在对政治动态作常规调查。他们不是单单询问一小部分人为什么会有某种特别的感觉，而是询问了许许多多的人根据自己的感觉会去做些什么，尤其是怎样去投票。

"自由党人在坦帕号轮事件之前竞争力很强，"当时公司的主要民意调查者苏·勒博维克说："9.11使得政府做起事来更加得心应手，而工党的问题是，没有能牢牢地掌控选举来支持自己。我深信并非这两个事件破坏工党获胜的机会。"

"选民的眼光首先是盯着政府的，"他说："如果他们不喜欢政府，他们就会对反对党作出评价。可是，他们对工党没有把握，而且觉得工党还有许多事情要做，这样一来，就改变不了他们选择的初衷。"

一些分析家声称，因为大多数选民说直到选举投票的那一天，他们才打定主意的，所以，事先所做的大量工作是徒劳无用的。勒博维克不同意这种看法。"发起一场竞选运动已经为时过晚了，你的观点不能一下子就深入人心，因为人们需要时间来消化吸收。"他引用了一条古老的买卖格言："你对这样商品厌倦，人们却还不曾瞧见。""假如你把一切要做的事情留到最后一刻去做，完全依赖于一场运动，那么，你要在政策辩论上赢得胜利的时间就显得不够充分了。"

"我严重地损害了工党在竞选中获胜的机会，当时，我参加了霍华德提交的边界保护立法讨论，"比兹利现在说："我没有征求党的核心领导小组成员的意见，我把战略专家小组成员召集在一起，对他们说：'不管在什么情况下，我决不赞成。'在此后48小时的民意调查中，我们的支持率下降了9个百分点。"

"这是我的立场原则，这样做并不错，"比兹利坚定地认为。他说："几周之后，菲利普·陆达克出现在我的办公室，带来了一份修改过的立法条例。显而易见，我反对初稿议案的发言为立法条例草稿的制定提供了指导性意见。"

"那些清湛如海绿色的廉洁之人不能理解我的行为，我已经准备好立刻卸下工党置于我身上的职责。"

这次选举结束之后，比兹利决定去做一名后座议员，布瑞勒顿如法仿效。这就为工党新团队在下一次竞选中的奋斗打开了一条通道。1998年，有几个人对工党的失败彻底绝望。然而，党内大多数人认为，他们会很快进入政府机构。"每个人都认为，霍华德在1998年之后将会被解决掉，"一位工党议员说。他总结了竞选之后党内的乐观气氛，然后又说道："但是霍华德迄今还没有被解决掉,那是因为我们没有想方设法给他增加压力。"

2001 年,工党内缺少乐观的氛围,全党开始反省为什么会败得如此惨烈。陆克文看到了自己的机会,迫切地想为党的新生作出贡献,这是一个给他留下深远影响的机会。

第 5 章

影子 *2001 —— 2003*

> "萨达姆·侯赛因是否拥有大规模杀伤武器这一点
> 不存在争论或者争议。他确实拥有。"
>
> —— 陆克文在"晚间频道",2002 年 9 月 24 日

在整个国家,对于工党来说,2001 年的选举之夜成了一场
灾难。然而在格里菲斯选区,结果却截然不同。就全国而言,
反对党的选票惨不忍睹地落后 2.26 个百分点。但是陆克文
却做到了对他的支持票在第一意愿中领先 4.4 个百分点。他
的安全差数提高到 5.7%。在购物中心所做的全部工作,坚持
不懈地讨好传媒的努力终于见到了效果。

陆克文的号召力有了显著的扩大。宝琳·汉森的选票一
垮到底,而陆克文似乎吸引了她的大多数支持者。然而事情
还不止此。对议会两院的选票数的比较再一次表明了他个人
在下议院的追随者比工党的"参议院突击"多出 12%——这是
该州的最大差别数。换言之,在参议院不投工党的支持票的
人投他的票。这种状况是常有的,但是从来没有达到这种程
度。陆克文个人的票数略高于斯旺在利累所能做到的。

在这次竞选中,澳大利亚工人联合会—路德维格的哥儿
们—已经决定更加全力充当他后盾。他获得了远远高于前两
次竞选的程度的支持。但是仅此一点还不能解释他个人取得
大胜的原因。毫无疑问,还有一种"陆氏效应"在起作用。

"这就是克文的风格,"一位竞选工作人员说:"在一定程

度上,这是他个性的一个矛盾的地方。他是一位满脑子政策和观念的知识分子,可是我每星期都看到他的选区某处建立的活动办公室,跟人们谈话。他同范围很广,差别很大的各种人谈话。"这位工作人员坚持说,陆克文对于人们的问题的兴趣不是假装出来的。"你知道克文这个人。好像是他把我们都放在放大镜底下,而且他在思考,'我想知道怎么会这样的。'他被人们强烈地吸引住了。"

"他做过一些非常聪明的事情。自行车的事就是一次极大的成功,"竞选工作人员接着说。他提到的是陆克文个人每年送给选举区里的每一所小学一辆自行车的事。学校然后用抽彩的方式将自行车化为现款,将款项用在本来拿不出资金支付的其他改善方面。"这件事儿做得非常非常聪明,"这位志愿者指出:"这是为孩子做的事,是为健康孩子做的事,是把钱返还给学校的事。但是,还有下文,由于这是一个引人注目的举动,做爹娘的都觉得这个做法别出心裁,可是对这一手最产生好感的是那些坐着四轮驱动汽车的正在中产阶级化的妇女。这就是那些本来说不定会投票赞成自由党的人。"

"当她们看到她们的孩子的独立能力增强了,"他微笑了一下,"而且是在一位讲话非常中听的工党政治人物的帮助下做到的,她们就会想,'对,我要投他的票,'克文在每一个选举基地都做了工作。然而这是通过艰苦的努力做到的。"

克文对于席卷整个工党的一败涂地的选举状况感到震惊。尽管如此,他同样也会明确意识到,这场灾难也给了他无与伦比的机会来显示他足以担任高级职务的资格。比兹利已经决定引退。前座议员班子的其他人也是如此——正如陆克文为了他自己个人的前途特别感兴趣注意到的那样,其中包括了布瑞勒顿。没有其他任何一个人曾经这么坚定地争取过被任命在上一届议会中担任外交职位。他是接任这个职务的最明显的候选人。

克文的昆士兰州老乡克雷格·爱默生也在选举后被提拔进入影子内阁。"当你被擢升进入前座班子,就有许多团体和组织想要见你。你真的需要同人们会晤,并且进行大量的旅行。这样要花费许多时间,"他说:"除了职务的需要之外,还有必要到各个边缘选区去到处走走,支援一下选票。在这些事情与政策工作之间,剩下来顾及生活这类事情的时间已经不多了。"

没有特蕾莎和孩子们的支持,克文要取得这样的成就是不可能的。特蕾莎管理家庭,并在后台维持着它的运转。她还成功地管理了一家生气勃勃,蒸蒸日上的商业公司。她奉献了财力来支持他的奋斗。

不可避免的是,一涉及政治人物,总会听到一些闲言碎语,因为通常这类话是很多的。大街上和私室里满是关于各种关系、热衷名利的人,以及风流韵事的谈论。陆克文的一位显赫的信奉基督教的同事是罗斯·凯麦隆,他的背教行为后来成了家喻户晓的事情,而澳大利亚人不喜欢背信弃义的政客。凯麦隆落后的选票数只有 1.9%,但是这一点就足以让他淘汰出局。说不定投票人怀疑他也可能很快违反对他们的许诺。他没有回到堪培拉来。

要紧的是,没有关于陆克文的这类街谈巷议。

* * *

选举失败后比兹利从领导的位子下来的时候,克林是最明显的接班人。用不着进行投票。后来,有些国会议员企图论争克林是用把别人挤走的办法硬占这个位子的。这一点在当时倒还不至于。

澳工党中的一些人可能对于西蒙·克林的接任感到疑虑。另一些人只是想自己有机会上台领导这个党。但是既然克林拥有大多数人支持这点一直是明显不过的事实,任何人再兴风作浪是没有意义的。事后来看,有人声称从一开始就有一场让他位子坐不稳的运动,但是散布流言蜚语的人所做的事情是直到很晚才显露出来的。

工党在选民们陷入国际问题不能自拔的时刻让一位前工会主义者出山领导这个党。克林依靠陆克文的帮忙,从困扰他的领导时期的外交政策和战略问题指引一条出路。他的助手在外交方面富有经验,并且在智力上具有搞外交事务的必备条件。但是工党没有在政治上作出什么引起轰动的举措。

这一点不能单纯责怪陆克文。当时,议会党团成员会议在伊拉克战争的问题上分为两派。一派是老派的工人阶级,这个党的社会保守派的基础。这些人讨厌萨达姆·侯赛因这样一个独裁者,并且对伊斯兰原教旨主义感到担心。另外一派是知识分子阶层,极端地反布什,他们认为,入侵伊拉克将成为一场像越南那样的军事灾难。

最后还有政府,利用其一切资源不断地捅戳反对党,无情地刺激它。真正的使命仅仅是为了防止失败。胜利看来是不可能的事。

陆克文在这个职位上的第一次考验来自伊拉克战争的前导阶段。工党发现很难确定一项政策。不存在容易或者明显的解决办法;老的行话在对世界贸易中心发动袭击的时候似乎全部都抛弃了。在恐怖分子袭击纽约和华盛顿以后产生的一片混乱之中,每个人都支持入侵阿富汗的决定。说到底,那是个叛徒国家(甚至不是联合国的一个成员国),并且它肯定一直在豢养基地组织。

这个党左翼的许多人士毫不怀疑应当反对入侵伊拉克的计划。一开始,这项计划是由布什主持的白宫所制定的。有些人很自然地怀疑起美国的动机,另外一些人怀疑美国是否有能力成功地发动一场入侵,更不用说在中东创立一种繁荣的民主了。

还有,正当这个党在黑暗中摸索出路的时候,托尼·布莱尔明显地把事情搞得复杂化了。突然,一个工党政府在国际舞台上对萨达姆拥有大规模杀伤的武器的说法予以信任。现有的怀疑不足以使得这种广为宣传的担心看起不合理。陆克文肯定是一个相信的人。

有两个问题需要解决。第一个是干什么事情才是正确的。但是这一点必须基于对可能发生的事情的一种实事求是的理解。

"克文一开始从最佳的战略原因出发,对于伊拉克问题持非常怀疑的态度,"一位军事分析家说。"但他一向是一位外交家而不是战略家,"他继续说:"你总是可以看到他在思考,'我们怎样才能设法解决这个问题?'军人有一种更为原教旨主义式的办法。"问题是,正当陆克文在真正设法找到一个问题的解决办法的时候,华盛顿却表现出无法宽容的样子。白宫已经决定发动战争,对于解决这场冲突的其他方式不感兴趣。"陆克文想找到一种谈判解决问题办法的试图很快就变得完全不适用了,"这位分析家坚持说。

"当霍华德在2002年中期到得克萨斯州克劳福拜访布什的时候，"另一位在当时与军事情报人员共事的人说："很明显把即将临头的打伊拉克的事向澳大利亚做了通报，但是，当然，"这位专家说，因这个念头而微微一笑："澳大利亚人民并不知道这一点。"工党也不知道。该党的一位战略家感到悻悻然。"霍华德一直在说从来没有任何保证，我们没有对战争作出过承诺。'我们没有'，说得倒好听！事实是，他确实作出了承诺。从前如此，常常如此。"

翁格勒当时是克林的外交政策顾问。他说，霍华德和唐纳两人一起企图利用政府的全部资源，无情地驳倒反对党。"他们当时说这样的话，西蒙是一个绥靖主义者；他说出话来像萨达姆·侯赛因。他们在其后六个月直接检控战争的案子。他们知道战争就要来了。我们不知道。在那种情况下，耍花招胜过你的对手并不是一件难事。"

"他们老是在那儿，"翁格勒说："翻来覆去唱那么几句老调。'你们虚弱，你们虚弱，你们虚弱。你们不知道自己在讲些什么。'"

事实上，陆克文在2002年2月亲手撰写了一份影子内阁的重要文件。这份文件在此前从来没有公开发布过，它阐述了工党对于战争问题的态度。其中载有两项至关重要的政策建议。第一个因素是保留"在外交姿态范围内的合理灵活性"。这一点十分重要，因为它在如果突然出现有关大规模杀伤武器和与基地组织联系的确凿证据的情况下，允许澳大利亚加入美国的阵营。第二个因素是"在工党支持在伊拉克采取任何军事行动之前确定一套明确的原则和程序"。文件最后说："我们不认为已经发展出了证明直接打击伊拉克有理的局势。"

困难在于,虽然这份文件所提议的解决办法是一种明智的妥协,但是并没有证明这是一条可行的政策——反对战争的人与赞成入侵的人之间的分歧已经大到无法填补了。这条政策内部模棱两可的说法束缚了反对党的手脚,它无法向传媒发出一种明确的信息。这个党的左翼人士越来越与工党离心。这些人义愤填膺地反对任何军事行动。

"许多人感到,吉姆·比兹利(尤其)跃跃欲试想同美国人为伍,"一位观察家说。这是对于一种充满微妙之处的棘手局势的非常简单化的描绘。另一些人不同意,他们说,实际上是陆克文在推行一条最为亲美的路线。不管细节如何,在这个问题上没有一种统一的态度。在当时,不少人责怪陆克文没有创立一种可行的立场。有些人感到他们的外交政策发言人根本不是在为工党工作。

由此产生的政策把克林钉上了十字架。他试图在找到一条可行的中间道路,但是他的左右手都被钉住了,使得他动弹不得。他被人们反复锤打,而政府在敲进每一枚钉子。

* * *

当时的影子内阁的一位成员坚持说,克林后来的许多问题都源自陆克文早先没有明确制定有关安全问题的坚定政治立场。'我们花了很长时间才制定出我们的最后政策,而不仅是在像伊拉克战争这种问题方面。这些是一个很大的问题,也是他(克林)失去领导权的原因的一部分。我们说的话缺乏明确性的情况已经很久了。'这位资深政治家毫怀疑地认为应当由这位于缺乏经验的外交事务发言人承担责任。"我搞不清楚有些时候他是否知道他要走哪条路，我认为这就是问题的一部分。"

到就伊拉克问题进行辩论的时候，情况已经很清楚，老式的宗派立场已经变得越来越不适宜了。异乎寻常的是，甚至在这样一种政策环境中，原先的左右派的分野开始瓦解了。根据卡尔曼·劳伦斯的说法，"个性现在成了确定在党内获得支持的最主要的因素，而不是所采取的意识形态立场。"

工党在遭到压力的时候，有时可以看上去像是它将见解各异的各种群体组织成了一个联合体。仅仅保持一党的统一可以证明是一件需要全力以赴的工作。了解内幕的人说，这个问题在走向战争的那段时期把决策工作搞得不知所措。困难在于，这个党左翼的不少人士怀着强烈的反美情绪。而右翼的那帮人真正相信与美国结盟是该党外交政策的十分重要、必要和值得珍视的中心点。要调停这两种截然相反的立场充满着重重困难。

那些不大能够忍受同美国的关系的人希望运用更多的审视来明确澳大利亚的利益所在，而不是奴仆般地跟着华盛顿走。工党右翼人士坚持说，这种看法无视与美国结盟这块决策基石的主导作用。自从第二次世界大战争以来，维持澳新美联盟始终是任何有关澳大利亚外交政策抉择的讨论的出发点。新西兰曾在核船只的问题上甘冒联盟破裂的风险，而澳大利亚永远不会。然而，在所有政策制定背后的，乃是要取信于那些在基廷时代以后慢慢回来支持这个党的人们。

如果把他的自然战略倾向放在一边不谈，陆克文非常了解，这些选民要求保证工党将会捍卫澳大利亚的利益。当然这些人看到萨达姆·侯赛因出现在电视荧屏上，他们看到的是一个卑劣的专制君主。普通老百姓不喜欢他。当他们发现他对于库尔德人和南方的沼泽地阿拉伯人所干的事，他们更加不喜欢他。他们听到约翰·霍华德暗示他正在发展核武器，说这人很危险。人们知道布什反正是会入侵伊拉克的。对于像这样的一些人，工党不打算跟美国站在一起想法是会引起公愤的。倘若说萨达姆很坏，可能甚至是邪恶，许多人想不通为什么他不该被撵下台，特别是如果美国准备承担所有的"重活儿"的话。

工党的选票就是丧失在战争和恐怖主义的问题上。一位政治策略家说，"如果人民谈论国家安全的问题，工党会输。这一点工党是无能为力的，绝对无能为力的。"

这个问题的根子产生于这个党原来的基础。自从联邦时代以来，保守的政治家一直强调与外国结盟的重要的安保作用，先是与英国结盟，后来是与美国结盟。反过来，工党一直强调要保卫澳洲大陆。比兹利在 1980 年代当国防部长的时候公开阐明了这条政策。霍华德做到了成功地把这条政策描绘成在危险的威胁日益发展之际只是消极地等待。陆克文了解成为辩论的一方的重要性，但是要达到一个具有坚实的知识分子基础，同时获得党内不同成分的人的首肯的地位却是难上加难。

一位影子内阁的成员最近认为，陆克文在制定一项可行的伊拉克政策方面的问题，产生于一种不想引起任何人不满的愿望。这一点看来是办不到的。意识形态偏左的人士感到关切，因为他们认为从一开始就没有阐述出一条明确的政策。然而陆克文在琢磨出一项政策，他的政策，尽管他在同克林一起努力工作，打造出一种党的两方都能够接受的立场。

搞出来的东西从政治的角度来看是强健的。然而工党所表现出来那种泰然自若的态度引起了左翼知识分子的愤怒,在此同时也没有能够向广大民众证明这种立场有理。

一开始,看来在政治上很聪明的一着是坚持战争应当取决于联合国所作出的决定。但是,随着辩论越拖越长,工党落得个在风中左右摇摆。克林一开始坚持说不应该入侵伊拉克。这个说法对于党内的许多人是坚定、明确和得人心的。可是后来,为了笼络那批传统上投工党票的人而不被政敌胜算一筹,陆克文坚持说,如果联合国支持发动攻击,工党也应当赞同战争。接着,随着辩论的继续,越来越得清楚的是美国已经决定无论如何它要打上一仗。同陆克文一起,克林的政策当时变成,如果安全理事会的大多数成员投票支持战争,它就支持;但是如果战争被一个'不合理'行事的国家否决,它就不支持。很快产生了猜测。这是否意味着法国单独投否决票将是不合理的,而如果法国和中国联合否决就多少是"合理的"呢? 这个立场是站不住脚的。

马克·莱瑟姆在他的《日记》里写道,人们可以吸取一个基本教训:'决不要去听陆克文谈论外交政策。如果那家伙是个专家,那么我就是亨利·基辛格了。'他断言陆克文在早些时候曾经跟影子内阁吹过风,说没有一个安理会成员国会否决一场对付伊拉克的战争的。"你几乎能够感觉到克林在催促着陆克文行事,祈祷着他关于安理会的话说对了。西蒙并不想夹在美国人和他们的这场肮脏的小战争之间作梗,"莱瑟姆吐露了这一点。

2002年9月,陆克文肯定有了足够的信心,所以他在澳大利亚广播公司的"晚间频道"节目中强调指出,"萨达姆·侯赛因是否拥有大规模杀伤武器这一点不存在争论或者争议。他确实拥有。"反对党的其他人缺乏这种绝对的确定信念。他们认为，战争还没有被证实是有理的，在这个中心问题上还存在着严重的疑问。

陆克文看起来肯定他是了解萨达姆的大规模杀伤武器的。他曾经去过美国，得到了有关这个问题的广泛通报。这个事实意味着他对所获知的资讯信之不疑，尽管在当时有一系列警告明确提出美国政府捏造情报的可能性。换言之，他被人哄骗上当了，而且深信不疑。

"他一向受到左派的相当尊敬，不过我们常常同他意见不一致，"一位议员说："后来，我们明白他只是把布什论点的钓钩、钓丝和坠子一股脑儿全吞下去了。这就是我们的政策制定后来遭到大灾难的根本问题所在。真的，要是陆克文的世界里如果能容自我怀疑有分寸之地，情况就会好一些。"

"他从来就不理解其实是反布什而不是反美的那种措辞远为精细微妙的论点，"他继续说："有些事情并不是肯定的。克文必须认识到这一点，听一听别人说的话。"

到派出部队为止，公众的头脑里对于工党的立场仍然存在着疑惑——例如，当克林对出发的部队表示祝福，但在此同时也坚持说他认为没有必要派遣部队的时候。然而这个信息只是工党企图发出的许多比较简单的信息之一。陆克文曾在起草这个回应时发挥过作用，但是当这些措辞在一次右翼派别的会议上遭到攻击之后，莱瑟姆说，陆克文站起身来，宣称这些措辞"毫无希望"。

各反对党经常遇到不能迅速阐明立场的困难，因为他们不想引起公共舆论不满。这不单单是因为它们受到选票的驱使,还是因为常常会在党内就一个问题达成一项相当健全的政策异见的重大交易。在没有力量做出大事的情况下,一种通常的弃权立场就是选择一条受到众人拥护的政策。这一次,这样的机会没有出现,因为工党的基础一直存在着根本分歧。左派反对战争;但是许多其他的人,包括那些在坦帕号轮事件之后抛弃工党的人,迅速变得强烈赞成推翻萨达姆,免得他对澳大利亚造成威胁(不管这种事看来是如何不可能发生)。

然而更糟的是,选民们刚刚关掉了他们的耳朵。他们已经停止倾听工党的言论。资深的工党内部人员还没有制定一种灵活的立场,却感到他们突然在真空里说话。所有的含糊其辞都具有使得这个党变得无关紧要的效果。另一位议员说:"没有人再听我们说话了,我们不是在刀锋浪尖,而是变得如此无关紧要,甚至不参加辩论了。"这条政策在制定之初看上去是明智的。大多数澳大利亚人同意必须剥夺萨达姆的大规模杀伤武器。入侵的迅速,加上兴高采烈的伊拉克人推倒萨达姆·侯赛因的塑像的画面,使得战争的人气大涨。然而,随着日益明显大规模杀伤武器并不存在,以及美国并没有一项在巴格达建立一个新政府的可行计划,公众对于战争的热情下落了。由于工党从来没有坚定地阐明过它的反战政策,人们对于它的立场不寄予任何信任。

后来,陆克文严斥政府从来就没有过任何策略,不是利用口号来提出他们的论点,而是'国家安保政策的每一个元素都通过一个人的棱镜发射出来。这个唯一的人就是马克·特克斯特,'他坚持说,点出了为工党提供市场研究的那个关键人物。陆克文感到愤怒,因为他感到,"政府是一件严肃的事;它应该研究什么才是真正可行的"。这话说得没错,但是同样正确的是关键并不在这儿。选民们已经变得习惯于简单的要旨。所以,当陆克文宣称,"市场研究者们说,'别去争论一项策略,你可能因此被问责。给他们一个口号吧,这就是他们能记住的全部东西,'"他是凭着惨痛的经验说这句话的。话虽这样说,陆克文却没有能够做到在没有一项简单的政策的情况下将那批举棋不定的人争取过来。他需要找到某些能用一句话加以概括的东西,但是这句话还必须将他认为在对于必然会发生的事的辩论中会有的复杂性也包括进去。要做到这一点还茫无头绪。

当关于战争的决议交付议会表决的时候,工党联合起来投票反对。尽管工党最后作出决定反对这场冲突,但是他们队伍中的许多人想不通为什么早些时候不能采取一种更加坚定的反战态度。有些人,尤其是工党的意识形态左派人士,对于使他们失去了向选民们传达一种简单的反战信息的机会的含糊其辞的话感到愤怒。

在这个时刻,不少分析家们还很难设想伊拉克不久将陷入困境。萨达姆政权一如所预言的那样垮了台,但是布什政府没有能够做好冲突下一阶段的准备工作。当时,工党党内的一些人感到,陆克文越来越依靠他本人与美国分析家们的联系来获取信息。因为如此,他看上去对于已经出现的危险视而不见。地面战争已经胜利结束,但是,这并不意味着和平已经取得。

别人对陆克文所作的一项批评是,他看来并不想把精力集中在这个问题上。"为什么陆克文这么轻易地接受政府为辩论框定的方式呢?"一位议员说,接着她说:'他认可这仅仅是萨达姆的大规模杀伤武器问题。'她认为其实反对党大可严厉得多地质询政府战争结束之后会出现什么情况。像这样的批评者感到,如果当初从政府那里成功得到坚定的承诺的话,后来因没有兑现这些承诺而向其问责就会容易得多。

要测定公众的情绪将仍然是一个复杂的问题,特别是这时海外的许多著名左派评论家开始为联军喝彩助威了。但是问题仍然是,在澳大利亚,现在绿党已经有效地篡夺了政府的反对党的角色。陆克文的话仍然有人听,但是工党左翼的许多人已经不再聆听了。他个人的失望是,所谓"霍华德的斗士"们看来也不理解工党的政策。尽管工党一直愿意抛弃"进步分子",以求重建它的工人阶级支持基础,但看上去它连恢复其根基的意愿也没有达到。

* * *

到 2003 年初,克林的支持者们感到灰心丧气。"真正的西蒙是无法通过电视被人理解的,"他们仍然坚持说:"如果选民们能够以我们这样的方式看待他,或者如果他们看到他在为新墨尔本摇旗呐喊,人们是会情不自禁地喜爱他的。"然而克林仍然无法向公众显示自己。

有几位工党议员开始非常担心克林的领导地位。那些坚守在首都远郊议席的人中间,有许多坐视着他们的选票数一落千丈。"1996 年基廷当权的时候,我在一次选举中就看到我的领先票从 10% 猛减到只有 1.5%,"有一个人说:"我从领先15 500 人的多数减少到2 000 人。后来到 1998 年又上升了,从2 000 人增加到10 000 人。"然而在这时形势看上去不妙,非常不妙。

此前没有公布出来的党内秘密民意调查的结果表明,工党在有150个席位的议会中眼看就要沦落成勉强只有40个席位的残党了。这个党正在朝后走,而且看起来克林没有什么办法扭转这种颓势。这个消息提供了一个火花,点燃了第二波拥戴比兹利上台的浪潮。然而还有另一个因素使得这个挑战特别紧急。另一位工党的高级人物得到消息称,约翰·霍华德正在准备组织一次早期民意调查。转移到竞选的立场需要做大量的事先准备工作,而这位先生已经肯定自由党人已经开始为一次早日的大选做准备工作了。那样的话,政府就能从工党的混乱局面中 捞取最大的好处了。

　　就陆克文而言,他在核心小组中获得的支持甚至更加少。到这时为止,他的绰号包括"小鬼"、"哈里·波特"、"让上帝操心的人"(因为他信仰基督教),"教授"(因为他总是似乎什么都知道得绝对肯定),以及"沉重的克维"(特别是莱瑟姆这样叫他,他认为陆克文在政治立场是相当无足轻重的)。

　　克林在党内的政敌开始动手罢黜这位领袖只是一个时间问题了。起初,这帮人中间不包括比兹利。

　　"我当时预计这些将是我在议会中最后一任,"比兹利现在说:"所以我怎么高兴就怎么做。我参加了许多委员会,像外交啦,国防啦。没有什么策划。我已经跳出了束缚的圈子。"他前往中东旅行,并在以色列学习,在那儿他意识到人们对于美国入侵伊拉克的方案的严重反对。

　　接着,他回到澳大利亚,接受了《公报》的玛克辛·麦寇的一次采访。"玛克辛写得过甚其词,"比兹利说,但是这次采访启动了挑战宝座的可能性,而他并不否认这是事实。"我当时知道——我不讲我怎么会知道的,但是这个说法是自由党传出来的——说霍华德正准备在年底举行一次选举。我们本来是会一败涂地的,民意调查表明,我们可能失去二三十个席位。"

"我很早就去了,不过我是讲几个星期的事,"比兹利说:"第一次挑战是从来不会成功的。"

"我认为第一次挑战的时机选得不对,"鲍勃·麦克穆伦说。他停顿了一下,接着断然决然地说:"《公报》的采访搞糟了。"比兹利对玛克辛·麦寇的访谈重启了他重登领导宝座的可能性,而这一点立即被抓住,当作提出实际挑战的宣言。比兹利被迫过早地亮出他手中的牌,远在他聚集足够的支持以保证在一场决定领导者的表决中获胜之前。

自从1991年基廷对霍克发起进攻以后,发展出这样一种假设,即任何想挑战领导宝座的人必须采取一种'两次挑战策略'。换句话说,第一次袭击会削弱现任领导的力量,接着袭击者将再次上阵把他结果掉。看起来,比兹利决定采取这种办法了。

然而事态未必按他所希望的那样发展。"《公报》访谈的那种对吉姆大捧特捧的方式表明吉姆还没有真正准备好就被迫亮牌了,"麦克穆伦说:"而在传媒发起挑战是一种战术上的昏招。文章描绘成好像吉姆只是在同玛克辛·麦寇共进午餐时偶然忘乎所以,泄露天机的。我才不相信呢。"这件事提醒了一些政客比兹利在过去是缺乏训练的。"那是不必要的,那样对党造成损害。第一次挑战不符合吉姆的利益,"麦克穆伦说:"也不符合党的利益。我决定不投票赞成吉姆。"

当比兹利对克林进行第一次挑战时,陆克文有一种挫折感。他似乎感到他很快就会准备好坐上这个位子。"他一定想过这一点的,"一位议员嘲弄地哼了一声,"可是那时候他能够得到的拥护票的数字你肯定用一只手就能数得过来。"陆克文在核心小组中的基础的弱点被暴露出来了。

"当时还有个同韦恩·斯旺的同侪之争的因素,"一位工党参与人说:"克文认为他是一位高超的政治人才。"

正是在这个时候,这两位昆士兰州人闹翻了,并且不再同住一座房屋。斯旺不肯说出这次严重破裂的原因是什么。有人猜测是"由于昆士兰州澳工联的什么事情"。一种可能性更大的猜测看来是这两位能力都很强的人在某种程度上认识到他俩在争取同一个位子。斯旺的年龄稍长,而且先进入议会,可能感到他的资历深。如果是这样的话,陆克文显然是不同意的。虽然他俩继续定期相互拜访,但是过去曾经存在的坚牢情谊已经破裂了。

他们俩同各自的夫人一起,将不可避免地经常是社交场合的客人。在这种情况下,他们继续找到某种方式进行社交接触。在实际操作中的样子大致差不多。有些观察家说他们实在没有注意到有变化。尽管如此,他俩关系中的亲切友情已经烟消云散,取而代之的是不信任。

胡锦涛主席 2003 年访问澳大利亚议会的时候,陆克文用流利的普通话跟他交谈,而陆克文因至少表现出对同中国关系中的各种问题的了解而赢得了相当的尊敬。该党左翼的许多人士仍然担心经济和贸易被置于诸如人权等两国关系的其他问题之上。但是陆克文也知道,当基廷在北京的一次宴会上提出这件事的时候,胡突然站起身来离开了餐桌。至少陆克文做到了进行一次谈话,尽管很短。

特蕾莎的生意做得非常发达,但仍然能够在进行民意调查、秘书支助和旅行等方面给予额外的帮助。其中包括为他写演说稿。陆克文出色地利用了向他提供的这些额外的机会。

此刻，陆克文显然是一个雄心勃勃的人，一个一刻不停的人。他在全国进行紧急旅行，同尽可能多的人会面。这一刻他在同昆士兰州的选民商量事情；下一刻他又去出席在悉尼伍拉勒一家画廊中举行的有关澳以关系的中层聚会。他会在不同的州的首府参加二等的工党聚会，只为的是到那儿会见一些有朝一日可能帮助他朝前走一步的人。很少会有什么专门志谢——通常只是简短地提到一句，"我们今晚的客人还有，某某、某某、某某，以及影子内阁的外交部长陆克文"——然后发言人就接着报下面位置较低的要人了。陆克文什么场合都去参加，次数多得有些朋友提醒他说他把太多的时间花在到处旅行上了。然而他的这种勤勉可谓无人可及。为了不漏掉任何人，他向每个人献殷勤，务必做到他受到人家注意。

"斯旺也在那儿，做着这类事情，但是陆克文似乎做得更多。"卡尔说："大约在年中时期，他要去悉尼或墨尔本，或者每隔一年在华盛顿出席澳美领导层对话，"一位前总理说："接下来，你会看到他在海曼岛的澳大利亚达沃斯论坛同商界人士在一起，然后他去库勒姆的独立研究中心集会与智囊人物们相聚。他反正什么事儿都去。"这是一种不倦的职业道德，尤其是他从来不停止做选民的工作，或者在后座议员们为他安排的其他会议上演讲。

布瑞勒顿在当时宣称："伙计，美国无论要他说什么他就说什么。他们是他的主子—完完全全，彻彻底底。"

那些具有更加亲美倾向的人不同意这话。"他参加那些聚会的方式是颇有些勇气的，"澳美领袖对话中的另一个人评论说。到那个阶段为止,这个论坛的总的风向是非常亲布什的。"要鼓吹一种与白宫对世界的看法不一致的路线是非常困难的,"他说:"然而陆克文没有退缩。他非常巧妙地应对了那些向他发起在重炮轰击的人。克文总能找到一种方式说明他的观点而不被人贬为无足轻重。"

然而,陆克文在当时并不是唯一行迹最广的人。每个人都越来越清楚,克林正在走下坡路。甚至他的支持者也开始明白,这位领袖很可能不得不靠边站了。

劳利·布瑞勒顿当时力挺马克·莱瑟姆,并且想鼓励他去接触为后座议员们筹资的人。莱瑟姆是一位名气很大、有争议的人物,总是可以保证会出动一大批人来投票。布瑞勒顿也已经意识到,当需要陆克文同大家谈谈他对于布瑞勒顿的看法时,陆是不会闭口不谈的。

当时在密室捣弄数字中扮演一个比较重要的角色的一位政客说:"有些政治人物花费大量时间在记者席里大谈他们的观点。这些人有时会引起别人嫉妒。但是我们中间不这样做的那些人没什么好抱怨的。那儿没有一扇门上写着我们不能这样做;只是我们选择不这样做而已。我们希望用不同的方式行事。"他停了一会儿。"克文、韦恩和斯蒂芬这样做得很勤,因而在他们的同侪之间引起了一些敌意。"

还没有一位工党领袖是在他有机会带领全党去参加一次选举之前被罢黜的。这个传统即将被摒弃。

* * *

2003年11月一个寒冷的早晨,澳大利亚广播公司的吉姆·米德尔顿报道新闻说,工党中一些重要人物正在开会,准备敦促克林,请他辞职。由于事起仓促,有些细节他可能弄错了——但是报道本身绝对正确。正确得令人胆寒。

第二天上午,开完通常的战术会议之后,克林询问麦克穆伦媒体的报道是否属实。尽管麦克穆伦并不是前一晚上聚会要克林辞职的那帮人中间的一员,但是据说那些人曾经打电话来问明他是否同意他们要干的事情。

麦克穆伦承认他已经撤销了他对于这位领袖的支持,说:"是的,西蒙,我认为你应当下台。是为了你自己好,也是为了这个党好。"麦克穆伦说克林应当赶快辞职,因为"我们经不起一场漫长、旷日持久的辩论。"就他而言,民意调查结论性地表明需要来一场变革。迫于使这个党重整竞争力的需要,麦克穆伦确信克林应当下台。

"逢到选举领袖的事情,"当时坐在后座的议员中的一位说:"人们感到有义务作出一项符合党的最高利益的选择。至于他们是做对了还是做错了,则完全是另外一回事,"他哈哈大笑,接着说:"选对一位领袖的需要绝对压倒派别的考虑。"

比兹利是一位明显的上台人选。他到处打电话企图建立支持,并且询问麦克穆伦他打算选谁。麦克穆伦正为着政治形势而灰心丧气和怒气冲冲,说他准备选"任何人"。但是他感到相当恼火,因为比兹利的挑战并没有适当地做好。

后来,他对他的忧虑做了解释。"在选举周期的那个阶段,随着选举的日子越来越近,我的看法是,唯一明智的替换人就是吉姆。我认真认为,换成一张新脸已经为时太晚了。我认为,除了吉姆之外,其他任何人都不可能获得多数人的支持。当时已经是选举周期太晚的阶段了。"虽然他在第一次挑战时是拥护克林的,这一次,他决定改而支持比兹利了。

"现在回想起来,我仍然认为吉姆是唯一能带领我们在2004年获胜的人,"麦克穆伦说。"我不是说他本来是会的——仍然有许多难以断定的因素。尽管如此,我认为他当时是会给我们一个获胜机会的人,就像我同样认为,2004年以后再让他当领导就不适合了。"

许多工党的政客对于据认为比兹利的支持者们参与其中的破坏稳定行为感到非常愤怒。这是一个重要的因素,特别是在早些时候失败了的挑战之后。其他的人则断言工党已经转而需要新一代人领导它前进了。

由于陆克文考虑也参加竞选,他找在派别上处于独立地位的塔斯马尼亚议员哈利·奎克谈话。奎克提出了一些非常诚恳的忠告。"克文,"他说:"我不得不坦率地对你说几句话。在我看来,你真正需要的是好好注射一针'谦卑'剂。"陆克文大吃一惊,也许正因为他的唯一弱点被触及了,也许他感到这位塔斯马尼亚人应当支持一位同信基督教的人。奎克继续说:"你的光环是一位外交家的光环,你说的话是外交辞令。人们不知道你是个什么样的人。我们大家都力图表现出战无不胜的样子,而人性是永远不表露出来的——因为这是弱点的标志。我们需要了解你老在讲些什么,你是从哪儿来的,你是谁。"

"当我说他需要好好注射一针'谦卑'剂的时候,他感到震惊,"奎克现在说:"但是他对这话加以考虑了。像这样的话显然是很刺痛他的。"这个意见事实上触到了他的痛处,特别是这话是从一个支持过马克·莱瑟姆的人口里说出来的。

随着这两位政治家继续聊下去,陆克文开始讲了。慢慢地,关于他父亲去世的事以及他自己的过去源源不断地从他的口中流出来。直到那时为止,奎克对他个人的历史一无所知。"瞧,"他说:"人们应当知道这些事儿。没有必要翻来覆去地讲个没完,或者像个美国传教士会做的那样过分坦率,可是你必须跟人们谈谈你自己。"

奎克对于领袖资格的观点是相当直截了当的。当时他之所以不投比兹利的赞成票,是因为他认为,一位真正的领袖总是会让每一个人参与过程的。不然的话,他们就不会致力于,真正致力于目标。他认为,直到那时为止,这种情况并没有在党内发生,因此,他希望如果改让莱瑟姆来掌舵也许能行。尽管如此,他被陆克文的"实在"所打动,并且说他会在"下一次"考虑他的。

对于陆克文而言,这次敲击具有更大的意义。奎克是一位坚定的基督教徒和独立人士。陆克文明白,如果他做不到把这样一个人拉过来同他一起干,那么需要做的事还要多得多呢。

陆克文的问题在于,除了那些可能投票支持他的人以外,几乎所有人都决定他们更希望比兹利上台。如果事情是简单的从陆克文和莱瑟姆两中选一的话,有些人认为他可能有一个外场的取胜机会。然而比兹利的支持者还包括两三个陆克文本人的竞争者。同样可能发生的是,如果比兹利上不了,这些人中间的一个会接受这个投票集团的选票。

这一点,陆克文的潜在竞争者是看得很清楚的。他们已经点过票数,然后回过头来又点一遍。他们对于选票的流向做到了尽可能的肯定。因此,他们决定支持比兹利,而比兹利决心夺回领袖的宝座,以便遏止对工党的支持的不断流失。

莱瑟姆后来承认,陆克文进入候选人之列也许在无意之中正逢党内掀起关于转由新的一代,一批没有在霍克和基廷的政府中参过政的新人来掌舵的辩论之际。他认为,这个想法开始在传媒上回响,其影响是支持的力量开始倒向莱瑟姆,从而削弱了比兹利。

陆克文名义上在选票上一直留到星期日傍晚。'他只是跟自己开了一场玩笑而已,'一位前议员这样评论这次选举。

* * *

在不同的时候,据认为最多有 10 个人最后向陆克文保证投他的票。尽管如此,可能有 5 张票是铁了心支持他的核心。但是,对于他被提名为候选人并没有出现那种必要的风起云涌的支持,要让陆克文看上去不像一个自我推销的搅局者,他至少需要 30 张靠得住的选票才行。

陆克文决定退出这场竞赛之后,有一批独立人士开始拥护他了。他们的信息是简单的:他们阐明了他若要成为一个认真争夺领导权的人必须做哪些事情。

这些人中的两位以前是当教师的,其中的一位说:"要知道,最好的小学校长能叫得出学校里每个孩子的姓名。他们把教师组成一个凝聚力很强的团队,大家互相帮助。"他们指出,在党内,政策常常好像是由领袖和一二位助手确定的。然而,这些成员强调,甚至那些"普通的"后座议员们也都拼命想做出贡献——特别是那些从自由党手里抢过一个席位来的成员们。"这种样子的人一定是在做一些正确的事,"一位受到挫败的后座议员这样说。

陆克文将教训谨记在心。他知道,他必须给出一些与其他潜在候选人完全不同的东西。他还明白,竞争的内容要远远多于只是把精力集中在取胜上面。取得胜利的方式同样重要——不仅是为了方式本身，而是因为，如果不是整个团队投入到竞争中去，这个团队就不可能团结一致。

陆克文建立起一个准宗教式的讨论小组，作为更加了解那些后座议员的第一步，附带也作为与对方的一些议员明显的宗教派别作斗争的一种方式。这个做法被媒体作了正面报道，使得不少选民以为工党是一个无神论者的党派。

他还花费了多得多的时间"随意踱进来"，坐下来，同其他议员们聊天。陆克文开始问别人："情况怎么样？形势怎么样？这儿发生了什么事，说明什么问题？"他还学会了提出一切问题中最重要的一个，"你认为咱们应当朝哪个方向走？"他努力使自己变得可亲近得多，请人家进来喝咖啡。其他各位议员感到他们比以前要受人欢迎得多，同陆克文的谈话开始触及的范围也比以前广泛得多了。

第 6 章

挫折 *2003 —— 2004*

> "我们就这个问题开过许多许多次会议,我非常仔细
> 地注意别在什么时候讲过些什么问题方面误导你们。"
>
> —— 陆克文在"晚间频道",2004 年 3 月 29 日

莱瑟姆在选举中得胜。陆克文没有投他的票,而是支持
比兹利。当他走出议会党团成员会议的会场,他的眼睛扫了
一下正在等待的新闻记者们,轻轻地咕哝了一声:"这一次会
是很有趣的。"

莱瑟姆在他的《日记》里记录道,陆克文想担任影子内阁
的财务主管。鉴于陆克文十分迫切想扩大他的部长职权,这
个请求本来是相当可以理解的。有些人不打算支持他担任领
导职务的原因之一,是他没有担任影子内阁内务部长职位的
任何经验。有人对他说过,如果他"只是处理一些发生在半个
世界以外的事情",是永远也担任不了领袖的。

莱瑟姆当选之后约见陆克文。莱瑟姆了解,他必须厘清
同美国结盟的各种问题,并且弄清楚他们两人是否能够共事。
他们特别需要决定,他们在美国问题上应该做些什么事情,讲
些什么话。

这两个人是在选举后的第二天,在领袖的办公室里见面
的。当时的情况是,莱瑟姆由于他自己称为一团"乌云"的事
情而心烦意乱,无所适从。前一天深夜,他开始担心他的前妻
加布里埃尔·格怀瑟会对他大肆攻击。他想查明她是否已经

接受过什么采访，或者打算接受采访。那天晚上 10 点钟，莱瑟姆给她拨过电话。接着是一场"奇特而又奇特"的通话。他后来说，她用这样的话来使他放心，"噢，亲爱的，你什么都不用担心；你已经获得了你所要的东西。"然而莱瑟姆感到忧虑。使得他俩关系破裂的原因在此以前一直没有受到过它很快就要受到的那种详细审验。

一位在莱瑟姆的婚姻破裂时期同他很熟的人士确认，婚姻的解体当时使得莱瑟姆烦恼不堪。这位人士坚持说："尽管莱瑟姆给人一种'硬汉'的形象，其实他并不想失去她。他们俩之间的关系改变了，但是像那样的一种关系并没有消失。"

第二天上午莱瑟姆同陆克文会见的时候，处于感情非常激动的状态之中。他刚刚达到了他长期以来的目标，当选为党的领袖，但是，他现在看到，他的第一次婚姻的痛苦解体正威胁着使得他甚至还没有开始的蜜月岌岌可危。

那天早上，他听到据说格怀瑟在广播里对他的母亲放了一炮。实际上，这是对他本人的一次稍加伪装的攻击。莱瑟姆的镇定态度瓦解了。他开始呼哧呼哧地吐气，泪水满眶。当陆克文问他怎么回事的时候，莱瑟姆的感情控制不住了。陆克文做了他唯一能做的事情：他抱住莱瑟姆，向他提供一点身体和感情上的支持。

当陆克文后来把这件事告诉一位对他和莱瑟姆都十分熟悉的人的时候，他坚持说，当时他为这位领袖感到一种真正的悲哀。他还对这位新领袖竟然如此心烦意乱而感到吃惊。陆克文的朋友表示，回过头来看，这一时刻让人窥见了为何莱瑟姆后来壮志未酬的原因。他对自己的感情起伏不加掩饰和伪装。他就在那儿，在陆克文面前承认了自己极大的弱点。

尽管如此,这一短促的友好关系并没有维持得很久。在周末,莱瑟姆凑齐了他的影子内阁的名单。他已经请陆克文留任原来的职务。陆克文请把他的职衔扩大到"外交和国际安全",对此莱瑟姆同意了。但是接着,据莱瑟姆说,陆克文发现了罗伯特·麦克勒伦将担任影子内阁的国防和国内安全部长。

陆克文担心可能发生职权重叠的情况,提出了反对意见,并且威胁说要辞职去担任后座议员。莱瑟姆认为这个反对意见是荒唐的,决定蒙陆克文一下。这位新领袖说他将接受辞职,因为他肯定陆克文会"软下来"。莱瑟姆称,当天晚上 11 点钟,陆克文打电话给他,说愿意接受这个职务。

这一次并不像莱瑟姆显然认为的那样,是一场愚蠢而无意义的争论。从政治的角度来看,职衔具有很大的意义。通过确定职责,职衔可以被各种影子内阁成员用来在他们自己的职权范围内获取尽可能多的公众注意。职衔越是大,发言人能够涉及的面就越广。渐渐地,这就使得人们可以脱颖而出——这是一名雄心勃勃的议员最热衷的事情。

这个事件的启示意义并不仅仅限于在语言用词方面的一次小小的较量。关键在于陆克文完全了解语言的力量。对于莱瑟姆来说,职衔基本上是无所谓的,但是它作为内部政治游戏的一部分,以及确定谁能够向政府开战,是十分重要的。

后来,马克·莱瑟姆在他的《日记》里透露,陆克文在他母亲过世之后在他的面前哭泣过。一位资深的工党大人物(不是陆克文的支持者之一)大发雷霆。"太不像话了。如果母亲去世了,做儿子的不哭泣,那一定是出什么问题了,"她说:"在他那本书里的所有内容中"——讲到这里她耸了耸肩膀,接着又怒气冲冲，十分厌恶地说——"所有内容中，这可算得是最不令人容忍的说法了。这确实说明一些问题。"

还有一件被曾在克林的老办公室里工作过的一些人认为对莱瑟姆不利的事情。作为一件理所当然的事情，立即为所有的安全机构——澳大利亚安全情报组织（ASIO）、澳大利亚秘密情报部（ASIS）及其他机构——安排了情况介绍会。当莱瑟姆的国际安全顾问翁格勒询问他希望在什么时候召开情况介绍会，他甚至头也不从书桌上抬一下。他摇着手说："不行，伙计，现在不行。我有重要的事情要做。"翁格勒绝望地走开了。几天之后，他离开了这个办公室。

* * *

当有人对约翰·福克纳说陆克文与莱瑟姆已经发生不和的时候，他弯弯地耸起了眉毛。"我读过莱瑟姆的《日记》，他列出了他最喜欢的 5 位新闻记者、作家和天知道什么人，"他不以为然地说："另外还有——陆克文列名于他最喜欢的五位政治人物之中。都写在《日记》里。"

我表示，在其他一些时候，莱瑟姆曾表现出对于陆克文的一种刻骨的憎恶。

"哟，"福克纳说："你又要叫我评论别人的私人关系啦。我可不喜欢猜测这类东西。"

谈到他自己，福克纳承认："当然啦，我并不是总是同克文意见一致的——可我们不是在一个相互钦慕的团体里。如果我们每一次都意见一致，倒是更加会令人惊奇的。他从来不会躲避进入一场辩论；嗯，这是你们希望他做的事呀。"

"他活跃、勤勉、雄心勃勃，"这位参议员接着说："嗯，我们需要有干劲、有事业心的人。我但愿他目前想当上总理的雄心能够成功。这是一项先决条件。别把它看成是一件不好的事情;这是非常重要的。"

"克文并没有陷于疑虑中而不能自拔,"他补充说了一句,再次显出和蔼的沉默寡言的样子。"不过,不管现在党内有些什么不同意见,我是不会对你谈的。"

莱瑟姆同陆克文的关系并非一贯不变。比如说,在 2002 年,他认为陆克文同史密斯和斯旺相比,"富有思想,考虑周到"。莱瑟姆将后面两位说成是"非常没有用",断言"他们唯一的回答是跟着民意调查跑"。

* * *

然而,后来在同一年,莱瑟姆指认陆克文是报纸文章中匿名批评的来源;"他那虚夸的语言泄露了秘密"。莱瑟姆还对于陆克文在媒体上频频亮相大发脾气。"陆克文报告了他最近的华盛顿和纽约之行,可是他本来是用不着费这番心思的,今天早晨格伦·米尔恩的专栏文章里全有了。陆这个人对于扬名的事儿一向是贪得无厌的。"在其他场合,莱瑟姆称呼陆克文是一个"疯狂的杂种"和"一个可怕的怪人:对于传媒和泄漏消息上了瘾"。

一开始,莱瑟姆对于诸如儿童读写能力这种问题的强调看上去像是一种廉价的噱头。但是不久选民们就感兴趣了。人们开始注意到有人在谈一些影响到他们的问题。"选民们最初对他们所看到的东西感到喜欢,"这位新领袖的一名支持者说:"但是他们没有作出买账的决定。他最大的弱点是有一种不大考虑将来的后果的性格倾向。他被成功地激励起来,接着却出了差错。这是我们冒的一个风险。"

在 2004 年初，将莱瑟姆拥戴到领导岗位上看上去像是一着妙招。鲍勃·麦克穆伦毫不怀疑，到那时为止，霍华德已经做好准备举行一次提前选举。他本来希望将前领袖克林的不得人心利用到最大的程度。但是莱瑟姆接任之后，这种选择就不再提出来了。

莱瑟姆开始吹奏他自己的调子，不久人们就开始跟着这个调子跳舞了。电视观众们有幸看到了这样一幅奇特的画面：约翰·霍华德总理——一位穿着西装套服的六旬开外的人，通常总是拍摄他同外国要人站在一起——不舒服地想在地板上找到一处空间，以便可以将图画书读给一个 4 岁儿童听。

扳倒新的反对党员领导人要用很长时间，然而霍华德是冷酷无情的。持久的压力开始见效了，负面的大标题帮助造成了怀疑情绪的螺旋形上升。在漩涡的中心，莱瑟姆在同媒体谈话的时候，偶尔会"随意"说上几句。这样只是把局势搞得更糟——精细的细节是政治辩论的生命线。说漏了几次嘴正好给了政府用于扭转公众看法的所需机会。

就像一颗流星迅速划过天空那样，这位奇才一下子泄了气。莱瑟姆通过按照他自己的比赛规则行事，使他在民意调查中的人气直冲云天，成功地使得霍华德惶惶不安。然而接着算账的日子来到了。自由党长驱直入了。

他的往事被人发掘了出来，包括他与出租车司机打架以及他担任利物浦市市长时期的事情。最后，他的第一位妻子参加进来，加油添酱地对媒体讲了她的故事。有关一场婚姻破裂的琐屑小事从来就不是什么有面子的事儿，何况是满登在报纸的头版上面。甚至他使用的那些色彩鲜明的语言——

例如由于自由党对美国唯命是从,他把自由党形容成一列"舔屁股眼的康茄舞者"——也成了对他不利的因素。每一个细节都一锤锤打中要害,正如将钉子敲进一口棺材那样。

堪培拉不缺少愿意免费提供一大堆性格分析的人。总是有人会告诉你,他们知道为什么正当这个国家在等霍华德发出号令宣布选举的时候,莱瑟姆却在这漫长的一年里自毁形象的真实原因。当然,真实情况是,造成这一切分崩离析和工党的希望破灭的,并不出于一个单一的原因。

有一位当时曾经投票支持比兹利的人后来承认,莱瑟姆一度曾做到使得选民们相信,在工党的领导下情况可能会改善。"问题在于,"他说:"莱瑟姆没有能够做好取胜方程式另一端的工作。他必须不仅激励人们,同时还要向选民保证变革将不是一场灾难。"由于莱瑟姆没有能够在这两个要素上使公众信服,他对于选票的吁求就毁在首府城市的抵押房产带和塔斯马尼亚岛上印着条条车辙的伐木小道上了。

2004年3月底,陆克文在"晚间频道"上,企图为莱瑟姆的"圣诞节前撤回军队"的政策辩护。当主持人托尼·琼斯请他确认这条政策是在一年前被认可的时候,陆克文回避了这个问题,而是说:"我们就这个问题开过许多许多次会,我要非常小心,不在几时说了些什么话的问题上误导你,"第二天,在"问题时间"节日中,霍华德兴高采烈地引用陆克文的话,明显指出他的每一番言论都是同莱瑟姆的说法完全背道而驰的。尽管如此,陆克文一声不吭。

第二天,他有了一个予以适当回应的机会。他不直接反驳政策是急急忙忙作出的这个说法。陆克文显然知道莱瑟姆已经直接选择突然宣布他的决定;但是他不打算公开这个秘密,只是在诸如战术会议这类私下论坛中每当提到"撤回军队"时扬了扬眉毛而已。

陆克文决定,如果他不得不对他说过的话承担责任,那么政府也应当就它所作出的声明接受质询。工党特别感到恼火的是,"外交部长没完没了地"谈论莱瑟姆,而据唐纳的说法,莱瑟姆甚至还没有要外交部通报一下伊拉克的情况。陆克文指出这个说法是不正确的,因为莱瑟姆已经同澳大利亚秘密情报部(ASIS)接触过了。陆克文小心地运用他的出众的语言能力,一个个地把政府提出过的说法连同"不加掩饰的声明"全部列举出来,这样一来,似乎将政府纳入了一个"乔治·奥威尔的世界〔George Orwell:(1903—1950)英国小说家,新闻记者,是反乌托邦政治讽刺小说高峰的 3 个代表人物之一(另外两个人是阿道斯·赫胥黎和伊夫林·沃),主要作品有《动物庄园》和《一九八四》。可参阅文汇出版社出版、D. J. 泰勒著、吴远恒等译的《奥威尔传》——译者注〕"的翻版之中。这里提到的是奥威尔的著作《一九八四》,其中写到各种事实都在"真理部"进行重写,直到它们符合当前的政治现实为止。

尽管陆克文本人的雄心受到了挫折——也许甚至是毁灭——但是他确实是真诚地力图为党获得胜利。有的时候,很显然莱瑟姆个人并不喜欢他,特别对陆克文的政治观点不予信任。尽管如此,陆克文在努力做着他认为是正确的事情。

他对于细节的勤勉注意以及自我推销开始见效了。他在媒体上的频频露面使他受到人们注意。陆克文知道,他必须达到两种非常不同的听众。他总是可以通过澳大利亚广播公司和大张报纸向那些对政治感兴趣的人发言的,然而他必须扩大他在通俗媒体上的吸引力。

最具体的是,作为扩大他的到达面的一种方式,陆克文表示愿意上早晨电视节目。第7频道的早餐电视节目"日出"作出了积极反应。2001年7月,陆克文开始同罗斯·凯麦隆一起在这个节目里出镜。这两位将进行一些轻量级辩论,其内容正好符合早餐电视节目观众的胃口。当时,是乔治·嘉德纳用这样的话把他们俩凑在一起:"对,精彩的一周等着你。陆克文、罗斯·凯麦隆,总是乐意跟你聊天。谢谢你。"

　　到了2004年,这档节目有了新的主持人:大卫·科奇和梅丽莎·道尔。他俩的新版是让陆克文跟小企业部长乔·霍基对阵。这位部长先生笑口常开,不过很少堪培拉观察家将他看成与他的对手处于同样的智力类别。"霍华德显然从来不看这档节目,"看这档节目的一位工党议员说:"它活像一场'潘趣和朱迪'滑稽木偶剧。至于每次是谁的话击中要害从来就没有任何疑问。"

　　道尔是用这样的话来介绍这两位政治人物的辩论的,"下面请大家看周一全明星队节目。"这种安排远不止向这两位政治人物提供了就当前的问题进行直接辩论的机会。这种版式使他们两人可以广泛涉及各个方面,同时又使得这档节目有一点政治辩论而不至于背离那些对于名人和体育感兴趣得多的观众。

　　对于陆克文来说,将问题抛回去从来就不是太困难的事儿。例如,有人问到他关于当时的塔斯马尼亚州州长理查德·巴特勒的前途的问题。巴特勒不仅是一位显赫的工党名人,而且当时还与陆克文同在外交部任职。然而,陆克文意识到如果他谈论这个问题就会被讨厌地曝光,于是迅速地把这个问题解决掉了。"在离开海岸2 000英里的地方对一个不同的地方——也就是塔斯马尼亚岛——提出意见充满了危险。咱们就别谈这个吧。"

霍基忍不住抓住这个机会踢进他自己的一个球并且提供免费意见,然而只是马上来了个定性。"他们必须把他搞掉,如果他们这样选择的话。我是说,就是这个人(巴特勒)在入侵伊拉克之前说有大规模杀伤武器,后来却改变了他的观点。我是说,你看,他是不是个当州长的合适人选呢?"

没有人需要提到,一开始政府正是部分依照巴特勒的推理才把澳大利亚推入战争的。

＊　＊　＊

随着 2004 年一天天过去,莱瑟姆的领导地位慢慢瓦解了。在有些时候,有情况好转的苗头,但是接着总的下降趋势又卷土重来。陆克文支持这位领袖;但是,如果他和莱瑟姆有不同的意见,他总是设法对新闻记者清楚表明,但是要求不得发表。莱瑟姆的幕僚班子里的人暗示,领袖的办公室同陆克文之间不断有摩擦。另一方面,陆克文确保了不让这些争论显露出来,免得捅破当时所描绘的团结表象。

陆克文把时间花在工作上面。他不断地旅行、发布信息、同人们谈话和会见。在此同时,莱瑟姆集中精力于解决国内问题,而媒体把焦点集中在莱瑟姆身上。人们对他要比对于这位外交事务发言人感兴趣得多。这样使得陆克文大致上可以做他自己想做的事情。

一开始,莱瑟姆异乎寻常的战术砍断了霍华德所建立起来的对于政治过程的主宰地位。但是好景不长。尽管莱瑟姆被选举的开始一棍子打得晕头转向,但是许多人仍然希望成功将会来临。

几乎直到结束为止，大量选民举棋不定，人数之多使得工党无法保证仍有机会获胜。在号召举行选举时，许多人还没有拿定主意，结果远非已经定局在握。然而，尽管选民们还没有做出最终决定，但他们肯定倾向于把票投给现任政府。工党投入1 200万澳元用于做广告——不是因为他们要背水一战，避免失败，而是因为仍然有取胜的希望，哪怕这种希望是多么微小。

"莱瑟姆把我们从看上去是一场不折不扣的灾难的境地拉了回来，"。西悉尼议员达里尔·梅尔汉姆说："由于结局是那种样子，没有足够的人认识到他对党所做的贡献。他把我们从比他接任时要低得多的基础上拉了回来。"然而，这样仍然不够。

"你可以谈论那些左右摇摆的选民，"梅尔汉姆说："但是我主要失去的是工党选民，蓝领的工党选民——那些反穆斯林、反移民的人，当然啦，他们中的一些人怀有偏见。可他们仍然是选民。"

梅尔汉姆估计，自由党在那次选举中花费了30万澳元，企图夺取他的席位。"他们以前从来没有这样试过。他们做到了使选民倒向他们，但由于我是在任议员，我设法保住了位子。"在邻近的西悉尼格林威席位，结果就大不相同了。

"那是一场公开的争夺，"梅尔汉姆说："因为我们的在任议员弗兰克·莫斯菲尔德辞职了。因此，我们输了。到2007年，一次重新分配意味着格林威对于自由党来说是一个安全得多的席位。"不管工党提出什么论点，朝着蓝山进军的山麓丘陵地区的一大片保守势力与格林威连成了一片。这意味着这个席位的安全系数已从上次选举的 0.7% 一下子跃增到今天的 11.4%。现在,自由党把这个席位变成了一个可以说是无法攻陷的席位。

随着选举的进行,希望破灭了。莱瑟姆不再有充溢着他掌权初期的那种紧张不安的干劲,而开始看上去疲惫和不知所措了。在选举过程中,他同许多至关重要的密室操作者的关系破裂了。他愿意接受建议,于是一小群帮手试图推着他前进,然而每次他们这样做的时候,总是似乎消耗掉一点他自己的精力和热情。

尽管在 2004 年选举之前,有时民意调查表明工党的支持率很弱,但是最后的崩溃的来临还是使人感到震惊。其后,怒火集中到莱瑟姆所作出的通过禁止在塔斯马尼亚州很大一部分地区砍伐木材的方法来试图拯救该州的老龄林的决定。

这个问题不在于所制定的策略,而在于策略的执行上。事实证明,他访问该州所显示的形象是灾难性的。塔斯马尼亚州总理保罗·列侬好不容易做到了对他以礼相待;而伐木工人们甚至连表面文章也不想做。小承包商领着他们的一帮人进行大规模的抗议行动。接着,三天之后,他们同总理热烈拥抱。工会开始支持霍华德的森林计划,而不是莱瑟姆的。

塔斯马尼亚州工党议员迪克·亚当斯高姿态的亲自出场给了这些人的反叛以合法性,他宣称:"如果工党的支持者现在投另一个党的票,"他是"不会责怪他们的"。他指的并不是绿党。"霍华德把莱瑟姆当一个傻瓜耍弄,"他说。当人家指出,在作出有关森林的决定之后,霍华德相当有效地为政党联盟竞选时,亚当斯以强调的语气回答道。"我从来不同霍华德一起走上台——我永远不会那样做。"

在当时，亚当斯这样为他的立场辩护。"莱瑟姆会断送掉我的选区的4 000个就业岗位，但是不会拯救一个物种。我们警告过他，但是他没有听进去。他根本不理睬。他只是想使得大陆的支持率大幅度上涨，这太可怕了。"

工党承认，这个岛屿州本身对于这个有关森林的决定也许会有一些负面反应；然而，工党确信，这种负面反应将抵不上在大陆上所产生正面覆盖率。可这样的事并没有发生。电视观众们反而看到莱瑟姆被伐木工人所包围，以及受到州总理保罗·列侬的冷淡接待的画面。大批选民进入投票亭的时候，不少人一定想起了因莱瑟姆宣布政策而激起的那种群情激愤的场面。

选举分析家马尔科姆·麦凯拉斯后来花了很长时间深入那些人中间，想了解选举日究竟发生了什么事情。虽然塔斯马尼亚州有两项失分是由伐木工人的投票直接引起的，但是其结果也可以用一种完全不同的方式加以解释。

麦凯拉斯慢慢意识到，为了了解关键问题在哪儿，必须通过一柄不同的棱镜去观察结果。他声称，莱瑟姆在森林问题上的失误只是在一种更加普遍的情绪火上加油而已：它使得该选区中滋长的一种反感被视为合理，成为被自由党的广告所加强的格局的一个组成部分。这样使得人们可以放心用他们已经倾向于做的那种方式投下他们的选票。在此以前，政府已经通过成功地把莱瑟姆描绘成'脑筋搭错线'而构成了一个很有说服力的参考标架。

2004年，工党实际上从政党联盟那儿抢到了4个席位。其中的一个沿着南威尔士州北部海岸线绵延的里士满的席位，甚至曾被一位政府部长拉里·安东尼所占有。令人无法置信的是,在政府欢庆胜利之际,这位显赫的大人物(他本人的一位前副总理的儿子)的位子被人夺走了。

那天晚上,当专家们设法找出一种容易的解释的时候,每个人都匆忙地得出了一个显明的结论:这是一个"显著巨变"的席位。这个城市的赶潮流的人已经纷纷涌向海滩地区和内地,因而不可逆转地改变了人口的分布状况。然而还有第二种解释,这种解释只是到了很晚的时候才变得明显。在这个地区,偿付抵押房贷的人不到20%。这就是说,政党联盟关于不能信任工党会将利率保持在低水平的威胁在这里得到的反响远远比不上在大城市周围建立起来的抵押房地带所造成的反响。

麦凯拉斯用他的数字进行推断,得出了一个令人吃惊的结论。工党从政党联盟那儿夺来的4个席位有一个共同点。如同在里士满那样,住在这4个区域的人中间,很少人仍然在购买住房;大部分人已经付清了他们的房贷。自由党关于若是工党上台利率会上涨的威胁,相对来说对于所有这4个席位没有什么效果。

与此成为对照的是,在倒向政党联盟的席位中,利率上涨的危险对于选民们意味着一切。他们不希望涉足经济。他们的注意力已经坚定地瞄准这个单一的关键问题。马克·特克斯特为自由党所做的民意调查已经很快查明,每当人们考虑投哪个政党的票的时候,主要关注的就是这个问题。这就是为什么自由党人们开始大造声势,凸显他们自己在经济方面的可靠性,并且强调如果工党当政,利率走向将难以预料。工党书记蒂姆·嘉特瑞尔说,选举之前不久所做的民意调查表明了这个策略有多么重要。那些关键席位的左右摇摆的选民作出决定,他们不能去冒利率上涨的风险。

民意调查道出了一个简单的事实。过了 8 年,许多选民对于霍华德政府已经感到厌烦。突然,在莱瑟姆接棒之后,看起来像是出了一个备选人物。然而等到他们把莱瑟姆从头看到脚,大多数人决定他们不打算去冒变革的风险。

"面对选举的立即后果,每个人都想齐心协力,"另一位议员说——此人很快开始怀疑莱瑟姆是否将继续担任领导。"然而,就在表面之下,汹涌着数不清的争议,"她立刻加上一句。"当时的情势十分紧张,议员们怒气冲冲,只要一出问题,就会咬住不放。"

＊　＊　＊

2004 年教育节前的一个炎热的下午,一场熊熊大火烧掉了图文巴的 8 栋房屋和布里斯班以北的一个香蕉园。到第二天拂晓时分,天气变凉,火也就灭了,最后一股烟雾已经从地平线上消失。当初马克·莱瑟姆走上领导岗位时曾使工党重振活力的那一把火,也同样即将熄灭。

那天早晨,陆克文很早就起身了——他一向如此。似乎他感到,努力工作和热情可以以某种办法在过去只有一片空虚的地方创建出一些真实的东西。由于他在媒体上的知名度,一些工党党员一直请他出来做全国一些边缘性席位的竞选工作。根据他同选民们的谈话,陆克文一定已经意识到,任何获胜的希望正在很快破灭。到了 10 月 9 日上午,工党内部的民意调查表明,工党没有机会组成澳大利亚的下一届政府。

陆克文已经回到布里斯班。他从来没有停止过做他在布里斯班以南的格里菲斯选区的工作。他在 1998 年只以 3 858

票赢得了这个席位,但是在 2001 年第二次选举时,他的领先票数已经达到 9 434 票。然而他并不是那种将成功视为当然的人。碰巧的是,到了那天夜里,他会发现他的领先票数再次增加,这次是增加到 13 898 票——而且,在达到这个成绩的过程中,陆克文获得了高达 48.7% 的初选票数。然而这样的业绩只是来自辛勤的工作,不断地出去跑跑,与选民们交谈。这就是他计划在那天再做的工作——做好准备对人们的诉求加以考虑,理解他们,并且给他们的问题找到答案。对于陆克文来说,当好一个地方成员不仅是获取权力的一种方式;这是至关紧要的。

投票日那天,陆克文在选区到处走动时,继续向人们发散出魅力,特别是通过身体的接触这样做——直接注视着人们的眼睛,同时有力地握手;拍拍人家的肩膀,恰到好处地确认了伙伴关系而不至于过分亲昵;拥抱一下另一位竞选工作人员等。在同澳大利亚人谈话的时候,陆克文表现出一种无拘无束的亲和力。他一边随意轻松地聊着天,一边往前走,从来不过分深入,每次谈话以后总报之以微笑,态度从容随和。

从前可不是一向如此的。"我记得早在 1998 年的一次烧烤会上,他会见了一些工党的忠诚分子并同他们寒暄。他简直糟透啦,"当时一位党的工作者说:"我们那时围在一起,聊着橄榄球什么的,这时克文走过来。一时谈话停顿了一下。于是,他突然开始谈论同亚洲结成更密切的关系会怎样促进制造品出口以及帮助昆士兰。当然啦,说得完全正确,但是乏味得很。每个人的眼光变得呆呆的。不久人们开始拖着脚步走开,哎,去再拿一杯饮料或者吃点儿什么。从那时以来他变得太多了。"

另一位后来从布里斯班迁出来的人并不怀疑陆克文的改变是真的。"他是一位知识分子,看上去跟普通老百姓没有很多共同点。但是我认为他认识到这是个问题。所以他想办法做到了使得普通老百姓——包括你我——成为让他不停开动脑筋的有趣难题。这就是造成大不同的原因,因为他现在对我们有很大的兴趣。他已经投入其中了"。

　　在竞选活动之前的 5 个星期里,陆克文通常忙碌不停的时间表进入了高度活动状态。他在四处走动的过程中所获得的有关工党获胜机会的反馈十分庞杂。工党全国书记蒂姆·嘉特瑞尔在选举前夕委托做了一个定量民意调查,证明了工党对于灾难临头的担忧确是事实。那些左右摇摆的选民——决定选举结果的那批人——已经决定追随政府了。

　　投票日的前一天上午,工党领袖马克·莱瑟姆在悉尼的澳大利亚广播公司播音室里同霍华德握了一次手,握手之重简直把骨头也要捏碎了。这类形象似乎确证了选民们对于这位反对党领导人鲁莽性格的最大担心:关键的选民们不打算把他们的抵押房贷问题信托在这么个人身上去冒风险。

　　尽管如此,同一天陆克文在投票处巡视时,却得到了一些好消息。他的南布里斯班格里菲斯选区的选民对于分发工党的投票须知卡片的志愿者们作出了积极反应。这种情况以前发生过。2001 年在坦帕选举时,工党的全国票数下降了2.3%,但是陆克文个人的拥护者却增加了 4.4%。事情似乎表明,不到清点完毕全部票数,是无法预测结果的。

　　然而就在当天晚上,陆克文有希望的乐观假象很快消失了。打从收到第一批投票结果起,表象就开始剥落了。由于塔斯马尼亚州已经转换到夏令时间,那儿的投票比大陆地区早结束一个小时。在这个岛屿上的大溃败的程度很快就众所周知。工党中讲究实际的那批人早已经做好思想准备,工党会失去伐木行业从业者的票数。这一点在收到塔斯马尼亚岛北部一个小小的县投票亭的第一批投票结果时就得到了确证。那些城镇里依赖伐木谋生的人投票支持自由党并不是什么奇怪的事。然而要不了多久,就可以观察到一种令人担心得多的趋势。上一次选举时被工党牢牢占领的朗斯顿的一个大投票处这时投票支持霍华德了。这两个变化的规模之大,意味着反对党将失去塔斯马尼亚州的两个席位;工党将不得不在大陆地区额外争取两个席位来弥补这个损失。然而,刚过了 7 点钟,全国的投票结果开始送来,情况表明工党在走下坡路了。结果是一场大灾难。

在澳大利亚全境,一开始充满希望的支持工党的选举团一下子陷入绝望之中。"如果人们听到了那天晚上我说的话,我很可能会被开除出党,"一位政治家这样叙述他当时的心情。

陆克文的选举工作人员在他们的选举团中尝到了同样的滋味,不过这滋味奇怪地有点儿又苦又甜。跟 2001 年那次选举一样,在全国范围内,工党似乎被绑上了一架倒转的传动装置。然而在格里菲斯选区,陆克文个人的第一意愿票数增加了 3.2%。即使在将意愿进行分配之后,他的票数仍然比 3 年前多出 2.5%。他通过以一名地方议员的身份进行苦干,做到了他的总票数在 2 次选举里增加 5.7%。事实是,自从他成为在职议员以来,格里菲斯一直是工党在全国表现最好的十大选区之一。他对家乡地区的这种个人效忠正在做出明确的回报。

＊　＊　＊

经过用莱瑟姆作为试验之后,工党不愿意将这位领袖立即拉下台。确实在这个早期阶段,任何人——也许吉姆·比兹利除外——都没有甚至想过问鼎领导位子的拥护票数。而比兹利似乎已经相当真诚地接受自从他在上一年棘手的党内投票中被莱瑟姆击败后,他已经错失了登上总理宝座的最后机会这样一个事实。在这次选举里,工党已经被打得遍体鳞伤,甚至已经经不起把自己分裂开来了。

马克·莱瑟姆的支持者们仍然在为他撑腰——至少到从这群人中间产生出另一名竞争者为止是这样。原先支持比兹利的人仍然在四处观望,双方都在估量着自己登上这个最高职位的机会。

议会在2004年圣诞节放假,陆克文回到在布里斯班的家里去了。那年年底的气氛没有什么节日的欢乐。有人甚至开始猜测工党是否能够重新掌权。事实上,莱瑟姆的下台比任何人的预期都要早。

＊　＊　＊

对于陆克文来讲,圣诞节一向是一个重要的时候,可是这年是他第一次没有父母在身边的情况下度过这个节日的。他母亲在那年早些时候去世了,母亲的去世使他深感悲痛。尽管如此,这个节日使他全家有了一个再次相聚的机会。自从他开始以亚历山大·唐纳的外交事务影子发言人的身份任职以来,陆克文一直没有什么机会同家人见面。这次机会对他非常宝贵,尤其是因为他眼看还得在3年里仆仆风尘地来往堪培拉以及去国外旅行。回到布里斯班来把时间花费在工作上几乎开始像是休闲了。

接着在那天清晨,传来了有关印度尼西亚近海一次海底地震之后发生的一场可怕的海啸的首批消息。这场悲剧的范围过了好几天才显现出来。详细情形一开始是慢慢传出来的。第一则报道是从泰国的疗养地发出的,在那儿几千名澳大利亚旅客受到了影响。目睹者的陈述和良好的通信使得新闻报道多半是这些内容。大约在同时,从斯里兰卡和印度发出的其他通讯表明了海啸的严重程度。受灾地区分布很广。然而一开始,离开震中最近的那些印尼岛屿却是一片不祥的沉默。

消息传来了,然而几乎坏到令人无法相信。人们难以理解,怎么水——一种流动的液体——对于土地和房屋竟然造成这样的后果!但是,消息低估了狂浪冲到陆地上来时的那种巨大的破坏力。它把一切都冲走了。陆地的表面变了样。25万多人丧失了生命。

到1月初,当陆克文了解到灾难的烈度,他决定前往印度尼西亚。到那时为止一段时间以来,他的注意力已经牢牢集中在这个离澳大利亚最近的邻国上。这不仅是因为那儿是海啸造成的一些最严重的破坏的所在地,还是因为陆克文认为两国的双边关系是至为重要的。重要的不仅是发表一则声明——约翰·霍华德总理和外交部长亚历山大·唐纳都已经立即发表过了——还需要奔赴那儿亲自做一些事情。唐纳宣布他将在元旦前往印度尼西亚。陆克文决定,尽管他个人不可能有什么大的作为,但是他将通过去那个地区,表明他对于局势有多大关切。他感到他将显示出一些非常重要的东西,不仅是向印度尼西亚人显示，也是向澳大利亚人显示。他站在劫后地点的中央，就等于发表一则个人声明，表明他他对于这场灾难的关切程度。他知道爪哇岛的政治家们将仔细观看其他国家对于这场灾难作出怎样的反应，以及它们做些什么事情来提供帮助。

在其后几天，他前往印尼的决定变得极为重要。他是在做这个国家和工党所必须做的事情，但是这意味着他会发现他无法充分利用国内发生的任何政治事件了。陆克文想利用在媒体曝光的任何机会，并且打出工党的旗帜。他去印尼，身在现场，媒体在重心就自然而然会倒向他，而不仅仅是依靠唐纳来对这场灾难作出解读。海啸造成的浩劫是这一轮新闻中唯一能得到报道的内容。陆克文将能够身穿电子媒体所喜爱的那套短装，口齿清楚地确切表述澳大利亚正在做些什么事情来共赴时艰。在一段短时期内，看起来几乎像是陆克文在指挥救灾工作。他小心地不去妨碍正在真正协调当前工作的任何人——然而，通过搭乘国防部的直升机、同指挥官员谈话以及利用他在印度尼西亚政府中的关系，陆克文巧妙地把自己插进了救灾工作的报道之中。

他对于严酷的局势所感受的个人痛苦是不应该予以低估的。当时澳大利亚提供的救灾工作有许多是由军方人员所协调的。其中有一位军官后来说："我看到他的时候印象很深。克文并不是又一个'灾难游客'，四处游逛，寻找拍照片的机会。他看上去真的想帮忙，不妨碍别人——这是当我们听到一位政客要来的时候最害怕的事儿。"

陆克文大概意识到，电视报道不会损害他在他的同事们，特别是党的左派中间的定位。过去通常是这些怀着真情实意的人在自然灾难发生之后投入救援和救济工作的。而今,当象国防军这样一向保守的机构成为救灾的一个重要力量时,他们在观望。

陆克文已经度过将近10年的外交官生涯,确切地知道活动是如何积极开展起来的。这意味着他可以确保自己处于一个恰当的地方,不仅能够观察到灾难的严重程度,还能够看到正在作出的协助幸存者的无论什么努力。尽管如此,他从来没有见过这样的惨相。

陆克文后来描述他搭乘一架海军直升机飞越这个岛屿时所目睹的景象。滔天大浪把一切都一扫而空。是一切东西。“什么都没有剩下来。好像你是在俯视一个几千年之前的考古遗址,”他说:“什么都没有剩下来,只除了屋基的痕迹。”一片空白的景象从海岸开始绵延了一二公里。“这就是为什么大部分人并不是淹死的,而是被海浪的巨大力量砸死的。当地人说,海浪打过来的时候有两棵椰子树那么高——大约20到25米。”陆克文指出,即使对于那些经常到海滩去的澳大利亚人来说,“这是我们所无法想象的”。他在那里的时候,印度尼西亚军方的面前摆着一个埋葬12万尸体的异乎寻常的任务。海浪毁灭性的冲击力使得大部分人一下子就丧了命。较少数量的人则在后来淹死了。

陆克文在班达亚齐的一所医院里看到一个只有11岁的小男孩,坐在床上默不作声,瞪着眼睛出神。滔天巨浪席卷海滩,把那些东倒西歪的房屋打成一些碎木头的时候,他家里的其他人都淹死了。这个男孩只是到那时为止由联合国儿童基金会登记的1.1万孤儿中间的一个,但是陆克文说,这个数字预计将上升到3.5万名。他指出,死于海啸的人“很可能至少有30万,说不定更多"。这就是说,这次海啸在百年来丧失生命最多的自然灾害中已经排名第三。

使得陆克文印象特别深刻的,还有澳大利亚医疗小组立即投入工作的那种作风。他同士兵们一起,向排成一列无穷无尽长队的灾民发放瓶装水。陆克文描述,他身边的一个挖掘者回过头来说:"伙计,做点儿实际的事,看到当地人的脸上现出笑容,心里舒坦些,唉,这会儿也没多少能让人笑上一笑的东西啦,对不,伙计?"

＊　＊　＊

当陆克文从印度尼西亚回来,工党正在费尽心思寻找一个替代莱瑟姆的人。陆克文在当时进行的活动在本书的开端描述过了。但是,当时还有一些其他政客在争取该党的领导权。这种事情由在密室策划的智囊人物搞定的时代早已真正结束了。一位前派别领导人同意其他人的设法,即过去那种严格的派别行为准则现在已经打破了。"人们将投票赞成他们认为最适合办这件事的人。就这么回事。"

卡尔曼·劳伦斯同包括陆克文在内的所有潜在争夺者谈话,鼓励他们出来竞选领导职位。她的论点是干脆、犀利的。"马克·莱瑟姆完了。在吉姆经历过前几年的事情以后,咱们可不能要吉姆把一切都重演一遍。"

"我敦促克文考虑参加竞选,"她说:"因为那样将代表与过去的一种明确分手,"她感到,现在已经到了新的一代明确宣布他们希望把党带领到哪条路上的时候了。"我认为,"她说:"他是个最好的竞争者;但是,没有人在真正计算支持他的人数。"

这句话没有完全说对,因为有一些人正在相当精确地计算着那些票数。很快地,为陆克文计算票数的人发现,他需要不止两只手的手指来计算了。"有相当多的人感兴趣,"他说。不过,在这个阶段,也没有其他人选。

斯蒂芬·史密斯和韦恩·斯旺两人都开始打电话,试图测定他们能在投票中获得的支持人数。这种电话的性质只是一般讨论,而不是具体拉选票,但是一位议员说,他认为这种电话的用意是毫无疑问的。

史密斯和斯旺知道,在比兹利这匹老战马同提出新方向的青年政客们之间的任何公开论战都会强调他的年龄问题,那样会无可挽救地对他造成损害。他们两人不愿意这样做,而是同意了比兹利对他们的呼吁,即再次给他一个机会,把这个党从同他在 1996 年所遇到的一样的选举后的深深绝望情绪中拉出来。有了史密斯和斯旺在比兹利后面撑腰,这位前领导人意识到他可能赢得获胜的票数。这个决定是以这两位的个人利益为代价的。他们的支持者之一后来承认:"当史密斯和斯旺决定支持比兹利的时候,他们是为了正确的理由这样做的。然而,回过头来看,这些为了党的利益的行动后来对他们没有什么好处。"

"第一批真正能够理解票数的意义的人是史密斯和斯旺,"计票人中的一位说。另一位得出了同样的结论。"他们知道,没有吉姆的支持他们就不可能获胜,"他说:"所以,斯旺和史密斯只好偃旗息鼓了。"

新南威尔士州总理鲍勃·卡尔通常是陆克文的支持者之一。但是他会在私下里给予陆一些令人惊奇的忠告。"危险在于陆克文将在工党仍然处于这个低谷期的时候过早地获得领导职位，"卡尔现在说。当情况变得很明朗莱瑟姆肯定要辞职的时候，卡尔曾对媒体谈过话。"比兹利是明显的领袖人选，"当时他说。但是这句话是在他同陆克文谈话之前说的。

卡尔一旦知道陆克文有意竞选，他的语言发生了微妙的变化。到那时为止，他更加小心地暗示，两人中的任何一位都将适宜担任这个最高职位。"我从心底里感到，陆克文有朝一日会当上澳大利亚总理，"他说。然而明显的问题是——几时呢？

结果表明，2005年陆克文不会担任反对党领袖。但是，假若他当初决定支持吉拉尔德的话，非常有可能会选出一位新的领袖。然而，其他因素冲淡了这种可能性。首先，陆克文毫不怀疑——绝对不怀疑——他是领导这个党员的合适的人。这种自信心是百分之百的。

有些观察家们感到，在这个个人信念以外，还有澳大利亚选民的社会保守主义观点的其他关系。换句话说，有些人不肯投票支持一个单身女人，或者会将单身用来作为不支持她的一个借口。这是吉拉尔德发现无法扔掉的额外负担。后来，当前维多利亚州总理琼·克尔纳被问到这个问题时，她冒火了。"你们老是问这个问题，媒体究竟出什么毛病啦？"是她的尖锐反驳。

"在现在这么个时刻，谁也不想将我们第一位单身、年轻的女领袖捧上台，"议会党团成员会议的一名成员说。真正的问题在于，绝对没有任何办法来抵御认为吉拉尔德多少是"不同的"那种含蓄的诋毁。支持她的人坚如磐石，但是她从来没有获得过足够获胜的票数。

"起最后决定作用的是新南威尔士州的右派，"为吉拉尔德计算票数的人之一说："州书记马克·阿比卜年纪虽轻，但是非常精明。"这是一件令人惊奇的礼物，因为当时阿比卜同计算票数的人不是处于同一阵营。"他明显认为，党需要稳定，"吉拉尔德的盟友说。"他指的是吉姆。"

在 2005 年 1 月份最后一个星期，眼看局势即将发展成为一场面危机，比兹利飞往西蒙·克林在墨尔本的宅第同他会晤。会见的目的是想表明他将会兼收并蓄。据说被安排参加这次会见的另一个人根本不相信比兹利会做出变革。他没去参加会见，而是去钓鱼了。这场目的在于给吉拉尔德安排个副职的谈判无果而终。她用尽计谋，结果仍然双手空空。

有一些人把她看成是领袖问题未来的答案。党内有许多人既喜欢又尊敬她，并且感到她毫无疑问是尚未展现的工党方向的一部分。然而并不是每个人都这样想。有人对于她的人品感到关切；另一些人则不放心她的政治判断力。她必须克服这些保留意见才能问鼎领袖宝座。

尽管吉拉尔德可以在议会党团成员会议获得大约 30 张赞成票的牢固支持，但是她无法达到她所需要的 44 票。1 月 27 日星期三，吉拉尔德也退出了竞选。看起来，为了获得简妮·麦克林对他被提名候选人的支持，比兹利作了一笔交易，让她担任副职。

陆克文已经得知，在这个阶段，如果吉拉尔德不退出这个方程式，他在与比兹利的争夺中是没有胜算希望的。即使在那个时候，票数还是太紧，不足以保证获胜。尽管许多人喜欢他，但只有这个事实是不够的。倘若陆克文真的想问鼎这个最高职位，就必须发生重要的改变。首先，他认识到他将必须在他的外交职位上继续对政府重拳"出击"。然而，越来越明显的是,仅仅这样做仍然不够。陆克文需要开拓人们对他的看法。有些人把他看成是一个只关心国际政策的人,他必须避开人们对他的这种日益定型的成见。

在下一次议会党团成员会议上,比兹利当选,无人反对。

* * *

"任何人只要不认为吉拉尔德是解决领导问题的答案,都被当作一个异端分子对待,"一位前座议员这样谈到当时的情况。

然而,必须知道,比兹利并不仅仅是因为没有一个旁人能赢得把他赶下台的足够票数而重返领导职位的。工党是做出真正的抉择才把他尊奉为领袖的。他是唯一能够团结全党的人,他的经验受到每个人的尊敬,而且他以前曾经一度把党带出选举中几乎被人遗忘的境地。此外,比兹利保证他已经有了改变,说他将成为一位更加兼收并蓄的领袖,而有更大的进取心,大家都相信他说的是真话。

甚至力促陆克文参加竞选的人中间的一位也承认,多数人的看法是承认需要一种镇静和平息事态的影响。而吉姆正好是这样的人。这正是紧接着党的失败之后,他已经开始在党内扮演的角色。"在莱瑟姆遭到失败后的一段时间内,这里有许多人只是受到一点擦伤而已,"一位议员说。尽管他并不是一开始就支持比兹利的人,他接着说,"好比说,我了解吉姆。我信任他。我对这种情况很满意。"

后来,鲍勃·麦克穆伦跟陆克文谈话,告诉他当初退出竞选是一个错误。根据他的看法,让比兹利恢复掌权是一种防御措施,他感到这并不合适。当时陆克文仍然有一点希望取胜,尽管这个希望很小。他还对绕过辩论的做法感到愤怒。"工党中有这么多人试图做出交易,防止进行一次投票表决,"他说:"富于讽刺意义的是,我认为这通常标志着你们的虚弱,而不是你们的强大。"

另外一些人认为,比兹利其实并没有做好准备再次经受住痛苦和折磨。当比兹利打电话给鲍勃·卡尔,说他将再次担负起领导这个党的任务的时候,这位前总理问他:"吉姆,你真的想要这件活儿吗?你真的想要这件活儿吗?"他的声音里带着一种怀疑的口气。

情况是,比兹利通过接手掌管一个已经被选民们拒绝的工党,将再次提供极为重要的心理上的间歇。在他的领导下,党得以重新聚集起来。这一次,比兹利确实真正想要"这件活儿",这话他对问他的任何人都这样说。他不只是挺身而出,作为一名补缺的领袖坚守阵地。他对自己的角色定位并不是一个悲情的敢死队员,其任务是一种殊死的努力的一部分,即在危急关头拼命顶住,以争取时间,让其他人在他的身后重新集结起来。比兹利相信,完完全全相信,他能够带领全党走向胜利。他在到处打电话,希图为他再次担任领导岗位建立支持基础的时候,借用了卡尔的话,断然宣称:"这一次,我真的想要这件活儿"。抱怀疑态度的人在想,不知道这是不是意味着他并没有真的想要这件活儿。或者说,当初如果是真的话,是否会有什么不同。或者"这件活儿"到底是什么。

第 7 章

定位 *2004*——*2006*

> "现今就是该趁早睡醒的时候,因为我们得救,现今比初信的时候更近了,黑夜已深,白昼将临;我们就当脱去暗昧的行为,带上光明的兵器。"
>
> ——保罗达罗马人书,第 13 章,诗篇 11

马克·莱瑟姆离开工党以后,这个党如同一个喝了潘趣酒的职业拳击手一般晕头转向。"我们像是患了炮弹休克症那样站在那儿,"一位工党前座议员如是说:"当马克接任领导职位的时候,我们中间有许多人一直是百分之百地跟着他的。我们真的认为他能够干好。然而到了这个时候,人们的情绪完全同 1996 年一样。"

这一回,格里菲斯选区的结果又一次成为工党在全澳能够达到的 10 个最佳选区之一。陆克文很快恢复工作了。他一直留心提高他的地位,但是比兹利登上领导岗位之前所进行的那场争夺暴露了支持陆克文的基础的脆弱性。大概只有 15% 的议员打算全力支持他战胜竞争者,登上最高职位。别人认为他傲慢自大,是个脂粉气十足的人,一个智力上的势利鬼。他被人看成只是一个外交事务专家,对广大公众并不具备广泛的吸引力。

不知怎的,在其后两年里,陆克文做到扭转了人们对他的这些看法。他这样做的能力是非凡的。这部分是由于他埋头苦干的作风,但是实际上的原因比这要多得多。陆克文抓住每一个机会亮相：在议会里，在广大公众中，尤其是通过培养舆论导向者来推进他担任领导职务的可信程度。

陆克文一直在寻找同他关联得上的事物，并且热切宣扬这种关联。例如，当 2005 年议会恢复开会的时候，陆克文谈到，他是怎样做到向印度尼西亚外交部长哈桑·维拉尤达通报"阳光海岸上的一个小县城库勒姆"当地为海啸受害者的筹款工作的。

陆克文由于迅速前往印度尼西亚，在印尼媒体和政府那儿都赢得了重要的一分：表明了澳大利亚对于灾害的关切。他知道，在这种时候，个人的接触会有多么重要。甚至保守政府也没有表示他的印尼之行涉及任何"哗众取宠"的成分；这是一次同印度尼西亚人的真正的、关键性的交往。像这样的努力多少有助于消除在东帝汶问题上所残留的愤恨。陆克文把它看成是重建两国关系的"一个极好机会"。他恳求政府"用双手"抓住这个机会，"因为我国的未来和我国在本地区的安全有赖于我们同雅加达关系的牢固程度"。

诚然，政府一直在救济工作中扮演主要角色。但是陆克文一直希望更进一步。他希望将澳大利亚人在回应这场悲剧时立即表现出来的敞开心胸（以及慷慨解囊）的同情反应发展下去。在议会里，他要求将这种同情扩展到"今天正在折磨全世界 14 亿人口的那种沉默的、没有上电视的、没有戏剧性的贫困。"

比兹利在整个 2005 年里努力奋斗，然而这是一场艰难的战役。他相信，一位富有经验的领袖对于这个党是至关紧要的，尤其在当前党的地位降到如此之低的情况下。尽管如此，一位十分熟悉他的人士说，到这个时候，比兹利也被困住了。

他被霍华德所制造的成见所禁锢,当初制造这种成见的时候,霍华德声称,这位个工党领袖缺乏"胆量"。"再也没有别的东西对他的伤害更大了,"这位先生说:"事实并不是这样,然而人们相信这话。这使得吉姆感到愤怒。到了最后,他会就一些可笑的问题争论不休,只是为了证明他实际上是有胆量的。"

另一个严重的问题是对他的健康的猜测。一位资深前座议员说:"有时候我们在影子内阁的时候,他会忘记一个人的名字。第一次,谁也没有真正注意到,但后来,这种事又发生了。你开始想,会不会,只是也许,这是……?"他的声音渐渐减弱,这个问题就这样悬在那儿。

当初 2004 年 3 月,比兹利因夏尔顿布朗氏综合征(原发低颅压综合征)病倒的时候,大多数人不得不去查阅医学辞典,以弄清这是一种什么样的病。事实上,这种脑周围液体的泄漏是没有任何相关的心理联系的。然而在选民中很容易就引起了不合逻辑的会议,这批选民老是似乎想得到完美的回答——即当这种完美只是存在于我们的想像之中时也是如此。

还有一些其他问题烦扰着工党成员们;一些比兹利无法控制的事情。主要的问题是澳大利亚的广大环境。选民们对于比兹利有些什么反应,他们把他同霍华德比较,有些什么想法?选民们以前在这方面做出了选择,但是没有人知道他们是否改变了主意。比兹利在 1998 年差一点获胜。工党的神话坚持认为 2001 年只是由于"坦帕号轮"事件的发生才使得他同胜利失之交臂。说不定这次会碰上第三次幸运呢。

＊ ＊ ＊

陆克文热情高涨地参加议会的辩论。然而对他来说,这不仅意味着只是把注意力放在当前的主要政治问题上面。他仍然挤出时间来处理他所关心的问题。在2005年情人节,他发表演说,谴责缅甸军人集团继续拘禁昂山素季及镇压赞成民主的支持者。"缅甸政权是世界上最腐败、无能和暴虐的政府之一,"他说:"议会中的我们这一方并不假装说,对于如何对缅甸政权施加有效压力的问题有一种简单或明显的解决办法,"陆克文承认。

他可能一直意识到不存在什么简易的解决办法,但是至少他是在尽力争取以一切可能的方法应对这个问题。

11月,陆克文对于政府的失望明显地表现出来了。"如果有一个词语可以描述自从选举以来的霍华德政府的政治文化的话,这个词语就是'傲慢自大'。"他接着指责浑身上下一股傲慢自大习气的部长们,斥责彼得·科斯特罗是一个"活生生的斯默克船长"[Captain Smirk:斯默克船长是探险小说《猴子岛的秘密》中的一个海盗船长——译者注]。最最使他动了真怒的是政府对待亚太地区的态度。采掘经济数据的结果使他可以看出,中国的经济规模到2010年将超过德国,到2015年将超过日本,而到2039年将超过美国。陆克文感到,澳大利亚正在错失同这个从根本上改变经济现状的强劲变化打交道的机会。

然而,同样以往一样,他对安全问题极感兴趣。他关注的是,各种日益恶化的问题只要有一点点风,就能变成燎原之势,破坏我们所生活的和平地区。他列举了各种问题,诸如朝鲜半岛的军事分裂和台湾海峡的紧张局势,还有"尚未解决的伊斯兰恐怖组织的挑战"。当吉姆·比兹利担任国防部长的时候,漫画家们曾对他把重军事武器和设备当成头等大事开过玩笑。虽然如此,人们一向尽管不愿也不得不尊重和了解他对这些问题的理解。陆克文则从另一个角度来看待这些问题。他不具备战略背景,而是依靠对于更广泛的历史大势的一种了解。

陆克文离析出政府失策的各种具体例子,以便他可以无情地对之进行抨击。当时有一个例子是由总理(即席)宣布的"霍华德的在军事上先发制人学说"。陆克文说,"基本上是告诉你的邻国,我们保留权利有朝一日对你的领土发动军事打击。当我阅读课本的时候,这样做等于战争。"他指出,任何外国政府袭击澳大利亚领土都是令人不能容忍的,即使有反对派小组在诸如金伯利[Kimberley:位于西澳大利亚州北部的一个地区——译者注]受到训练也是如此。陆克文的发言一直涉及这一类问题。

使他真正感到沮丧的是,霍华德知道会引起国内听众的有利反响,但是不适宜用作良好政策基础的那一类说法。在陆克文的发言中,几乎可以感知到他特别对于传媒对总理为迎合不同的听众任意修改他的讲话要旨听之任之,不予追究的做法的沮丧感。陆克文对于没有迫使霍华德说清楚他的立场前后不一和无耻地诉诸选民们的偏见的做法感到愤怒。

新闻界对于这种态度感到困窘。他们想,陆克文对于新闻这一行肯定是了解的。他们的注意力(几乎)完全集中在第二天的报纸、当晚的新闻简报或者每小时发布的新闻上面。许多人同情——不是同情工党,而是同情他提出的意见。然而没有一个人有单枪匹马改变"新闻议程"的力量。

陆克文的意见的正确性是无可置疑的；然而这些意见实际上仍然是纸上谈兵而已。不是说没有人把这些意见当作一回事；而是这些意见不符合新闻行业所坚持的程式化回应。结果是不了了之。虽然陆克文可能在琐细的论点中获胜，但是辩论好像总是已经转入了新的领域。他一直在试图扭转一个完全对霍华德有利的问题。

他的发言提出了痛击政府脆弱辩护的严厉指责的例子，然而这些发言对于政策没有任何实际影响。政府稳稳掌握着多数票，对于他的抨击不予理睬。另一方面，尽管他的举动没有获得广泛报道，但是却表现出他在有准备的辩论中辩才无碍。其格式使他表现出他的强势。在议会中，这种辩论所具有的力量好比一个摔跤手先把他的对手摔倒在地，然后把他们压住，使他们无法逃走。

然而即使在这里，也不是每个职位都是一个赢家。由于陆克文是一位主要的前座议员，比兹利给了他大量机会在辩论中显露头角。但是，政府控制着议会的工作方式，所以重大问题可以很容易地被打消掉而不受惩罚。陆克文专注于向邻国家发动先发制人的军事打击的问题，继续就这个问题提出质询，找政府的麻烦。然而地盘却是霍华德的。

这位总理经常会提到公众舆论，以此轻蔑地将陆克文仔细构思的问题弃之不顾。"我认为，绝大多数澳大利亚公众非常理解，作为一项最后手段，任何国家有权作出行动保护自己。"以这种方式，一句脱口而出的话可以扼杀一个重大的问题。像这样的战术使得反对党无法得到媒体的报道。要是允许通过短兵相接的辩论来处理一个问题的话，陆克文是可能赢的。然而,当按照别人的规则玩游戏的时候,事情就困难得多了。

陆克文沉浸于国际问题的辩论,对于别人对澳大利亚环境外所发生的事情没有同样的强烈兴趣感到难以理解。比兹利的一位工作人员说,"他老是有把握地说,如果他有机会真正向政府提出质询,他可以把他们打个落花流水。但是我们经不起浪费我们的子弹。政府总是能够找到这种那种办法回避陆克文的抨击。所以,我们不得不相对限制允许他提出的问题的数量。除了任何其他东西之外,对于这些外交问题的注意面很小。主要的争论总是关于澳大利亚国内发生的事情。"

陆克文口头辩论不成,就投身于笔战中去。议员们向各位部长提交书面问题,以及利用提问时间。陆克文经常利用这个机会向政府提出质询,尽管通常他要等几个月才会有答复。这类质询常常同在议会里提出的口头问题一样被弃之不顾。例如,他提出的关于与印度尼西亚签订的安全条约的两个细节问题过了三个月才得到回音。答复中,只用了寥寥一句话就把问题打发掉了:"历届政府的长期做法是对于与外国政府的内部讨论或谈判不作评论。"

有时,陆克文专心致志于政策领域的争论使得同事们怀疑他也许是不太跟得上情况的演变。例如,在一次关于国家安全的演说中,他赞许地引用了一直在澳大利亚战略政策研究所工作的战略家阿尔多·博尔古的话。事实上,博尔古以前曾为国防部长约翰·莫尔工作,不久又回来担任布兰登·纳尔逊的特别顾问。陆克文有时候更加注重制定正确的政策,而不在政治上见机行事。这种做法有时会使得工党阵营的其他政客们感到困窘。

陆克文总是抓住发言的机会,有时会把话题勉强扯到他自己感兴趣的东西。比方说,当围绕约翰·辛普森和他的驴子在营救安扎克海湾的伤兵行动中所作出的贡献产生争议的时候,陆克文下定决心,就像一名澳大利亚士兵那样,在辩论争夺每一个桥台和胸墙工事。这件事反映出,有澳大利亚渊源的这个最为神圣的标志物根本不在这个国家之内;而是在半个世界以外土耳其的加利波利的海滩上。保守党派一直试图利用这个传说,但是陆克文决心以他自己的方式处理这个问题。他简短地讲了事情的经过之后,亮出了他真正要说的意思:辛普森和他的驴子目前是位于布里斯班的加利波利研究基金会的正式徽记。接着他对这个机构的研究员们表示祝贺,这些人正在调查退伍军人以及当地公众的健康状况。

这个话题看上去同施纳普内尔山谷被撕裂的土地以及是不是应该授予辛普森维多利亚十字奖章风马牛不相及,但是这件事表明了陆克文的一些重要特点。他信任基金会工作,而且他想尽他的力量来宣扬这个工作。对于陆克文而言,每一件事都是他个人的事。他以自己的方式,满腔热情地试图尽力推进一项好的事业。

在议会里,陆克文看来肯定很高兴有机会偶尔做一些如同他回到学校——而且仍旧是班上最聪明的孩子所做的事。一场关于“政府的真实”的辩论会从对政府问责性的降低的考察转到对于曾对巴黎议会宣布过“朕即国家”的名言的法国“太阳王”路易十四的专题评论。陆克文运用这种技巧,做到了将霍华德与一名相信国王有神授权力,可按照他们认为合适的方式进行统治的法国君主相比拟。到此时刻,他的沮丧突然暴涨成真正的愤懑。"外交部长,在对这个议会说实话的问题上,你是有不良纪录的。你有真正的不良纪录。"

亚历山大·唐纳把这次具体的攻击描绘成"土拨鼠节"。唐纳看上去没有意识到陆克文有意见的正是政府的那种显然的继承特权感,继续用这样的话进行答复,"我的父亲曾经是下议院的议员,"要不,唐纳正是有意侮弄这个来自南布尔的失怙的孩子。

陆克文迅速地将那些消息不灵通的人的评论打个落花流水,就像一名板球运动员朝着球场边界线猛击一球。彼得·麦高伦在整个会议厅里向人们提出一个一般性问题,通过这个方式企图在一场对陆克文的辩论中插上一脚。"有谁能听懂他在讲些什么吗?"麦高伦问道。陆克文突然以尖酸的话语对他反戈一击。"坐在桌子边的部长先生,我很高兴您在这个时刻开了尊口,因为在这个议会里没有人听得懂您昨天说的话中的一个字。在您的前座和后座产生的惊慌是异乎寻常的。你甚至没有去费心查阅一下您的发言的摘要。"在麦高伦下一次插话的时候,副发言人请这位部长"克制自己"。陆克文做到了有效地使得一个批评他的人闭上嘴巴。

如果议员们声称他们的话被误述,允许他们向议会作出个人解释。这个办法的意愿是向议员们提供机会作出一项简短声明,以纠正记录。陆克文会这样做;但是他只要有可能,还试图夹进一点对于政府立场的进一步的驳斥。这是一个刺痛他的对手的聪明方式,但是他并不是每次做了都可以安全脱身的。有时候,甚至陆克文也会发现他自己被发言人要求遵守会场秩序,不得就该论点进行论辩。

陆克文努力做到即使不遵守规则的精神也尽量遵守其字

面意义,但总是试图将几个额外的字眼加入辩论记录。只要有可能,他总是要把自己的论点发表出来。

2005年结束了,朱莉娅·吉拉尔德将比兹利重返工党领导岗位的这一年比作一部电影。尽管如此,这"并不是一部火爆大片",倒更加像一场二级好莱坞影片。她把这个比喻扩大到议会的议员席上。"每一部好莱坞影片总免不了有个反派角色,这使得我想起议会领袖托尼·阿博特。"朱莉娅承认,她发现此君在议会大厅外面要比在议会大厅里面容易打交道,但是她很快打住了这个友好的表示。"好话到此为止",她坚持说。

* * *

然而,在一定程度上来说,所有这些辩论对于陆克文都不成什么问题。他只要不建立起自己的支持面,就永远不可能当上领袖。问题在于,在党内没有一个他可以争取过来帮助他推进自己的雄心的明显群体。他的自然政治倾向意味着他不能指望党内的左翼会大批地倒向他。不管怎么说,这些人中间有一些倾向于支持自己想当领袖的吉拉尔德。这个派别的其他人支持比兹利。右翼的效忠对象也有分歧,大部分议员拥护比兹利。而且,如果他失败(或当他一失败),非常可能会由斯旺出山继承这个群体的领袖的衣钵。核心太小,而且裂痕重重,起不了什么作用。不存在陆克文可以借以实现自己的雄心的明显现成手段。

冷静精明的政治分析家们并不真正相信吉姆·比兹利会领导工人党获得权力。2004年大败的损害极其严重,以至于无人可以预测工党在下次选举中会有任何可能获胜。

目睹了莱瑟姆慢慢地垮下来,每个人都明白了这个职位令人难以置信的工作强度。比兹利一开头干得不错。"让吉姆东山再起的好处是,在一个工党没有多少希望的阶段,他能够守过困难时期,"一位前座议员说。然而比兹利是自己强行夺回领导角色的。他是凭着声称自己是唯一能够恢复这个党的人物才再次坐上这个位置。获胜的问题就搁在一边不去解决了。

比兹利抢在也怀着当这个党的领袖的雄心的新一茬年轻人前头。其中有几个觉得他已经有过他的机会——然而玩儿砸了。他们感到该轮到他们来了,并且希望有机会试试新的办法。另一些人由于克林被拉下领导位置时席卷全党的混乱而不信任比兹利。比兹利这次再度执掌大权,把自己摆到了阻碍变革的位置上。一开始,至少在公开场合,每个人讲起他来只有好话,但是,一旦他开始出差错,这种支持就将消散了。

比兹利按照新南威尔士州分部对他提出的建议,在悉尼安下了家。他们希望这样做能导致一种全新的观念。有人感觉到,他身在珀斯实在离得太远,他需要开始以东海岸新一代"充满抱负的选民"的眼光来看待世界。他任命了新的工作人员,因为有人感觉到他听取咨询不够。同时比兹利致力于早一些推出政策,而不是将这些政策藏起来,用于选举活动本身。

然而,对他要改变作风的许诺一直存在着一种挥之不去的怀疑情绪。当他好像要退回去向原来的那个内部小组寻求咨询的时候,怀疑情绪高涨起来了。"这不是他所做的一件个别的事儿——当然除了维多利亚州预选之外——而是议会党团成员会议中的一个普遍的基调,"已经对比兹利的领导失去幻想的人中间的一位这样说。

维多利亚州预选——这是党员们必须选举出在下一次选举时竞选这个职位的人选的机会——正好发生在比兹利重获工党领导地位后一年多一点的时候。这一向是一个紧张的时候,特别对于在职成员来说。所有的政客都已经学会警惕和密切注视对他们的支持基础的蚕食,而特别小心提防的是那些坐在安全位置上的人。他们知道,对于他们的党内竞争对手来说,试图抢夺对某些地方党分部的控制,比起从对方手里抢来一个边缘性席位要来得容易得多。

在维多利亚州工党分部,有些党员注意到"洗牌"的时候到了。在某些分部,好几位新人突然在他们自己选区内部联合起来了。这只能意味着一件事:内部策划已经开始淘汰若干在职成员,代之以新的人选。

问题在于,有些自以为是权力经纪人的个人把他们的角色演过了头。由于某种原因,那些操纵洗牌的人认为,他们在若干选区中绝对有把握获得大胜。他们特别把目标定在前领袖西蒙·克林所坐的那个席位上。这样做,与其说是狂妄还不如说是愚蠢。其设想是不过是克林滚下台而已。

克林同比兹利一样,是前惠特拉姆政府的一名部长的儿子。然而,如果想当然地认为,他仅仅因为是一位工党贵族而当上了党的领袖,那就错了。他进行了反击,打垮了那帮子想动摇他的人。而且他不忘记。

比兹利一向试图在党内斗争中保持中立。几年之前,当他企图从洛厄手里夺取悉尼的席位时,没有出手适当支持他自己的参谋长迈克尔·科斯特罗。这一次他也没有介入。

然而,保持不偏向任何党派实际上是不可能的。比兹利表现出来的不参与做法使得事态离开他远去。看上去要么他确实不相关,要么还要糟的是,他在玩一场两面派的把戏。随着党内再次显露出剧烈的分歧,民意调查的支持率一落千丈。任何一位政治人物都是不愿看到内部的争论在每天的新闻中大肆曝光的。

莎士比亚在一部也可以用作踌躇满志的政客的指南的剧作中,透露了麦克白斯在即将行刺之前是如何思考的。"如果干完了就一切全成,那么最好还是赶快做,"这位苏格兰国王如是说。工党未来的刽子手们没有读过这个剧本(不过,为公平起见,必须说明,麦克白斯后来是不得善终的)。不仅是工党的剧作在媒体上演得太久了,而且阴谋者们更倒霉的是,推翻克林的企图没有成功。

如果另一位阴谋者最后决定冲着比兹利开火,这位领袖是不能指望从克林那儿获得任何支持的。

* * *

谋划小组是由政客和谋士们组成的一个紧密网络,每天在反对党领袖的办公室里开会。这些人确定将反对党的工作重点放在哪里,以便能够获得最大的收益—最理想的办法是制造一些反政府的故事,可以占据当晚的电视新闻,并且成为第二天报纸的头条。总之要造成一种势头,使得政府看上去像是快要完蛋了。

柯林·坎贝尔当时是比兹利的新闻秘书。他回忆道:"克文总是带着 10 个、不,11 个问题过来,而且每个问题都是深刻研究过的。真正推动辩论需要新的材料。他实在是孜孜不倦呀。"

另一个人对于这种热情高涨的努力有着十分不同的见解。"我只参加过几次这样的会议——我不是经常小组里的一个成员——但是我惊呆了。克文会带着长长一串问题。斯旺尼会提出 3 个适当的问题,而像史密斯等人则很可能会等着看谋划小组提出些什么,然后他再回去发掘出一点东西来。"

"克文总是拼命想出风头,"他说。

然而,这时陆克文的驱动力倒不仅是他一心想成为公众注意的中心。他念念不忘的,是导致后来以"AWB(澳大利亚小麦委员会)事件"而闻名的一系列可怕的政策失误。他感到政府毁掉了小麦业,因为它允许回扣继续流向萨达姆政权而不受到遏制。陆克文认为,政府应当因其行为而受到谴责。这件事是他的愤怒的集中点;不久他就把这个事件称为"小麦换武器事件"。他坚持说,政府构建起来用于自我辩护的理由陈述已经不攻自破了,因为外交部不肯向提出审查这个问题的质询开放其电子档案。他坚持说,这件事证明了三点:严重的玩忽职守,有意掩盖真相,以及对于澳大利亚来说也许更重大的是:使麦农和一般公众付出了沉重的代价。

然而,政府总是可以依靠上一次选举的结果作为它最终的防御物。至少这一点并不是谎话。"在上次选举中,工党在我的选区里的得票数是 16%,"唐纳宣称,一下子使得陆克文哑口无言。甚至外交部长偶尔也能将攻击的矛头转向吉姆·比兹利而予以狠命的一击。

"这位反对党领袖用了一个长达 106 个词的长句来描绘伊拉克的形势,"唐纳说,急切表明他把工党的抨击不当一回事,甚至有闲情来计算字数。"就这样唠唠叨叨、唠唠叨叨、唠唠叨叨:106 个词,"接着他把这个句话同亚伯拉罕·林肯著名的葛底斯堡演说相比较——唐纳说,这则演说全部也就244个词。

同在大厅那一头的唐纳的交锋继续下去。陆克文怒气冲冲地断言,政府是一种"鸡尾酒——一半是无能,一半是傲慢"。他无法容忍政府以它手中掌控的巨大机制对它缺乏远见行为进行粉饰的做法。"在五月份的预算中,"陆克文这次说:"没有提到财政枯竭,但是,哎哟,到了6月份,忽然出现了。"他看来对于没有要求政府就其未能预见事件承担责任而感到极度沮丧。

他通过仔细分析政府向科尔质询提供的有限授权,对这个调查澳大利亚小麦委员会事件的质询进行抨击。陆克文指出,"没有要求调查专员在有关部长们无能或失职的任何方面作出判定"。陆克文对于3亿澳元被漏到政府与之处于交战状态的独裁者萨达姆·侯赛因手里这件事大为恼火,详细列举政府所置之不理的多次警告。他查明政府在战争之前曾经收到过的25次具体警告,以及在"这起花哨的丑闻,这起澳大利亚历史上最大的腐败丑闻"被充分揭露之前的另外10次警告。

这次陆克文花了许多工夫发起的猛烈抨击并没有白费力气。尽管相对来说政府在民意调查中保持了不受影响,但是陆克文自己这一方现在可以清楚看出,陆一直是前座议员中能够逼迫政府退居守势的很少几个人中间的一个。他没有做到将对方击败在地,或者彻底征服哪位部长。但是,国防和贸易一向意味着是政府经常胜过工党的领域。陆克文渐渐地但以不可阻挡之势倒转了这种局势。他明显地表现出对于议会程序的娴熟掌握,取得了对于唐纳的优势。一种希望感注入了工党。一些成员开始了一场目的在于将他选拔进入领导班子的窃窃私语行动。"如果陆克文正在一个据认为是工党的弱势领域取得这种成功,"他们悄悄说:"那就想一想如果让他领导发起主攻会有多么好吧。"

在外面的大选区里,有些利益集团对于陆克文正在取得的成功并不那么振奋。独立议员彼得·安德伦说,在他的县选区里一些麦农对于策动陆克文的攻击的内在思想感到不满意。"我说他是个经济理性主义者,"安德伦说:"不过,如果他有朝一日能掌权的话,我希望他会变得更加灵活一点儿。他必须明白,我们需要公平贸易,而不只是自由贸易。"

"仅仅把澳大利亚小麦委员会事件打发掉对任何人都没有什么帮助,"安德伦接着说:"陆克文有个远远不止处理这些事儿的爱琢磨的脑袋。得靠着他对这个长期问题拿出真正的解决办法来。"

* * *

几乎从比兹利接任的那一刻起,有一位议员特别将领导职位的触角伸向了陆克文。他鼓励陆克文把眼光放得远些,不要仅仅仅停留在外交事务和伊拉克战争上。"他把注意力集中在战争和澳大利亚小麦委员会事件上。我说你得跳出来,了解地方上的党员们,"此公说。"跟他们聊聊他们正在干的事情,那样的话你会发现选区的情绪如何,"他这样忠告。"就跟他们一块儿喝杯咖啡,聊一聊。谈谈那边怎么样了,那样会使你很快掌握综合情况的。"

提出这个建议是出于好心,而陆克文看上去也是照这个样子接受了。然而,几乎可以肯定地说,到了这个阶段,他在政治上达到的精明老练程度已经远远高于这位议员一辈子能达到的了。尽管如此，陆克文甚至连这种天真的建议也予接受的这个事实，表明了他正努力要同议会党团成员会议的成员搞好关系。另一个人这样谈论这个阶段。"克文同一些被称为'下一代人'的其他人相比，看上去确实在作出更大的努力，与他的同事中的一个广泛切面保持良好关系。据我看来，情况很像是，那帮子人是在等陆克文在下次选举之后垮下来，那样他们就可以长驱直入来摘果子了。"

然而，并不是所有后座议员都注定会升到高位；把天上的星星摘下来不仅需要走访别人，跟他们聊聊。陆克文知道，如果他想达到多年之前就为自己设定的目标，需要做到三件事情。第一件是完全在他的掌控之下的。他工作起来谁也比不上，把百分之百的精力都投进去。然后，因为这样可能还不够，他会动用他的储备，找到所需要的那额外的一点点。陆克文还开始聚精会神建立关系网，而不仅是同后座议员们交往。但是，他仍然知道，仅仅有这种苦干和关系网的结合，还不足以将他推到党的领导的峰巅。这儿就是第三个因素——好运气——必须进入这个方程式的节点。

陆克文决定自己给自己制造好运。他确保做到，不管有什么好运临头，他总是立即抓住不放。但是他也明白，有的时候，是不能等着运气掉到你的怀里的。

一位基督徒议员（也是基督教团契的一名成员）开始鼓励议员们走访陆克文，坐下来喝杯茶，聊聊天。随着时间的过去，陆克文越来越肯定有些事情即将发生。他继续热情高涨地周历全国。不管哪位议员邀请他出席忠诚党员的集会并且发表演说，他都殷勤地予以满足。一年过去了。民意调查透露了比兹利的领导地位衰落的情况。

任何政客声称"只有在选举日举行的民意调查才能算数",只是把话说对了一半。一切都是为了这个唯一、短暂的时刻做好准备的。但在此同时,政治议程的信息来源于反映实际新闻的民意调查结果。只有那些"真实的"反馈才能用于追踪选区中所发生的情况。每当一位政客要做什么事情,他/她总要顾及民意如何。这是一种环形的反馈圈。政客们知道,因为有3%的容错率,细节是不可信的。但是民意调查可以以一定的准确程度测定选民们的普遍"情绪"。例如,注视"两党孰择"的计数可能对人们将会如何投票提供很好的指南。但是,看看一位领袖的满意率——或者更加具体地说,他们的不满意率——将提供真正的线索,表明是哪些因素可能阻止对于该党的支持。

这是比兹利不管去哪儿都不得不一刻不停背在身上的重负。他确实做到了比较迅速地稳住了这个党。然而他这架飞机老是在跑道上滑行着;无法起飞,离开地面。而当鲍勃·麦克穆伦在议会的申诉辩论中发言的时候,比兹利竟然得到了其来源令人想不到的支持。

麦克穆伦说,人们误读了民意调查的结果。"人们的看法是,霍华德一手遮天,我们无力竞争。错啦。完全错啦。人们形成了霍华德将会获胜的看法,所以他们通过这个棱镜来解释民意调查的结果。"作为一位精于分析民意调查结果的政治专家,麦克穆伦说感到,特别是新闻记者们对于就在他们眼皮子底下的情况视而不见。当然,他强调了"两党孰择"的民意调查结果,这表明工党在竞争中还是大有可为的。

然而,说这话的是一位老的政治专家——此公没有任何迫切的个人需要来动摇领袖的地位,或者以这种那种方式使得民意调查结果带上倾向性。到了周期的这个阶段,麦克穆伦感到工党很可能已经错过了改变领袖的机会。他试图通过支持比兹利来帮助工党。然而事态即将发展得十分迅速。

陆克文所投入的用以确定自己的地位的精力和工作之多,你怎么估计也很难过分。不仅是在党内,或者在澳大利亚广播公司的"早晨7点半报道"或"晚间频道"跟政治专家们谈话。到这个阶段,陆克文还是第7频道早餐节目的常客,以至于人们开始认为他无处不在了。

"存在着一个他让自己出人头地的过程,"一位同事坚持说:"完全靠的是那种孜孜不倦的苦干。后来想想,我感到花这么大力气不值得。可他坚持那么干。"

事实是,陆克文知道,主要选区里的选民常常不是从大版的报纸上获得新闻的。工党在莱瑟姆辞去议会职务之后,曾经在补缺选举时做过详细的民意调查。这次调查的结果结论性地表明,这些地区的人是从调频广播和第10频道那儿获得政治消息的。

甚至像悉尼的亲政府的《每日电讯》这样的小报的作用看来也被渲染过甚了。民意调查表明,这家报纸在推行一条具体路线方面做得太过分。结果是无人相信这是一个公正不倚的新闻来源,而是认为这份报纸不过是在"闹着玩儿"。读者看着觉得有趣,但是他们不相信它。一位经验非常丰富的政治分析家说:"尽管这家报纸达到低收入群体,但是来信版都被"右翼怪人们"霸占着。没有人认为这家报纸代表老百姓的意见。"相反的,这位分析家断言:"市中心的绿党主宰了大张报纸。你不能读到什么就相信什么。"

＊ ＊ ＊

"我认识陆克文大概已经有 10 年了,尽管我可以说我们是朋友,但是我不认为我们的私人关系很密切,"一位同事说:"从他处理一切问题的方式来看,他是个专业人员,他确实对于这类问题有真正的兴趣。他完完全全、一门心思地钻到这些问题中去,几乎把别的东西都丢开了。说不定,"他推测道:"这跟他很小的时候父亲就去世这个事实有点儿关系。"

另一位人士有稍微不同的看法:"如果你阻挡陆克文,嘿,那你就是个讨厌鬼,非被宰了不可。"

他的自我推销终于让他崭露头角的一次机会来了。鲍勃·卡尔说,是《悉尼晨报》的彼得·哈切尔写的一篇专题报道使陆克文脱颖而出。陆克文通过提出他有机会——哪怕是非常渺茫的机会——成为比兹利的竞争对手的想法,发起了进攻。他说他对自己抱着最高的信心,确信自己是能够带领工党走向胜利的最佳和唯一的人选。

造成改变的都是一些琐细的事情——在媒体上的频频亮相产生了势头,直到一下子一位政治家受到了人民的注意。卡尔记得,有一天一个人突然说了一句:"你的那个伙伴陆克文,"当他俩在车辆丛中滑行的时候他这样评论:"他在今天开车时间广播节目中的谈话可真棒啊。"卡尔把这句话反馈给陆克文。"你接受的全部采访,"他说:"让你的声名大振。"陆克文的反应是更艰苦的努力,进一步地鞭策自己,以及拼死拼活地苦干。

在全国到处旅行;殷勤博取媒体好感;在议会工作;维持选区对他的支持——哪一个是真正的陆克文? 很显然,什么是他工作的动力是理解这个人的关键。"陆克文不是为了能达到权力地位而什么事都肯干的那种官僚政客，"他的一位支持者说。"克文不是那样的。首要的是，他是在为党做事。"

他的工作团队表现出完全的敬业精神和出色的专业作风。这种支持使得陆克文可以在全国穿梭来往，培养别人对他的认可。

＊ ＊ ＊

如果有人曾经制定过一项从比兹利手里夺取工党领导权的详尽计划，那么他们无论怎样也不会比陆克文做得更好。方方面面的工作都做到了。他能够以他在议会中对于他的具体职务——外交政策——的完全了解，用几句话简述他的职务。他通过在大张报纸上和澳大利亚广播公司节目中亮相在"舆论制造者"中间建立起他的资格。"软性"媒体（特别是在"日出"节目中的露面）使他受到一大批普通选民的注意。

万事俱备，独缺的就是建立起更加广大的听众。陆克文需要为自己创立谈论国内社会问题的形象和能力。前面已经提到过，莱瑟姆和比兹利都曾经拒绝让他担负财政方面的影子职责。这样做的原因应该是清楚的。财政主管作为管钱的人，可以说是百事有份。这意味着，干这个职务的人可以相当合法地涉及若干种职能，时不时（使有关的影子部长十分恼火地）来插上一脚。

陆克文必须想办法为自己开辟出一个空间，在国内政治议程中发表他的意见。"家庭第一"在上议院中的取胜是对于工党的一种明显威胁。在悉尼北部海岸的帮助自由党的"福音派选票"也是如此。保守派将信奉基督教的选民们当作抵押品的设想是一个需要予以解决得越来越大的政治问题。陆克文决定迎面处理这个难题。

干这个事有几种附带的好处。首先，任何人都无法质疑他的基督徒的资格，他的信仰在这场战斗中就是它本身的甲胄。其次，这个地盘是空旷的。陆克文不会在任何方面得罪工党，或者突然在他的身边引起任何有关划界的争议。最后，很可能是最重要的是，这些是直接影响澳大利亚社会的一个重大的社会问题。陆克文通过在这些问题上清楚表明他的看法，是在强调他担任领袖的资格。对他来说，这并不是一场学术辩论——这是一个紧急、重大的问题。

陆克文一开始对基督教版本的从政方式作了一番考虑。他在新南威尔士州大学的新学院发表演讲。也许意味深长的是，这里不是受到天主事工会影响的校园宿舍大楼。他在演讲中，一方面试图为在政治中利用宗教价值观进行辩护，但在此同时，质疑有些政客仅仅是将基督教用来作为赢得选票的幌子而已。

"如果不允许教会参与关于价值观的大辩论，"他对着一群很能听得进他的话的听众宣称："那么我们真是来到了一个非常奇怪的地方。"陆克文改而概述了他自己的宗教参与模式。他强调说，圣经既有精神的方面，也有社会的方面。"如果说，这是一种社会的福音，那么它部分也是一种政治的福音，因为政治是社会用以选择行使其集体权力的方式。"

这个说法创立了教会在政治领域的重大作用。陆克文坚持说，不可能有一种"在政府面前确定每一项社会、经济（或其他）问题的自动化数学公式"。尽管如此，他认为，那些希望在政策辩论中插入他们的看法的基督徒，是能够发挥重大和必要的作用的——不过有一定的限制。

"有时候,你在广大的基督徒社群中会遇到这样的看法,即不管在什么事务中,都应当让基督徒对政策的观点占据优势。我回答说那样很好,但我们不是生活在神权政治制度里的,"他论述道:"我们生活在民主政治制度里,从定义上说,这是一种世俗的制度。如果你想要一种神权政治制度,那么你是晚生了几个世纪。但是,如果你想生活在一种世俗的民主政治制度里,那么你处于一种可以提出争议的政体之中,看法是通过投票箱过滤出来的。"这个论点是设计出来让党内的许多不可知论者和无神论者放心的。

凭着这个论点,陆克文阐明了他自己的立场,使之同广大劳工运动的论点相协调。换句话说,宗教观点对于引导个人是必要的。然而,社会不是用圣经来治理的,而是通过一种民主的政府形式治理。事实上,他还指出,宣称信仰上帝的澳大利亚人数已经减少到只有 70%,"尽管走向线一直是朝着一个方向的"。以这个方式,陆克文可以证明他的基督教观念是合理的:希望这种观念能够获胜,但是如果不能获胜,他也能接受结果。

陆克文坚持认为,必须对自由党提出挑战,以避免他们宣称教会是一个"全资拥有的下属团体"。

接下来,陆克文选择了为《月刊》杂志写了两篇文章,表明了他通常在安排场合时的仔细态度。他在合适的政治空间与合适的受众进行了接触。这份杂志受到一群进步读者的欢迎。他可以同勤于思考的人接触,让无神论者们放心,他不是某种劝人入教的福音传道者,而在此同时,吸引了那些要求政治生活具有宗教层面的基督徒。

也许更加重要的是,这份杂志发行面很广,但是发行量不算多。他写的这两篇文章的大部分影响,恐怕仅仅是因为他肯费心讨论这个问题。许多人并不了解陆克文一直想作出什么样的确切区别;尽管如此,他们对于他试图参与辩论而感到赞赏。

维多利亚州的资深工党政客,党的元老约翰·布顿是读过这两篇文章的人之一,他在第一篇文章刊出后写信给陆克文。他说:"这篇文章将对你和工党有很大的好处。"他语气肯定地说,作为一位人道主义者,他无法在陆克文的立场中找到任何瑕疵。"这篇文章坚持了某种同笼罩澳大利亚社会的乏味、野心勃勃、个人主义的特质恰成对照的某种东西,"他说。后来,当陆克文成为党的领袖之后,布顿对他大加赞扬。"出现了注入这个党的某些新的感觉,"他说:"一种认为它将获胜的感觉。"他感到遗憾的是加文·奥康纳是"堪培拉最后的一位农民工党党员——但是至少陆克文是一位农民的儿子。"

布顿认为,至少陆克文清楚地阐明了一种未来前景。这同过去成为巨大的对照。"在陆克文和吉拉尔德升上去之前,我是不会投他们的票的,但是这两位的搭配能够解决问题。有了一种工党会获胜的新感觉,"他重申。

2006 年 10 月的最后一天,陆克文主持了耶稣会神父弗朗克·布伦南写的书《凭良心做事》的发布会。陆克文决定做这件事,表明了他将通过宗教和社会辩论确立他自己的道路的方式。前总理保罗·基廷有一次曾经指责布伦南是一位"多管闲事的牧师"。这个说法很可能是暗指英国国王亨利二世曾经讲过的关于坎特伯雷大主教托马斯·贝克特的话。不久之后,这位牧师就被国王的骑士谋杀在他自己的教堂的圣坛前面。

卫生部长托尼·阿博特——他也是一位公开的基督徒——也参加了发布会。在此之前,他曾经指责过陆克文企图"在教堂会众中招兵买马";但是,辩论不是按照政治路线持续下去的,而是集中在基督徒个人怎样参与公共领域的问题上。这是一个陆克文做过大量考虑的问题。

布伦南注意到,"最近担任这个国家的最高政治职务的那些人曾经叫宗教人士别插手"政治辩论。布伦南究竟要说些什么谁也无法确定,因为形形色色的政客首都讲过同样的话——尤其是当他们掌权的时候。他说,他写的书是"关于在法律和政策问题的公共商议中,在会议桌旁给予宗教一个适当圈定的地位的一项请求"。布伦南希望他"已经订下了平等适用于我、希拉利教长和圣公会大主教阿斯平纳尔大主教的参与规则。"

陆克文说:"澳大利亚的开国家元勋们认为应当在澳大利亚把教会和国家分开,这是完全正确的。"但是,他认为,这并不意味着宗教不能对政府有任何影响。"其用意是,在澳大利亚不得有任何公认的宗教作为国教,"他说。基督教从来就不是一种私人化的信仰,而是提出了"从生命的神圣性直到全心致力于社会正义和正义战争教义这样一系列的社会学说"。然而,在议会的论坛上,陆克文忍不住对托尼·阿博特发出了暗讽。"指责我想在教堂会众中招兵买马"是无的放矢,他说。上帝"既不是自由党、工党,甚至也不是家庭第一党"。

然而在政治方面,信念固然是成功的基石,但要依靠其本身帮助一个人登上领导职位永远是不够的。需要的是在议会做好扎实的工作、一种与各种观念交锋的能力,以及最重要的是,同其他成员的良好关系。

2005年9月,陆克文的基督教团契同事奎克因患肺炎被紧急送往医院,置于特别护理之中。第二天一早,陆克文正要走进办公室的时候,拦住了奎克的一位工作人员。"他阅读哪一类书?"陆克文问道。陆克文走进他的办公室,开始在书架上翻检。他拿下一本书,考虑了一下,接着拿下第二本,然后把这些书都坚决地塞到奎克的工作人员手里。"我走不开,没法去看他,"陆克文说:"要干的事情太多;简直去不了。可是,拿着,把这些书带给他。你认为他会读这些书吗?"

当时,奎克是议会基督教团契的秘书,所以,选了一本题为《美国教会史》的大部头的书,尽管没有什么稀奇,却也不是一个令人惊讶的选择。然而另一本书正好符合奎克的反战胃口,写的是美国在伊拉克交战的失败。"哈利收到这件礼物高兴极了,"传递书籍的那位工作人员说。

在此以前,奎克曾经向陆克文指出一直太专注于政策的危险性。"来自他出身的那个背景给了他惊人的动力,"奎克说。尽管如此,他认为陆克文必须摆正他本人的信念同对别人的了解的位置。

"宗教是一块磐石,"他说:"它能够向你提供道德方面的指南,不过它不解释别人的动力是什么。"他接着说:"要协调你的行动,你得找到一个宗教的基础,然后阅读哲学大家的著作,最后将一切都纳入一个框架。人们支持你,是为了你这个人,而不是为了你的政治信念。"他说:"然而接下去要做你的选区的工作,而且要努力去做。"

陆克文正是这样做的。

第 8 章

危机 *2006.12*

> "自从 2005 年 1 月吉姆·比兹利回到领导岗位以来,我一直支持他。我的立场没有任何变化。我继续支持他担任领袖。我像全体工党党员一样,正在尽力于选出一个联邦工党政府。"
>
> —— 陆克文:2006 年 11 月 21 日

在莱瑟姆辞职以前,比兹利开始积极竞选领导职务的时候,他曾在一名吉拉尔德的支持者的电话上作过这样一则留言。"这是他第一次跟我说话——甚至是他第一次费心试图同我联系。他说,'我知道你不会投我的票,但是请注意,这次的情况将会不同了。'好,我想,咱们瞧吧,花豹能改掉它身上的斑点吗?"

"我听到过吉姆当时没有听取的建议,"后来帮助推翻这位领袖的人中间的一位说。他犹豫了。"我知道那些话是谁说的——但是,那基本上不是真的。"

问题在于,不管吉姆·比兹利怎么苦干,却都没有在他个人的民意调查数字上反映出来。他在第一次担任领袖的时候,他在民意调查中有异常健康的赞成率。鲍勃·卡尔指出:"我以前认为,如果我得到 44%的支持率,我会感到我这个反对党领袖当得相当之好。接着,支持率会再次跌到 38%或39%。你处于反对地位时,支持率总在这么个范围内。但是在 1998 年的时候,吉姆的支持率上升到 50%,那已经是非常、非常高了。"

即使在目前,同澳大利亚全境的州反对党领袖所取得的成绩相比,这些数字也是高入云端了。遗憾的是,对于比兹利来说,在他第二次担任领袖的时候,这种良好的民意调查成绩再也没有重现。澳大利亚人似乎已经向前跨进了,即便工党仍然停留在过去。

新闻记者们仍旧认为他看上去还是像从前的比兹利。他们认为他的口气也仍然像那个老的比兹利。然而,当他试图改变的时候,新闻记者们就群起攻击他。"那不是我们的比兹利,"他们想。"他是在企图装成他不是的那种人。"

"他没有能够冲过去的原因,"鲍勃·卡尔说:"是政治交流方面那些难以评估的因素之一。如果 1998 年的时候他担任总理——他是有资格担任的,因为他获得了多数票,我认为这个国家会变得好一点。但是历史是无法改写的。"一位联邦议员说:"真正的问题在于,每个人都认为他们已经认识他了。他们认为他们以前已经听到过他要说的一切。每次他晚上在电视屏幕上出现,他们的头脑就关上了。"

有些工党议员仍然对于缺乏进展感到沮丧。"吉姆像是一支农村足球队里的一位逼攻争球队员,"一个人说:"他踢得非常之好——他可以到澳足联里去踢。但是,每当球队出征,你无论如何得指定一位球员在他耳边提醒他,让他'对准焦点'。那样实在不太好。"

大家的感觉是,比兹利已经变得像个被幽禁的人了。"在这个地方待上 15 年,你就会变得这样,"另一位工党党员一边扫视着他在议会大厦里的办公室,一边这样说。"你看到他,就像是看着一个在监狱里消磨生命的长期监犯。吉姆实际上看上去还是可以的,"他接着说。糟糕的是,党的其他成员已经丧失了原谅人的能力。他们迫切需要取胜。"吉姆也许曾经是一位罗兹学者,可是恐怕那就是问题的一部分。他已经忘记怎样同人们谈话了。"

罗马作家普鲁塔克引用政治家兼将军法皮尤斯·玛克西穆斯(此人因拉塞尔·克罗在影片《角斗士》中的表演而变得出名)的话说:"一个人由于人们的舆论而被偏离自己的道路,表明了这个人不适合担任职位。"然而现代政治并不是这样的。基调是由其他人的印象所确定的。

民意调查对于确立在政治辩论中的主导地位是十分重要的。民意调查受到整个政治阶层非常仔细地注视:不仅是政治家们本身,而且还有那些靠政治吃饭的人—幕后人士和政工人员。"任何人都不想当失败方的一个成员,"一位密切观察的人说:"他们的未来安危也系于此。人人想当胜利者。"

对于民意调查的解释有许多不同的方法。最简单化的(因此也是传媒往往着重的)是两党夺选的结果。每个人都愿意告诉你这意味着什么,因为这个办法容易理解:有一个赢方,还有一个输方。民意调查似乎总结了选民们(或至少对于问题作出反应的人)对于各政党的感觉。民意调查确实以它自己的方式这样做了。但是,这样做并不使得这个调查结果对于那些想改变其结果的人有用。

这些人发现,问题相当一般,并没有告诉你你需要知道的东西,也就是为什么会这样? 又因为民意调查(通常)是在一个特定的周末举行的,等于拍摄了人们有些什么感受的快照,而不是一种对于选民的不断变化的情绪的长期性显示。然而,专家们利用民意调查的方法却与普通传媒消费者们大不相同。党的工作者们通过深入挖掘结果,可以发掘出对于许多幕后决策具有关键性的信息。

报纸民意调查提出的一个问题是,人们对于某个党的领袖的满意程度怎样。内行的人是不会费心去将总理同反对党领袖作比较的。这个数字是有用的,但是在试图弄清哪个人适合领导这个党的方面并不是最重要的。要完成这个任务,重要的数字甚至不是对于某个领袖满意或者不满意的人数比例——而是这两种结果之间的差数。如果满意的人数比不满意的人数多,那么这个差数是正数。如果一位领袖引起不满的人数比满意他的人数多,差数就会变成负数。负数总不是一件好事,但如果数量不多,实际上关系并不大。然而,当差数达到负10%或者更糟的时候,形势就变得危急了。如果差数停留在这个数位上,领袖就需要维持生命的措施了,并且有可能面临只要有一点挑动,他的党就要跟他翻脸的局面。

比兹利刚接任莱瑟姆的领袖位置的那会儿,报纸民意调查报告说,40%的人满意他的表现,22%的人不满意,使得他有18点的差数。到2005年4月初,人们再次对比兹利担任反对党领袖感到惬意,差数达到了24点。那些支持把比兹利作为团结全党的明显选择的人感到事实证明自己是对的。选举之后不到一年,以及他接任领袖职位之后才几个月,一切看上去都很好。然而,事实证明,这是他在担任领袖的第二个任期中能够做到记录在册的最好的数字。

到了同年的7月初,比兹利第一次滑进负数领域。问题在于,差数不是稳定下来,而是继续暴降。到8月底,尽管比兹利仍然能够做到吸引32%的满意率,但对他的表现不满意的人数上升到50%。出现的关键数字是一个灾难性的负18

的差数。这个数字稳定下来了，但是没有改变方向。那年其余的日子里，差数在负 16 上下波动。

投票支持工党的人可能热爱过比兹利（而且当他出门到大卖场走动时可能仍然会同他拥抱），但是老党员们还记得惠特拉姆的领导对于工党的影响。在 1975 年的灾难性失败之后，惠特拉姆仍然担任党的领袖，接着，在 1977 年下一次选举中，工党在他的领导下经历了另一次惨败。尽管党的忠诚分子永远不能原谅弗雷泽阻碍支持，仍然热爱他，但是澳大利亚的其他人绝对没有任何兴趣再给惠特拉姆一个参政的机会。只是到了 1978 年他退休的时候，反对党终于开始收回失地。

鉴于有这样的背景，比兹利能够做到在领袖位置上待得这么久，是令人称奇的。不久，负 16 的差数看上去还不算太糟了。2006 年 3 月的第三个周末，差数达到负 33。4 月份，差数降低到负 35。满意率并没有降低得很多；问题在于人们越是想到比兹利，他们越是确定他们不喜欢所看到的现象。在 4 月初的民意调查中，26％的人仍然说他们满意比兹利的表现。不过，到那个时候，不满意的人数已经增加到接受民意调查人数中高达 61％的数字。

比兹利的团队对于内部对这些数字的强调感到异常愤怒。"这些人应当学会实际上怎样看待这些数字，"他的一位支持者说。"这些数字并不反映某人是否将会当选。重要的是两党孰选的结果，而不是领导职位，"她尖锐地说。这一点一直是比兹利的论点的核心。

然而这种说法不能使怀疑者们信服。这个连续不断的符尾确定了这个政治乐谱的背景音乐。没有必要在详细数字里兜圈子；只要这样说就行了：不仅是陆克文，更具体地说是那些其后同他来商量领导位置问题的人,都按照这种不断的绝望鼓点定下了他们的调子。差数在2006年4月一落千丈之后确实有所回升,但只不过是略有回升而已。负差数从来没有改善到负15以上,却常常在负20好几一带徘徊。会解读民意调查的人感到好像是在刀割他们的手腕。

但是,另一位比兹利的支持者指出了问题的真正症结。"他不仅是民意调查的成绩不够好。就这样。他老说,'但是我仍然会在选举中得胜。'是没有用的。比兹利在党内有几个真正的敌人,他们绝不会放他一马的。"

而且这还不是人们唯一体验到的沮丧感。慢慢地,比兹利好像变得离人们更加远了。有些政治家们感到,他又一次被一小伙顾问所包围,他不像他需要做到的那样公开坦白了。有一位反对者把这伙人称为"七人秘密党";其他人则用了老的词语:"抓权的家伙"。他们感到没有作出足够的努力,让其他人也参与意见。

在议员中越来越滋生出他们正在被推入另一种平庸的结果的感觉。不少人喜欢比兹利,但是人们总是感到,不知怎的,他做得不够。

"吉姆指出他作出改变的方式,但是现实世界的每一个人都耸耸肩膀,"一位议员说:"他们没有把他的话听进去。"渐渐地,产生出一种(不公平的)看法,认为他并没有制定出任何新的政策,也没有任何新的话可说。批评者们指出,他在卫生方面没有制定出一整套新的办法,或者说他没有制定出一种"工党式"的处理经济的方法。

比兹利看上去还是无法"冲过去"。

"悲哀之处在于,尽管人们老是谈论和批评吉姆废话连篇,其实他的语言是尖锐得令人惊异的,"来自新南威尔士州党的右翼的一位议员汤姆·伯克说:"问题在于,公众已经不再听吉姆讲话了。政府的泼污水运动奏效了。你的出发点不得不认为公众是正确的。起因就在这儿。"

"我上议会这儿来听吉姆演讲,认为我们是会成功的,"他接着说:"然后我到选民中去,但是他讲的话根本没有人听。"

"我们在过去的理论一向是,我们有我们关注的事项,他们有他们关注的事项,"汤姆·伯克说:"我们的事项是卫生和教育,他们的事项是经济和国家安全。但是这意味着,我们必须让公众相信,使我们进入政府的都是对于我们所关注的事项的看法。这条策略总是错误的。"

"公众永远不会相信一场选举会同经济没有任何关系,"伯克说:"如果你撤出某些事项的领域,你就丧失了基地。"

"另一个重要点是,人们注意到,约翰·霍华德已经开始改变了,"伯克继续说:"这一点为我们开辟了一个机会。在所有其他选举中我们都说,"他是一个 20 世纪 50 年代的人。"这里有个关键性的问题。我们这是在告诉人们,他们在过去四次选举中都做错了,这是一种非常傲慢自大的处理选举活动的方式。"

"现在,这个论点的真正力量在于这是一句真话。他已经改变了。这是政策的锋芒所在,而且最近几次他开始犯错误了。"伯克不想直接提到年龄问题,不过这他的言外之意。"他可不是当初人们选出来的时候的那个家伙啦。"

其后很久,在陆克文当上领袖之后,伯克又说出他的另外一个想法。"当政府试图在当前问题上攻击陆克文的时候,他们表明了他们将不参与关于未来问题的辩论,"他说:"这是一个很大的错误。"

＊　＊　＊

比兹利的后座议员感到坐立不安。

"这是一些严肃的人，"一位政治家说："一个人不是靠血气冲动就去搞政治，做所有这些工作的。个人付出的代价太高了。一切都是出于核心价值观。"他越讲越激动。"做这个工作最要紧的是你的信仰所在——来到堪培拉绝不是为了在舒服的座位上坐下来，因为不是这么回事儿嘛。我们必须作出变革。"接着他讲出了无可争辩的事实："在反对党的议席上是无法作出变革的！"

这位政治家接着说："我们决不能梦游般地闯进又一场选举大灾难。这不是什么业余聚会，每个人都有机会来唱一支歌。我们不是在玩一场中产阶级的客厅游戏。这是在决定未来。"

这是作为必须把比兹利赶下台的理由所提出来的结论性论点。但是光凭民意调查还不够。怒火终于在似乎证明反对领袖有理的一个问题上凝集起来。怒火的爆发发生在一场预选的斗争中，当时，维多利亚州的右派将矛头对准五名在任议员。右派们不满足只赶走一个，而是企图一举扫除五人中的每一个，包括工党的前任领袖克林。另一位维多利亚州议员在事后分析这场痛击的时候说："右派们做得太过分了点儿；这是个战略错误。"

据比兹利阵营里的一个人说，西蒙·克林一向不遗余力反对这位领袖。"他是个非常、非常顽强的人。他就是不肯放弃，"这人说。然而这只不过是一种看法，受到其他人的强烈反对。"他完全是在玩合纵连横的游戏——直到预选为止。他的对手们低估了他,那是个愚蠢得出奇的错误。"

另一位同事说:"西蒙从来就不善于强制实行;说不定这就是他们跟他对着干的原因。记住,他出身于工党的上层阶层。是个完完全全的正派人。"

克林本人说,他确保自己在预选_____之后,打电话给比兹利,最后试图游说达成一种和平局面。

尽管如此,虽然上面是一些经过_____媒放大了的噪音,真正的行动却是在别的地方发生的。这个行动已经进行一段时间了。

＊ ＊ ＊

2005 年末,工党的新南威尔士州书记马克·阿比卜委托进行了一些特别的定性民意调查。这样做的目的是想了解那些问题是人们所真正关心的,以及哪些东西可能改变他们在下一次州选举中的投票。以这种方式,新南威尔士州政府可以在这些问题闯入政治议程之前就开始处理它们。投票选举还早得很,所以还有充分的时间采取行动,化解任何重大的问题。

按照通常的做法,在讨论的末尾附加了几个有关联邦事项的问题。这些问题并不完全是一种事后的思考,但是它们确实不是用于推动研究的。基本上,党感到,如果它真的打算进行焦点小组研究的话,它最好尽量深入地探测人们的态度。然而对于这些问题的回应是爆炸性的。

事实很快变得十分清楚,选民们已经对比兹利说的任何话失去了兴趣。有两项发现尤其像灯塔一般照彻夜空,照明了不利因素。第一,他们感到这些话他们以前都听过了。再进一步探查的结果是,选民们其实同意比兹利所主张的许多东西。问题在于,每当他们看到他在电视屏幕上出现,他们就让头脑停机;谁也不去听他讲些什么。第二,每个人都感到他们认识真正的吉姆,而且大部分人喜欢他。然而,看着这个"新的"比兹利——一个怒气冲冲、咄咄逼人的人——使得他们感到心烦。他们感到,这不是他们所认识的那个人,他们不喜欢他们所见到的那个人。富于讽刺意义的是,他们是在对比兹利所采用的,用以表明他是多么渴望当上总理的一种形象作出负面的回应。

阿比卜对这个信息进行了深刻思考。这是来自焦点研究的最为强烈、最为一致的信息。从它在州政府的前景方面有任何重叠情况的限度来讲,这份材料是没有用的。但那并不是阿比卜决定要做一些事情的原因,他之所以采取行动,是因为他感到担心。

到 2005 年 11 月,他的思考成型了。当时,他处于一种困难的局面。他年纪还轻,而且解决这个问题并不是他的责任——应当由议会党团成员会议来作出决定。

最后,他决定,他不能向那些应当知道这个情况的人隐瞒情况。到 2006 年 2 月,向新南威尔士州的联邦工党成员通报了民意调查的结果。阿比卜小心做到确保不走漏任何消息。这些民意调查结果从来没有在任何媒体上刊登出来,而详细情况被严格地保密。然而,终于不可避免地透露出来的,是工党这个最大的支部的变化中的情绪。这年初议会开始开会后不久,比兹利意识到,他不再能够依靠新南威尔士州的一个坚定的支持核心了。他们对于领导位置的投票恢复忙碌起来了。

　　这个派系以前一向是作为一个相对纪律严明的集团行动的。由于这一点,它在对于任何新领袖的投票会有些什么结果的猜测中拥有举足轻重的人数。此外,它代表了吉姆的支持基础的第一条裂缝。裂缝很小,只是靠着猜测得以生存。没有任何东西可以追溯到任何幕后策划者—这些人在这个阶段只是在谈论而已。然而这是信息最初来源的地方,党内的大部分人可以推测出什么事情正在开始发生。这种谣言意味着两件事:比兹利必须收起他那套把戏了,而且他只有不多的时间来做这件事。

　　这个定性民意调查所透露的另一点,是选民们对于陆克文感兴趣。他们并不太了解他,但是他们对他们所看到的那一点点东西似乎很满意。他是作为一位保守派走过来的——绝对是一种不构成风险的人物。与莱瑟姆之间的对照是不言自明的。然而还不止这一点。焦点小组认为他看上去“不错”,并且他清楚掌握细节。他们喜欢这样;这是一位讨论他显然了解的东西的政治家,他们感到。人们认为,如果他对外交事务有所了解的话,那么他也能够处理经济和其他问题的。

　　今天,当被问到是什么东西使得人们改变了对陆克文的看法时,阿比卜说,“这个问题容易回答——是‘日出’节目。这证明了他能够与一群听众建立联系。同样重要的是,在政治的两翼,再也没有比他工作得更加勤劳的人了。”

　　阿比卜意识到,赞许的意见来自那些其实根本不了解陆克文的人。在这个阶段,他们只是对这个人略有所知。陆克文的非凡的工作量确保了人们有更多的机会对于他领导这个党的能力进行评估。

这时的领导层运作得十分有效；这要归功吉拉尔德。她能够吸引众多的选票，但还不一定能够达到取胜所需的数量。为了获胜，她需要彻底背叛比兹利的阵营。然而，这批人中间没有一个打算在她的手下担任第二小提琴手的角色。陆克文在 2005 年初就作出了这样的决定，当时他拒绝支持她同比兹利竞争领袖职位。

吉拉尔德不得不长久而勤奋地考虑怎样才能符合党的最高利益。那些见过她在 2005 年企图成为领袖，后来又想当副手的人，认为她是受到个人野心的无穷驱使。这个想法使得每个人看不到她也能作出利他主义行动的可能性。

2005 年末，正当比兹利最初在民意调查中摇摆不定的时候，一位吉拉尔德的支持者同一位知名的陆克文的拥护者进行了联系。此人是个独行侠。他提出来这两个人可以联手行动的假设想法。在这个阶段，任何一方对这个前景看上去都不感兴趣，即便陆克文同她在党内搞好关系将会决定性地改变选票的数量。

当时没有参与任何此种交易的另一位政治活动者后来对我说："你可以把这段时期称为'青年克文的受教育时期'。他不是那种一眼看上去同诸如新南威尔士州联盟的约翰·罗伯逊那样的人有许多共同点的人。但是看起来他已经决定他必须扩大他对世界的看法。"

事实看上去确实是陆克文不只是扩大他的人际关系的范围，而且还要扩展他处理政策的方法。他被迫到那些他本来连话都不会跟他们说的群体中去寻求支持，对他来说是一件好事。所有这些做法具有扩展他的眼界的效果。他不再单单依靠他在过去使用的通常的详细学术分析，而不得不将真实的人和他们的需求纳入他处理问题的方法了。

要弄清这些改变对于确定他的总体政治方向具有多大的意义还为时过早。然而有一点是明确的：互相交流始终是至关紧要的。"你会总结出来，他的最初的方法是非常不自然的，"一位参与的人说："但是陆克文在学习用他的心来思考。"

＊　＊　＊

至少到 2006 年中期为止，主导小组的态度仍然有些举棋不定。新南威尔士州右翼还没有正式表态支持陆克文，而吉拉尔德也还没有倒向他。有些事情得加以推进才是。

由于吉拉尔德是左翼的一名成员，一种地下的谣言悄悄地传向国外，说是她正在打算在 2007 年的选举之后改换门庭，倒向右翼。不管这个说法有多少真实度，其潜在目的无疑是将吉拉尔德描绘成不过是另一名不讲情面的政客。如果谣言被人相信的话，那就表明，她成为澳大利亚第一位女总理的算计是压制不住的。任何人都不可能想像这样一个人甘于在陆克文手下长期担任第二把手。这个谣言的用意是破坏这两位年轻竞争对手之间任何潜在联合的团结。

随着 2006 年渐渐过去，她决定将获胜置于个人雄心之前。她对于工党在下次选举中可能失败的前景也感到非常关切。她参加议会不是仅仅为了提出一些问题，或者坐在那儿，眼睁睁看着一个政府（她对这个政府的观念形态几乎有一种出自本能的反感）将澳大利亚社会的结构撕得粉碎。吉拉尔德决定与陆克文同甘共苦了。

要组成一个联盟，需要做的事不仅是商定谁愿意当副手。这意味着要一起坐下来研究是否能够将政治观点调整一致。

近来对于政治的解释集中在这样一个观念,即只有一方能够获胜,另一方则必须绝望地淘汰出局。但是,这不是陆克文和吉拉尔德最后坐下来讨论各种问题的方式。对他们来说,政治的艺术变成了谈判的艺术。不过,首先必须就一场讨论的条款的参数作出安排。

富于讽刺意味的是,一位昆士兰州自由党人迈克尔·约翰逊认为,陆克文和吉拉尔德结成联盟是明摆着的事,因此他当时在议会里谈论这件事了。

"他有宏图大志,是一位战略思想家,"今天,约翰逊这么说:"人们和他产生共鸣。我在讨论中国问题的会议上看到他,鲍勃·霍克正在向大伙儿介绍他,说他是工党的一位未来的领袖。我感到惊讶的是竟然等了这么久,"他接着说:"他渴望之极,拼命想当总理。不仅要当临床式的总理,还要当法医式的总理。"

一位没有参与任何这类活动的工党政治家也说,两人结盟是显而易见的。"伙计,这样做所需要的关键事项在于吉拉尔德必须了解她是不会获胜的。她花了比她应该这样做的时间多两年的工夫才了解到这一点。"

"在那一天末尾,没有任何选择可以作出。那是一场只有一匹马的赛马,"乔尔·费茨吉本说:"我的猜测是,朱莉娅看清楚了,尽管她有初选最多的单人票数,但是要在投票中胜出,这个数字是不够的。同时,她清楚知道,出现那种样子的一决雌雄,对于议会党团成员会议来说,不是健康的现象,"费茨吉本补充说。

一切都归结到两个关键性的因素:选举和时机的选择。迟至2006年5月,即使有新南威尔士州的右翼支持他,陆克文还是没有能力战胜一场挑战。而且当时只有一次短暂的改变领袖的机会——也就是夹在 11 月份的维多利亚州选举与新南威尔士州选举之间的那个短暂的阶段。

"对于许多人来说,要离开吉姆是非常困难的事,"阿比卜指出:"每个人都知道,如果他在 2007 年初仍然是领袖的话,是不可能有再出现任何不稳定状况的余地的。"

陆克文单独一人是没有多少票数的。他需要吉拉尔德。这个做法发生在干旱的冬季开始笼罩这个国家的时刻。吉拉尔德从来没有明显地对陆克文表示过好感,这次会对他表示好感看起来是不合情理的事。在思想体系方面,这一对最初似乎没有什么共同之处。他们必须找到共同的立场。问题在于,这次结盟会不会是出于政治需要而促使两人达成的一种被迫和令人难受的妥协呢?

找出来的唯一方式是谈话。两人都在 1998 年当选,但是他们俩的相似之处看来也就到此为止了。陆克文来自右翼,吉拉尔德来自左翼。陆克文仍然在某些方面自认是一个来自农村的昆士兰人;吉拉尔德则比较熟悉法院和中心市区。他已经结婚,有了家庭;她还是单身,没有孩子。作为前座议员,他俩争辩过。"他们俩谈话的时候有一种硬装出来的礼貌,"她的一位支持者如是说。

也许令人惊奇的是,从他们俩开始"搭上线"的第一次会晤起,吉拉尔德就决定将会谈向她的工作人员保密到最后一刻为止。说不定没有人比一位花费了大量时间和精力来支持吉拉尔德的雄心的一位工作人员对于陆—吉拉尔德"候选人名单"的出现更感惊愕的了。"我不知道这个情况怎么会发生的,"此人说。

另一位参与此事的政治家质疑这个说法。"别忘记,这些人是专业的谈判家。当然每个人都想赢。但如果你不能安排出你的全部议程,不表示你就会双手空空回家去。不仅仅陆克文工作勤勉、冷静务实、富有经验。朱莉亚也想在政治中真正有所收获。他俩有许许多多的共同之处。"

这两位政治家达成了一项协议。吉拉尔德将收敛起她当领袖的雄心,排在陆克文后面;她做好准备以他的副手参加竞选。然而仍然没有一个空缺出现,陆克文知道,他必须小心行事,在等待机会敲门的时候不得罪他的新的支持者们。

现在,陆克文—吉拉尔德合伙公司要取得成功,有三个因素是关键性的。首先,陆克文不能被人看成仅仅是为了把比兹利赶下台而把他赶下台的——这位领袖必须自行倒台,要么是犯下一个重大错误,要么是犯下足够数量的小错误,从而使得他的判断力和全部的取胜能力产生疑问。

其次,有必要确保这两位竞争者能够立即提出一项同比兹利所采用的议程明显不同的议事日程。吉拉尔德和陆克文都了解,人们不仅仅是通过民意调查来评判他们的,尽管民意调查非常重要。新的领导班子知道,他们不得不从思想体系的角度来证明他们推翻比兹利的决定是有理的。单是断言他们能够在下一次选举中获胜是不够的;他们必须能够做到向忠实的党员们证明他们的行动有理。这些意味着他们必须提出新的政策,以便将他们自己同前领袖区别开来。

最后一个因素是时机问题。在 12 月下半月和整个 1 月份,澳大利亚的政治辩论几乎完全停顿下来。如果一项改变领导人的决定到 2006 年 11 月底/12 月初还没有作出来,那么在 2007 年 2 月份之前几乎不可能采取任何行动。然而,到那时,将会出现严重的关切,担心领导权的混乱将对预定于3月底举行的新南威尔士州选举产生负面影响。到了4月份,问题将变成一位新的领袖将是否有足够的时间,在霍华德号召一次选举之前确立自己的地位。

陆克文需要提升他的形象,以便确保如果出现空缺时,人们会将他看成一位明显的人选。陆克文在2006年上半年六个月里,在国内航线上花费了35 543澳元。在此同期,比兹利花费了41 530澳元。

"要么我们在12月份动手,"其中一名策划者说:"要么就干脆不动手。"事实是,所有的撞球木柱都及时排好队列了。

* * *

有几位政治家对于传媒经常性提出的政治分析完全不屑一顾。其中的一位说:"每个人应该很清楚吉姆当时在走下坡路。报界非常容易上当。记者席在靠着鼻饲法过日子。"此公是在尖锐批评缺乏对于比兹利的地位的质疑。"记者席好像服了镇静剂。政治的一条黄金法则是要跟人们谈话;这是发现正在发生些什么事的唯一方法。大变化不是广播出来的。"

然而,传媒扮演的角色是报道已经发生的事,而不是去煽动对于领袖地位的挑战。

为了确定可以在传媒刊登——而且在显著地位刊登——这类报道的那种危机,必须有重要政治家出来采取行动大力将比兹利赶下台。那样的话,会直接造成第22条军规式的两难局面,因为任何大力反对领袖的活动将立即会被看成是破坏稳定。没有人希望被指责为搞叛逆,所以政治家们无法采取行动——因而也就没什么可报道的。匕首已经出鞘,可是谁也不愿意朝着领袖捅去。

这就是为什么在2006年冬天已经达到真正无法走回头路的那一点之后,局势却蹒跚行进了几个月。在这个时候,有人拍拍比兹利的肩膀,鼓励他作出决定自行下台。其信息并不是关于一场政变即将来临的正式警告,可也不是随便发表的即兴式的意见。习惯于敏感地理解交谈中隐藏的含义的政治家们是在向比兹利暗示他的时间到头了。至少在两个场合,不同的政治家开始个别谈论说,他可能愿意将领导权移交给陆克文。

"没有人想把他硬拉下台,"同这位领袖谈过话的人之一,新南威尔士州右翼的一名成员说:"他一定已经知道,他的支持面正在垮掉,但是他决定赖着不走。"

这位特定的政治家告诉这位领袖有关他的未来的这个简单事实,应当已经足以作为一声警钟,使得任何人认真考虑他的地位了。但是比兹利决定硬撑下去。他似乎在这时候作出了一个错误的判断:即陆克文会在最后时刻退缩,不对他提出挑战了。事实上,陆克文已经受到过别人的劝阻,被敦促等待比兹利自行倒台。

大多数支持陆克文的人仍然希望没有必要提出挑战。他们把民意调查的结果给比兹利看,但是他拒绝得出明显的结论。

9月份,在一个会议周结束的时候,比兹利同《澳大利亚人报》的政治记者丹尼斯·沙纳汉共进晚餐。"当时,吉姆住在澳新大学的大学校舍里,"沙纳汉说。他还记得,当那群吃饭的人穿上大衣,准备踏进寒冷的夜气时,"比兹利身上几乎像是有一点忧伤的样子。"他后来在一个杂感栏目中提到这一点，推测这位领袖"是在想念他的太太和家庭了"。

一个与比兹利紧密合作工作的人同意这个看法，不过他警告说别解读得太过分了。"不错，吉姆是疲累了。但这是由于他一直工作的方式所造成的。你不能想象——谁也不能想象——他承受着多大的压力，"他说："总理也有沉重的负担，但是他有制度的强大支持。而这位反对党领袖就这样挺身而出，完全只有他一个人。"

比兹利的另一位工作人员强烈支持他以前的上司。"差不多在这个时候，霍华德的新闻秘书老是来到议会的记者席，疯狂地进行舆论导向。他抓住每一个机会说：'啊，瞧瞧吧，你们可不能让这个家伙当上总理呀'，然后他会急忙指出一点儿疏漏或者一些其他小小的、无关紧要的错误。当时向吉姆施加了从来没有向其他任何人施加的那种程度的密切监视，"他坚持说，"而且我这句话是特别包括霍华德的。"

"在其他一些时候，出差错的其实是我们，"他接着说："一开始，我们有时在吉姆前一晚刚从澳洲大陆的另一边飞回来之后就安排他做东海岸的早晨广播节目。呃，当时悉尼或者墨尔本是早上 7 点钟，但是他的生物钟还只有 5 点，甚至 4 点钟。"他摇摇头。"谁也受不了的。"

当工党议员想向他们的同事发出一则无法确定发出人的短信的时候，他们是不用电话的。他们利用传媒。在议会休会期间，《澳大利亚人报》可能是一种流行的选择。这是一份在全世界发行的报纸，这使得它获得了力量。所以，是陆克文的一名支持者开始向这份报纸的政治记者丹尼斯·沙纳汉透露了内情，因为他认为改组议会党团成员会议的时候到了。

比兹利的反对者对这家报纸颇有好感，还有另一个原因。其编辑克里斯·米切尔以前是布里斯班的《信使邮报》的负责人，他与陆克文十分熟悉——熟悉到他曾经请陆克文当他同他第二位妻子克里斯汀·杰克曼生的孩子的教父。尽管众所周知，这家报纸的记者们同政府的联系往往多于同反对党的联系，但是似乎存在着公平的机会让反比兹利的报道得到很好的刊登。

当时没有在《澳大利亚人报》工作的一位记者现在说，米切尔看上去极为肯定到圣诞节陆克文就会当上领袖。"我愿意用钱打赌，"他说。

接着，《澳大利亚人报》刊登出一项报纸民意调查，表明工党的初选支持率已经下挫到37%。这是一个击中要害的领域。比兹利周围的防护墙的最后一块砖头掉下来了。

更有甚者，米切尔、沙纳汉和勒波维奇定期在一起交谈，设计出经常性的报纸民意调查的有关问题。他们决定探索工党在陆—吉拉尔德候选人名单的情况下的走向会怎么样。结果是令人吃惊地有利，从而给比兹利增加了额外的压力。

当我向一位政治家就此提出问题时，他莞尔一笑。"任何这一类的文章都会给对领导权的挑战提供燃料和势头。"

2006年议会最后会议上出现的压力，终于绊倒了吉姆。他似乎放弃了他的防卫。他的注意力似乎放在别的东西上面。"几乎好像他感到他的本垒是安全的，因为任何人向他提出挑战已经为时太晚了，"他团队里的一个人说。

这个想法使得他出了若干小的失误，接着是一个大失误。当吉姆在记者俱乐部里没有能同布赖恩·伯克保持距离的时候，了解内情的人注意到了，但是在广大公众中没有引起任何反响。他排除了对他的影子内阁进行一次改组，即便这个内阁不得公众的人心，以及他把彼得·加勒特这样的明星安排当后座议员。然而到这个时候，他的地位正在变得无法挽回了。他的每一次犹豫都被人抓住，作为吉姆"已经输了"的证据。

陆克文团队里有几个人决定采取行动，显然是独立采取的。不清楚他们事先是否同陆克文讨论过战术。肯定的是，其中的两位行动者之间看来没有什么真正的协调。看起来，他们唯一的共同点是更换领袖的愿望。

新闻记者们又到处打电话了。较早支持陆克文的一个人说："他们打电话问题是不是会有什么挑战。我说：'没有啊，就我所知没有，'然后我就立即同陆克文的总部查对——'这么说还是对的吧?'我问，他们就回答，'不错'。我们做好了准备，但还没有完全做好。"

到了 11 月下旬，危机预测已经形成了势头。接着，拥护比兹利的那帮子人算错了一着。他们知道，如果到圣诞节仍然保得住领导权的话，领袖的本垒是安全的。任何密谋是不可能在节日期间实施的，另外，即将来临的新南威尔士州选举将会插进来。谁也不希望一个联邦空缺所造成的倾轧将莫里斯·伊埃马在 3 月份的机会搅得落花流水。到 4 月份，冬季休会差不多就要开始，离开选举的日期已经太近，不能冒换人的风险了。然而他们不知道的是，吉拉尔德与陆克文已经达成妥协。他们被人打了个乘其不备。他们一向以为，吉拉尔德的个人野心将意味着这两个问鼎领袖地位的人永远不可能结成同盟。

11 月份，一个工党代表团前往中国访问。全国书记蒂姆·嘉特瑞尔是这次出访的成员,同行的还有陆克文和陆克文的一些重要支持者。"我登上飞机时,感到情况可能有点困难,因为我在三年半中已经同四位领袖共事过了,"嘉特瑞尔说。"我不希望看到任何密谋正在进行。陆克文偶尔会走进入他的房间,很可能在处理一些事项,但是他不透露一丝口风。"

"当压力放松了,我们到处旅行的时候,他相当活跃开心。他充当了一个知识极为广博的旅游导游,"嘉特瑞尔哈哈大笑。"我问起他有关长城附近的一些土木工事的问题,克文居然能够解释"文化大革命"期间学生是怎样被送到田地里劳动的。"

11月21日,当陆克文身在中国的时候,比兹利办公室迫使他发表一项支持领袖的声明。"自从吉姆·比兹利回到领导岗位以来,我一直支持他……我继续支持他担任领袖,"陆克文声明道。

新闻记者们立刻打电话给陆克文办公室,请他的发言人帮助解读他的声明的意思。"陆克文先生一再说过,吉姆·比兹利将领导工党到下一次选举,这仍然是他的立场,"这位发言人说。那种样子好像是在北京,试图解读共产党所发表的声明的词语意义似的。现在已经清楚的是,每一个词都经过了极为小心地选择。其意义在于没有说出的话,而不在于报纸上印出来的白纸黑字。

随着陆克文的支持者们对比兹利进行观察,他们开始悲哀地确信,最后的绊倒是不可避免的。"接近那年年底的时候,我认为我们大多数人都得出结论认为,吉姆受到了愚弄,"一位行动者说:"我们给他看材料,试图让他自己明白形势。

然而他是如此信心十足。他会说：'不错，他们是会不得不来把我推翻的。'但要是你这么说，那么他们是肯定会的。"

一位比较超脱的观察家认为，这并不单单是他天生的悲观态度。"比兹利这时候真正向我表现出勇气的意义，"他说："也许是有意装作看不见，但是你不得不佩服他的镇静面容。那就是他，他的心，很少有别的什么东西了。支持人数是肯定置之度外的。唉，我得因为这个给他加分啊。"

另一位担任要职的人士回忆道："当时，吉姆走进我的办公室坐下来。我不知道，如果他问起我是否有人提出挑战，我将说什么好。可他只是聊着聊着。然后他起身，走出去了。我吐出长长的一口宽慰的气。"尽管如此，此公仍然保持忠于这位领袖。当比兹利的一位支持者在国外的时候，他接到一个电话，提醒他随时做好准备，回来参加投票。

＊　＊　＊

当时有一种广泛的不满意感，但在此同时，还没有出现触发改变的催化剂。不过，不满感在不断增加。接着，致命的口误发生了。比兹利在同媒体谈话时，本想因电视知名人物罗夫·麦克马努斯的夫人患癌症逝世而向他致以慰问的，却错说了一位杰出的美国政治战略家卡尔·罗夫的名字。

罗夫不是一个常见的名字。很容易看出比兹利怎么会将这两个人混淆起来——特别是因为他十分熟悉罗夫的战略天才，但是很可能没有花费许多时间去看麦克马努斯的节目。然而，口误是比兹利最不能够犯的错误。这种口误看上去是对细节缺乏关心和注意的征兆。据一位同事所说，他在影子内阁中也出现过说不出正确姓名的类似问题。

"罗夫是个引爆器,"一位策划人说:"圣诞节被看成是一个最后期限。圣诞节越是临近,越多的人开始将注意力集中到作出艰难的决定上来。"

比兹利的一位支持者说:"我认为,媒体揭露比兹利的做法是特别野蛮的。这不过是日常谈话中的琐事。你想想你在日常谈话中有过多少次搞错名字或者诸如此类的事情。可我还得说,领袖们不需要也不应该就每一件该死的事都发表意见。霍华德喜欢这样做,可是并不得体,"她接着说。

"领袖们干嘛就这一类事情发表意见呢? 这是个圈套,"她继续说:"很快,总理和反对党领袖只是成了这个'名流俱乐部'的另一部分。这是一种非常危险的滑坡,因为这种做法降低了整个政治过程的地位,尽管这是霍华德一向喜欢利用的。"这个问题很快触及了搞政治的人的痛点。"传媒在'名流文化'中浸泡透了,以至于记者们感到可以理直气壮地跳出来,询问你认为某某人怎么样,但是这跟治理国家是风马牛不相及的,"她不断地说:"这成了一种反馈圈。这是让政治交谈失声的一种办法。"

现在,传媒有一个可以将他们对于领袖不满挂靠上去的事件了。"你瞧,"一位策划者说,"这事仍然可以不发生。一直到最后一刻,仍然有支持和稳定。"

当时特别有两三个人,他们了解传媒需要报道的材料,不断向几位新闻记者提供各种花絮新闻。这种新闻的数量从来不是很多,只是到足以将猜测保持在沸点的程度。传媒盯上了问鼎领导权的报道。现在结局需要由工党作出。压力越来越大。陆克文已经做好准备,等待合适的时机出手了。

这个行动是一些人所预期的,但是并没有一个计划。陆克文的全体支持者都有一个目标,他们在采取行动以达到目标——不过并不是协力一致的。越来越多的人感到,是需要更新了。

"其他人,那些在过去并不准备支持进行变革的人,突然改变了观点,一位独立议员说。"每个人都在同所有其他人谈论这个政治问题,我们的动向如何,以及来自选民的那种使人惊恐的反馈。"

早些时候,比兹利曾经希望将任何挑战消灭在萌芽状态。这就是为什么前些时他在陆克文访华的时候要求他表态支持。尽管这位领袖已经变得日益孤立,他显然仍然无法相信陆克文和吉拉尔德已经达成一项妥协,在这项妥协中,吉拉尔德将准备接受副职。然而要挡开一次挑战,比兹利需要将事态变得对他有利。遗憾的是,对他而言,每一个步骤看来都变成一次绊跌。

一份提出挑战的时间表几乎立即安排就绪了。"罗夫"口误成了催化剂。论者强调说,如果吉姆会在他自己的记者招待会上犯这样的错误,就不能指望他在一场选举活动中避免出差错。鲍勃·麦克穆伦很快意识到正在开展一场运动。"我一旦知道做出了一种安排,而这场挑战是陆克文第一,吉拉尔德第二,我就用不着到处打电话问任何人他们将投谁的票了。很显然,挑战者会获得胜利。"

卡尔曼·劳伦斯处于一种痛苦的两难处境之中。她在2005年初曾经想来一场变革,可那是在比兹利成功地东山再起领导全党之前的事。到那个时候,她绝望地担心时间已经太晚,来不及作出改变了。她决定支持比兹利出于两个理由。第一,她感到在他呕心沥血使工党走上一种有竞争力的地位之后,如果不给他一个机会是有失公平的。然而她的第二个理由也同样重要。"我认为9个月的时间还不够长,无法做在选举之前仍然需要做的全部艰苦工作,"她说:"我感到,我们当时要求克文所完成的任务太巨大,巨大得任何人都不可能完成。"

一位议员这样描述在这个游说期间所发生的事。"有时候人们说:'我会投你的票,'可接下来他挂断了手机。这些人是在说谎。你必须正视他们,看着他们的眼睛,听听他们怎样说话。然后你需要说服他们。"他最好添加一句:"还得吓唬他们。"尽管有种种想象中的派别纪律,总是有可能出个把自行其是的人的。

选举之前4天,比兹利手下的一位计算数字的人对他说,他没有足以取胜的票数。有关吉拉尔德同意支持陆克文的消息一传出来,其结果似乎是会计算的人都会得出的一种必然定局。然而在做选举的准备工作时,比兹利确实是想赢的。他现在以他唯一能够做的方式——公开地——进行竞选了,并且企图激发起可能以某种方式说服动摇者回到他的阵营来的那种支持。可他们根本没有回来。

比兹利知道,他必须做一些事情来补足他的票数。他决定,不仅是选举领袖,而是将把全部职位一股脑儿抛出来——也就是说,所有的前座议员的职位都开放争夺。

"这是一个有缺陷的战术,"陆克文团队里的一个人说,"吉姆又一次听信了馊主意。这不是比兹利的想法;这是他身边的人想出来的。这是在向动摇者暗示,他们在前座议员职位中分一杯羹的最大希望是不去支持陆克文。"

参议员乔治·坎贝尔是比兹利的忠实支持者之一。他非常了解票数的情况，但是希望尽他的能力为领袖做点事情。他前一天刚从纽约飞回来，所以他可以出席议会党团成员会议的投票。回到悉尼以后，他刚刚错过陆克文打来的一个电话，因为他刚才出去了一会儿。他想在赶乘飞往堪培拉的飞机之前打个回电给陆克文，但是当他抵达机场休息大厅，看到比兹利也在等同一班飞机时，决定不打回电了。

另一位比兹利的支持者达里尔·梅尔汉姆也参加进来。尽管梅尔汉姆在 2000 年因一个原则性问题辞去了比兹利影子内阁的职务，这时他却坚持同这位领袖站在一起。他们三个人，这时再加上比兹利的夫人，讨论起挑战的事情来。

"吉姆一定已经知道会发生什么样的事情，"坎贝尔说："但是他没有畏缩。他是个非常勇敢的人。他的胆量是没有任何问题的。"

"当时只有两种可能性，"一位投票赞成陆克文的政治家说："比兹利知道他会失败，要不是他周围的人是些算计极为不准的人。不，由于比兹利下定决心把一切都看穿了，我对他的尊敬增加了。"

"也许他确实怀着情况可能好转的一丝希望，作为他最后的救命稻草，"选举刚结束后，比兹利团队的一位人士说："他可能一直希望，有人会退出，或者犹豫不决，那么他就会赢了。"然而，到他离开他的办公室，转过墙角，穿过等待着的新闻记者和照相机，沿着长长的走廊走进议会党团成员会议办公室时，他一定已经知道了。"我一直感到，人们低估了吉姆，"那天没有投他的票一个人说："他是一位相当正直、刚勇的人。但是，从 1998 年起，他没有成功地将他在那天上午所表露出来的决心传达给选民们。实在是没有沟通啊。"

＊　＊　＊

　　议会党团成员会议的程序是直截了当的。主席梅尔汉姆宣读比兹利关于开放他的职位供竞选的信件。比兹利提出一项使这封信件生效的动议。梅尔汉姆请求大家提名,然后比兹利和陆克文提出了他们的名字。没有任何发言。表决直接开始。计算选票不是一个长的过程。结果被正式宣读出来。

　　还需要解决副手的职位问题。"朱莉娅没有推翻简妮所需的足够票数,"她的一位支持者说:"不对,简妮绝对拥有当选副手职位的票数,但是她明白,她是不可能与陆克文同事的。这不是因为她不喜欢他,而是因为已经有了这么多关于'新团队'的宣传。如果朱莉亚不当上副手,陆克文从一开始在公众的头脑里就会是一种完全跛足的形象。"简妮·麦克林决定退出这场竞争。

　　当这话传到一位计票人耳里的时候,他哈哈大笑。"你用不着听到什么话就相信什么话。即便她有取胜的可能性,那也不是符合党的最高利益的。"

　　那么,如果这是一场竞争的话,谁将取胜呢? 参议员福克纳说:"我认为简妮做出了正确的决定,尽管是一个困难的决定。这是一个人采取她认为符合党的最高利益的行动方针的明显范例。我向她致以最高的赞扬。"

　　陆克文和吉拉尔德先后作了发言。她一时疏忽,忘记了向麦克林表示感谢。陆克文站起身来,纠正了这个疏漏。麦克林的眼里噙着眼泪,走上来拥抱陆克文。这是紧张关系得到宣泄缓和的一个信号。

　　其后,有几位成员回到他们自己房间去单独思考问题,其中至少有一个人哭了。"那是他们的一种睿智的担忧,"陆克文的一位支持者说:"每个人都非常伤感。"比兹利不知道他的兄弟在召开议会党团成员会议期间去世了;他是回到自己的办公室以后才得知这个消息的。接踵而来的事件影响了人们的看法。许多人认识比兹利都已年过九旬的父母亲,为他们失去了一个儿子,以及眼看另一个儿子曾为之长期勤勉工作的希望突然破灭而感到由衷的悲哀。

"每个人都能看出,比兹利同克林的较量所留下来的恩仇余波,如果听任其继续下去,仍然是会毁掉这个党的,"另一位议员说。不管发生些什么别的事,不能允许这类紧张关系再次露头。"当时有一种真正的让过去的一切到此为止的决心,"他说。

那天晚上,陆克文同斯旺在领袖办公室里进行了一次动情的长谈。他俩之间的分歧得到清理,达成了一项可行的妥协。斯旺仍然担任影子内阁的财务主管。据认为支持过比兹利的安东尼·奥尔巴尼斯保留了他的反对党事务总管的职位,不过他在环境方面的职务是让给彼得·加勒特了。对于陆克文来说,这次改组的意义远远不止解决了分歧。他明白,真正的工作还刚刚开始。

"只要这样说就可以了,"费茨吉本说:"大量的工作都放在重建议会党团成员会议的和谐上面。这个问题对于党在未来的胜利具有绝对的重要性。党内的和谐一直做得非常好。我们希望取胜。"

第 9 章

领袖 2007——？

"有没有道德知识这个东西？有没有道德进步？这些问题，科学也好、宗教也好、玄学也好、逻辑也好，都没有回答过。它们必须从我们自己的道德视角的内部来回答。"

——西蒙·布莱克本：《做个好人》

写到这里，是陆克文的传记同澳大利亚的连续历程之间的相交点。从这一点开始，他做的每一件事情都具有一种公共的维度。他的行动将通过他要成为总理的抱负这柄透镜来加以审视。

这个标准用在任何人身上都是一种苛刻、毫不宽容的标准。尽管笔者试图仔细描述他的形象，以确保他被认为是称职的，然而失误还是有的。这是再自然不过的事，陆克文最初同选民们之间延长了的蜜月时期表明，普通澳大利亚人愿意原谅这些错误。尽管如此，他一心想达到完美的愿望暴露了原先所隐藏着的弱点。

他的生活的新阶段开始了公开演出：2006年12月4日下午2点刚敲过，陆克文走进议会大厦里举行的一个人挤得满满的传媒招待会会场。他站在反对党大厅里的一个斜面立架后面，向聚集的新闻记者们宣布，他已经当选联邦议会工党的领袖。接着，他对比兹利表示赞扬，"在这个艰难的时刻"—这是指他兄弟的去世—向他表示"最深切的慰问"。

他强调,澳大利亚已经走到了"岔路口"。他对自己这个比喻颇感得意,重复了将近十几次。莱瑟姆向选举民们提供了一把梯子;而陆克文则把重点放在选择上面。当他被问起他所提供的改弦更张方案的细节时,他保证说以后会出台的。总的说来,人们是愿意接受这个说法,并且给他一点时间来阐明细节,而不是期望可以立即打开的一个大包裹。

陆克文不想疏远比兹利的任何支持者,因此,在这个时候,他非常小心,不强调他将确定一个新的政策方向。他决定把重点放在工作作风上面,因为这是每一位选民都有一种看法的唯一方面。

"约翰·霍华德拥有搞小聪明政治的一级荣誉学位,"陆克文后来对《悉尼晨报》如是说。他把自己确定在以某种方式诉诸比较旧式的传统价值观的位置上,他宣称,他将从所有总理中任职时间最长的保守派总理罗伯特·孟席斯爵士那儿借鉴他的政治作风。"当权者永远受到对于无权的人的一整套义务的约束,"陆克文说:"孟席斯做的事情并不都是坏的……我一点儿也不因为我基本上是一个财政方面的保守派而表示歉意。我一向是,将来也永远是。"

从一开始,霍华德就不了解陆克文在干些什么,或者他的成绩是怎样取得的。陆克文以工党领袖的身份开完他第一次记者招待会之后不过一小时,这位总理走出他的办公室,走进相邻的院子去向传媒发表谈话。

约翰·霍华德在那个阳光明媚的下午走出来的时候,认为他确切知道他需要做些什么事情。整套战略还没有完全制定,但是他看上去信心十足。

他忍不住要对他的新反对者来点儿巧妙的挖苦。他利用他表面上的祝贺词,将一柄短剑锻造成一种暗示陆克文缺乏经验的魔影。"领导一个政党是一项比看起来要棘手和困难得不知多少的任务,"他提出。接着是对于他在过去十年大部分时间里一直企图摧毁的吉姆·比兹利的一则"个人慰问词"。

总理非常清楚,他的这两段话都不会被当作新闻加以报道,但是它们帮助他建立了一种新的言辞动力。陆克文被迅速和非常巧妙地描绘成是缺乏经验的。他的话语中还暗示推翻一位公认、称职的领袖是不负责任的做法。陆克文被说成是个初来乍到就走红的年轻小子,这是霍华德在其后几个月里继续想兜销的主题。可是他很快就发现自食其果了;这是民意调查告诉他的,因为它突出了总理先生本人的年纪。他干这个职务的漫长年份很快就变成一个对于这位总理的不利因素。

总理迅速用陆克文自己讲的话来反对这位新领袖,因为陆克文保证要采取一种"不同的作风"。"澳大利亚人民要他们的政治家拿出实质的东西来,而不是作风,"总理断言。他把陆克文说成只是一张提着旧的政治行李的新面孔,从而企图否定这位新的领袖会带来变革的任何前景。"工党已经再次把自己同过去锁铐在一起了,"他宣称。

这时,政府开始不同寻常地拼命想把有几十年历史的联合说成是新鲜事物,把工党说成已经疲累了。这是政府在以前兜销过的一个老主题:即威胁选民们说,如果工党掌权,他们的幸福生活就将岌岌可危。他宣称,陆克文所说的"岔路口",就是在联合政府领导下的奋进的未来与在工党统治下由工会说了算的过去这两者之间的抉择。

霍华德一开始对政策发动抨击。"我感到有点儿惊讶的是,有些一直渴望登上这个[领导]职位的人在政策方面的差异竟然如此之小,"总理断言。但是霍华德也无法清楚测知这位年轻挑战者的射程。他宣称:"我出来没有低估过我的对手们,"但是他不肯对陆克文的长处和短处加以评论。现在回过头来看,似乎霍华德并不明白陆克文对他所形成的威胁。

这种理解只是后来才产生的。在当时,看起来好像陆克文根本不会有任何"蜜月时期"。悉尼的《每日电讯报》如此怒火中烧,以至于它好不容易将几个辛辣的字眼一起塞进它的头版。"伪善者们的康茄舞排列":这家报纸大声疾呼,拼命想把陆克文同莱瑟姆联系在一起。读者们阅读这篇报道时,一定很难搞懂究竟是什么引起了这种唾沫四溅的夸张词语。然而这恰恰是霍华德极为需要的那种大字标题。

富于讽刺意味的是,尽管陆克文把自己定位于一个政治方面的局内人,但实际上他却是某种局外人。除了那些他十分熟悉和密切信任的人之外,他在同那些他借以把他的意思传达给选民的人进行个人接触时,总是保持一段距离。

也许,这个特点可以部分地用来解释霍华德早先对陆克文的错误判断。他根本不了解不久将会投入多么大量的工作来制定一项目标在于把他拉下马的精妙的,基于政治的战略。

也许更加重要的是,新南威尔士州工党的民意调查已经找出了自由党的分析所完全掩盖的另一个关键问题。选民们认为,多少有些"改变"的人是霍华德。焦点小组研究在公众中找到一种看法,认为这位总理不知怎的并不是他们投票选举的那个人。

这是一个具有爆炸性的情况。它意味着,选民们正在开始认为,政府违反了同选民之间的选举"合同"。因此,人们突然打算考虑四处寻找一个替代物了。过去在比兹利掌权的时候,他们已经注视过工党提出的许诺,但是感到还不符合他们的标准。现在他们再次观望。吊诡的是,陆克文在他当选领袖的第一个星期里,没有把自己定位成他们的总理的"对立面"。他在教人们放心——在许多方面有所不同,但在其他方面则是相似的。

不同寻常的是,陆克文刚当了两天领袖,就发现他要在一个道德心问题上与霍华德一起参加表决了。12月6日下午6时17分和7时29分,议院在胚胎干细胞研究的问题上分成两派。有人提交了一份要求允许克隆人类胚胎的议案。有些人担心,如果不允许的话,对于帕金森氏症和其他可怕的疾病的研究将不得不中止。

陆克文并不自称他的观点在道德上占据优势地位。"我明白,如果作出这个决定,我将使许多人失望,"他说:"但是我必须忠实于自己,即便这样做不得人心也罢。"

他小心地确切阐述他采取这个立场的理由。"有人说,如果你有(这些)观点的话,"他说:"就必然导致对于一系列问题都采取一种典型的保守态度。我不同意这话。"陆克文将性的问题作为一个例子,继续说:"这些问题在很大程度上是个人问题——是应当予以尊重的个人选择,就像人们个人关系的私密性应该受到尊重那样。"

随着这项议案在议会里缓慢地推进,陆克文同约翰·霍华德、彼得·科斯特罗和托尼·阿博特一起对它投了反对票。少数几位工党成员支持他,其中包括彼得·加勒特。当时,陆克文原来安排好同新闻记者们一起喝啤酒,但是记者们弄得只好一边慢慢地呷着他们的啤酒,一边等着陆克文露面。这位新领袖绝不可能借此机会错过这场特定的道德心问题表决,尽管他的立场会得不到他自己阵营里许多人的好感。

反对这项议案的许多议员的共同点是他们的基督教信仰,认为不能同意仅仅为了研究的目的克隆胚胎。这同他们对于生命是何时创始的观点有关系。然而,大多数议员投票赞成通过这项议案,其中包括朱莉亚·吉拉尔德、亚历山大·唐纳以及像·布鲁斯·贝尔德这样有强烈基督教信仰的人。

陆克文因他的个人原则而这样投票了。然而,他用这个做法证明了他是不能被推入任何樊笼的。

＊ ＊ ＊

陆克文的新任前座议员们反映了他需要引起商界注目。爱默生接管了服务经济和小企业事务。这个安排不止是对陆克文的昆士兰州老乡的安抚。"我可没有坐着没事干,心里想,噢,我希望能够管理小企业、服务经济和独立承包人事务,"他后来说。他的第一个反应是惊奇,他说,不过用不了多久他就明白其中的好处了。"我还记得,我几乎是立即想,啊,那好呀,这里有一些真正的机会。从我们赢得这场选举的前景的角度来看,这是个第一线的职位。"

"我认为,你可能最终得到政府中相当重要的职位,"爱默生说:"但是那样的职位并不给你许多机会来改善你在下一次选举获胜的可能性。而这个职位却是的。我可以制定出会受到通常投票拥护自由党的选民欢迎的政策。政府已经变得非常自鸣得意,对这批选民漠不关心。在跟克文谈话之后,我真正感觉到这不仅是将'爱默塞进去'的一个位置;这实际上是我们必须制定良好政策的一个广大领域。"

"要提出听起来不错的反对意见是一件容易的事情,"爱默生说:"但实际上那种意见是相当肤浅的。你知道——让咱们把'政府的公事程序'削减50%！这话听上去很好,但是没有意义。约翰·霍华德在1996年就许诺这样做了,而我们还在等。可这有什么意义呢?"

鲍勃·麦克穆伦被重新安排在议会前座,主管联邦—各州事务的新职务。原先将这么一位富有经验的活动家放在后座是一件愚蠢的事。由于工党在所有的州参加竞选,安排一位前全国书记——他熟悉地了解中下层政府所关切的问题——担任这个角色是有道理的。这在政治上也是高明的一着。工党在整个澳大利亚都处于执政地位的想法可能是政治上的一个不利因素。这是将它变为有利因素的一个精明的办法。

吉姆·卡尔也有了一个主管发明、科学和研究的新职务。他一向是同吉拉尔德的关系的一位重要的政治掮客,由于他来自党的左翼,这新的角色强调陆克文是远远不会只让放任经济政策在全国泛滥无度的。之所以创建这个职位,是为了试图设想制造业的新方向。

彼得·加勒特得到了擢升,在环境职务中加入了气候变化问题,以作为在这个重要领域中加强工党在政府中的反对力量的一个手段。潘尼·王主管公共行政管理和问责,以及公司治理和责任。克利斯·鲍恩接管税务和竞争政策事务。这个阵容代表了一种新的处理问题方式。

在政治方面一向是：最大的问题就是个人问题。我们已经看到,陆克文当选领袖的那个晚上。在陆克文办公室会见他以前的朋友斯旺,同他谈了一次话。经过一场漫长而动情的讨论之后,两人决定结束他们过去的分歧。每一方都意识到,他们需要对方来将工党送上执政地位。斯旺仍然担任影子内阁的财务主管;任何其他安排都会被看成一种降职。如果调动他的职位,传媒就会抓住这点,作为陆克文是通过许诺将这个好职位给他的某一名支持者而登上领袖宝座的明显证据。

整顿影子内阁的决定所带来的好处,到总理终于宣布他将调动他本人的各部人员时显现出来了。《悉尼晨报》对于新阵容的自由党各部嗤之以鼻。"同样的老年斑,同样的老人皱纹;大体上说来,约翰·霍华德的新面孔看上去极为似曾相识,"这份报纸的社论如此写道。

整个1月份,正当霍华德在吉利比利楼上欣赏悉尼的港口风景的时候,陆克文正在布里斯班辛勤劳动。陆克文的工作地点是布里斯班滨江广场的联邦办公大楼。就在这座大楼俯瞰布里斯班河的36层上,将拿到选场去的方案的种种要素都归结起来了。这座大楼十分现代化;它的用磨光的钢和黑色大理石建造的闪闪发亮的门廊制造出互相重叠的层层反象。飞速上上下下的电梯的鸣响声突出了大楼的耀眼光彩。这是一栋令人振奋的建筑,充满着可能性:同相邻的布里斯班马球俱乐部日益古旧的乔治时代式的正面恰成鲜明的对照。

陆克文正在花费大力气搞出一份新的议程,通过媒体发布出去。然而,富于讽刺意义的是,他将利用比兹利早些时候已经完成的大量工作。陆克文只是将过去的政策这儿拧一把,那儿捏一把之后,重新向媒体推出,一般而言,反响还算热烈。

陆克文意识到,工党有一个双重性的问题必须解决。他必须推出新的政策,并且表明这些政策不单单是"老工党"观念的炒冷饭。鲍勃·霍克已经在这方面确立了一个榜样——协议——这是不同方面的一个汇集,使得各方能够就各种选择进行会谈,以便解决问题,达成一项决议。

看来陆克文决定照此办理。他会见各个利益集团,以这个办法,可以使他们确信,他们贡献的意见受到珍视,他们的需求得到理解,任何解决办法都将基于一项认为能够达成一种可行、持久的解决办法的共识。

气候变化问题是以这种方式处理的一个明显问题。这个问题在未来经济的上空隐隐呈现出来,但是政府却没有直截了当地予以处理。任何单方面的解决办法都是不可行的,因此,这个问题要求辩论的不同参加者一起来献计献策。陆克文以这个简单的方式,做到了以他自己的想法填补了一个政治真空。

这件事将反对党置于未来的党派的地位。陆克文意识到,过去,霍华德获胜的方法就是把目光集中在当前这一刻上。一开始,霍华德许诺说,澳大利亚可以变得"宽松、舒适",而不是被连续不断的政治辩论弄得伤痕累累。到1998年,选民们被告知,政府需要立即出台一项商品和服务税。这件事可不能再被推迟到不确定的未来了,因为没有这个税项,这个国家的经济安全就岌岌可危。2001年,据认为是迫在眉睫的安全环境问题使得政府再次执政的。在2004年的选举中,联合政府继续将当前的需要推到最前沿,不过,这一次突出的是据认为由工党代表的对个人成功的经济威胁问题了。

直到2007年为止,基于现在时刻的当前和迫切需求的辩论给了霍华德一张他玩得极为高明的王牌。然而此刻,他在新的战场——未来——受到了挑战。陆克文力求在这里牢牢扎下他自己——以及工党——的营寨。

在联邦同各州关系的问题方面,他必须制定出一些真正的提议向州总理们提出来——而且这些提议必须是雄心勃勃的。这就需要愿意去做艰苦的政策"功课"。这并且意味着,陆克文在当上反对党领袖的最初阶段,必须沉下心来应付确定一项新的政策议程的难题,尤其是在还不是老的工党政纲的一部分,诸如气候变化和墨累——达伶河系这类方面的难题。

"民意调查也好,重新发布一些政策也好,其实都没有什么神奇的地方,"一位没有投票赞成陆克文的工党党员说:"但是,我要承认,人们这一会已经不再听吉姆的话了。克文给了他们重新看待我们的机会,"他接着说。

"陆克文有一种协商式的作风,"一位著书立说的工党议员林赛·谭纳说:"他把协商与领导之间的平衡做得很好。他的天生作风是摆出一条行动路线来,跟别人谈话,然后作出决定。在反对党里,这样做是得不到支持的。"

当我提出这位新的反对党领袖是一位社会方面的保守派的时候,谭纳立即挺身为陆克文辩护。"你可别打算凭着比方说他反对胚胎干细胞研究这种事儿来得出结论。我是投票赞成那项提案的—但是我的赞成是有具体保留的。那场辩论已经远远超越了老的左右派分野的传统派别。现代政治问题是在这个框架以外的。"

"就说家庭问题吧,"谭纳继续说:"你可以争辩说,这是传统右翼的态度。然而不受法规节制的人类关系已经超越了这一点,还超越了经济分配的问题。要分析起来还不容易呐。"

陆克文前往塔斯马尼亚,在那儿会见了工党议员迪克·亚当斯。他同伐木工人一起拍照。"我跟他进行了非常轻松的交谈,"这位塔斯马尼亚人说。"他跟莱瑟姆不同,似乎很了解这个地区。"

迈克尔·库尼担任莱瑟姆的高级顾问时,偶尔与陆克文有些不同意见。目前他是工党智囊库的领头人,对于陆克文担任比兹利继承人的角色持非常肯定的态度。"吉姆理解必须让选民们放心,"库尼说:"但是他还以一种使人很难提出需要改变的方式体现了这种保证。克文天生是倾向于思考的。"

比兹利本人也令人惊异地持肯定态度。"我们时来运转了,"他说:"所有高度敏感的问题都对我们有利。尖锐的分歧使得政府很难措手。自由党人只有一个机会可以在这届选举中获胜,这就是和平转向科斯特罗。这位前党魁现在是非常支持陆克文。

陆克文在处理政治辩论方面证明了他的机敏。陆克文刚当选,霍华德就进行"公民测试"的想法进行游说。

负责移民事务的托尼·伯克就后来发生的事情发表意见。"老的工党很可能会直接跳出来,说这个想法是荒唐的。陆克文对我说,'暂时慢一下。咱们先要求拿出一张问题的单子。'当然啦,政府连一个问题也没有写出来。就这么略施小技,这件事就烟消云散了。"

"这就是陆克文一门心思注意细节的好处。"

* * *

2007 年议会第一次开会的前一天,陆克文召集全体党员进来,开一个长达 4 小时的讨论会——这是以前从来没有听说过的事情。这是对党需要在哪些方面作出进展的一次开诚布公、不隐瞒缺点的分析。休·马凯简述了澳大利亚当前的情况,以及政治经济的大致局势。

"是一种真实的风险使我们大家都提前回来了,"伯克说:"因为从历史上看见,情况并不总是好的。如果有朝一日,议会党团成员会议中积聚起来的紧张关系突然以一种非常糟糕的方式释放出来,那时候人家就会叫你必须在星期日一早就回堪培拉去了。"

这是一次传统的建立团队的活动。唯一缺乏的看来就是没有给主管人员们一条绳子、两块木板,叫他们过河去的那种游戏了。这种活动是没有必要的,因为眼看没几个月就要举行选举,每个人都已经把全部注意力放在必须取胜上面了。

这种对于胜利的新的渴望以不同一般的方式表现出来了。在为开始一个新的议会年祈祷的教堂礼拜仪式中,工党成员令人惊奇地大批出动。"这种事情闻所未闻,"奎克说:"连安东尼·奥尔巴尼斯也去了。"

举行祈祷仪式的前一天,一位议员站起身来,向议会工党成员会议讲话。"诸位,"他说:"祈祷仪式明天一早就要举行了。我们一直感到尴尬的是,每次只有两三名我党成员出席。"他结束了他的呼吁,说:"你们能不能多来几个人,行吗?"结果他们都去了。多年来第一次,出席仪式的工党成员多过自由党的成员。这绝不表示一下子大批人皈依宗教了,而是与党内的一种新的团结和献身感大有关系。

早先民意调查的良好结果使得陆克文告诫每一位党员"要冲一个冷水澡"。不久以后,有些朋友建议他需要有一位新的撰稿人来准备那些即兴的意见,因为他本人自然的用词听起来有点儿老派了。尽管如此，陆克文坚持要自己来，他明白，假手于人可能会软化那些本来显示出一种强烈理性锋芒的词语。

陆克文采取了一种不同的作风。当他推介工党的时候，不是仅仅对着观众讲 些大道理，而是力图说服他们。例如，他并不费心去打动工商业大老板们的利他之心，而是强调："澳大利亚和其他国家的经验表明，集体与企业之间的谈判能够比基于个人合同的制度达到更高的生产率和工资成果"。

1月份，陆克文第一次同澳大利亚100家最大公司的最高机构澳大利亚工商理事会一起进餐。马克·莱瑟姆曾在2004年参加过一次类似的宴会，但是那次宴会结果却成了一场公共关系的灾难。这一次，这位工党领袖发表了一则仔细针对听众的演讲。他一直待到晚上，答复提问以及同工商界领袖们进行个人谈话。

陆克文论述说，一种新的工作方式是可以做到的。"集体谈判给了雇主和雇员适当的激励，"他说，这样他们可以"共同努力，找到提高生产率和分享利润和工资成果的方法"。陆克文对那些高管人员说的是一种简单的事实。合作是会有效益的。

这个做法也是一条精湛策略的一部分。工会正在有效地发动人们支持抨击霍华德政府在劳资关系方面的改变，所以，陆克文知道他不需要论及这个问题。陆克文向老板们公开断言："尽管有一些常规的明智做法，政府的纪录表明，保守政府更容易管制过头而不是撤销管制。"

然而，向不同的听众发出不同的信息到头来会产生问题。陆克文一直拼命告诉老板们他把注意力集中在成果上，不会被过时的教条所束缚。后来,工会运动要求他明确挺身出来站在他们一边。当陆克文在工党大会上这样做的时候,引起了雇主们哗然大噪,他们感到上了大当了。

同样,不管怎么玩弄策略,他总是难以逃避过去的事情。每次他企图讨论伊拉克问题的时候,总是会受到问题的困扰。当有人在澳大利亚广播公司的广播节目中询问他撤军会有些什么结果的时候,他回答道:"我不是干提供转动式外部评论这一行的。"

政府知道,莱瑟姆许诺在圣诞节之前将军队撤回国内的那一刻,就是他在民意调查中的票数大跌开始的时候。保守评论家们得意洋洋地抓住他的说法,试图将陆克文描绘成继承了莱瑟姆的政策的衣钵。霍华德断言说,陆克文根本"没有胆量"把他真正的想法说出来,暗示工党会"赶紧抛开和逃离"伊拉克问题。

然而此刻大不相同的是,自从马克·莱瑟姆早先突然许诺将军队撤回国内以来,已经过去了漫长的三年。这时,政府的言辞已不是大谈"胜利",而是开始改变了。同时还不同寻常地承认,原先企图在伊拉克建立一种切实可行的民主的目标可能不会达到。所以,尽管政府认为它可以利用这件事来抨击陆克文,但它无法从这个问题中获得任何吸引力。

这种情况具有一种令人惊讶的动摇政府的效果。到那时为止,坐视霍华德将工党领袖们打得落花流水已经成了自由党后座议员们的一种看白戏的娱乐,他们仍然感到十分笃定,认为总理每次的重拳出击都会增加他们的多数票。然而今非昔比了。

霍华德突然一下子显出了老态。他继续在猛烈出击,但是陆克文每次的闪避或者巧妙脱身,都使得政府越来越灰心丧气。一些专栏作家在媒体上暗示,问题其实是这位反对党领袖本人。

《澳大利亚人报》的国外版编辑格雷格·谢立丹是颂扬刻霍华德所取得的成就的人之一。"首先,气候变化问题完全退出了"辩论,他声称——但结果表明还有点儿为时过早。"其次,霍华德做到了对陆克文的品格提出疑问,"他断言。"霍华德赢得了坚实的实质性一分。如果你赞成将联合军队从伊拉克撤出,你就必须说出你认为这样做的后果将是什么。"

然而,陆克文明白这是无稽之谈。他无需解释后果。这是莱瑟姆曾经跌进去的一个陷阱。他不这样做,而是继续站在霍华德力所能及的范围之外。漫画家比尔·李克在《澳大利亚人报》上,开始将陆克文描绘成丁丁[Tintin:比利时画家著名的系列漫画作品《丁丁历险记》的主角——译者注]在这时被画成穿着美国战斗部队军装的霍华德面前从容锻炼身体。

"把陆克文画成丁丁真是神来之笔,"一位政治观察家说:"丁丁永远不会老。他看上去非常洁净,但是他能够在各种灾难中安全脱身。他年轻,但他并不天真,因为他智胜了所有的坏人。"这是大部分政治家只能梦寐以求的那种天赋。

毫无疑问,已经向工党忠实分子们简单地交了底:陆克文认为在伊拉克的驻军是驻不长的。尽管如此,他一直小心避免作出政府会利用来将他撕碎的一种保证,而是将焦点保持在霍华德的伊拉克政策上。

伊拉克问题辩论的动力改变了,澳大利亚也改变了。

格雷厄姆·莫里斯从使得联合政府上台的1996年选举

活动之前好久起，一直是总理的内层顾问之一。"政府的工作是将改变描绘成一种风险，"他说："那些决定选举的人纯粹是出于个人利益作出决定的。"也许这是对选民们的一种未免过分的看法，但是这并不不表示他说得不对。

莫里斯朝前靠了靠。"有钱人和知识界人士可能对有些事情啧有烦言—但是真正起决定作用的是支付抵押房款和为他们的孩子买鞋子的顾虑。"

莫里斯把这些人称为决定选举的人，而这些人过去是霍华德向之求助的选民。政府通过把焦点放在对他们来说极为重要的简单的生计问题上，做到了利用它处理普通百姓日常需求的在职地位的好处。而工党却发现自己是在侈谈未来。

陆克文需要想出一个办法来将未来化为现在。他用一个简单的办法处理这个问题。在气候变化问题上，他提议一条政策，许诺向装置雨水储存箱的人提供津贴，从而赋予个人以权力。这样做的效力受到了辩论，但是它在心理上的重要性是不可低估的。它使得关心这个问题的人感到他们因做了正确的事情而获得酬报。

另一个类似的动议是许诺资助发展一个全国性的快速宽带网。就利用未来资金来支付这笔费用的问题产生了一些不同意的公众舆论；但是，总的说来，这个做法受到了选民们的欢迎。

陆克文在其他方面也很顺利。正如约翰·霍华德不久就意识到的那样，名人风气与政治之间的交叉可能产生一种双刃剑效果。流言蜚语传播的速度比政治要快得多，因此传媒越来越充斥着流言蜚语。这样会产生一种效果，因为流言蜚语流言蜚语撷取材料,重新编排,然后会给街谈巷议制定出一个新的议程。情况在飞速变化,这种流言蜚语有一种一泻千里的效果。

"那天《澳大利亚人报》刊用的那张霍华德的照片是十分发人深省的,"一位于资深工党政治家说:"它是在很近的距离拍摄的。可以看到每一条皱纹。他紧靠着一个公文箱。他皱着眉头。看上去他像一个非常古怪的老头儿。一切都在一张照片中表露出来了。"她指出,有了这么一张照片,用不着去告诉人们霍华德已经老态毕露了。一切都摆在人们面前,让他们自己得出结论。"刊用这张特定的照片为的就是证明这一点。他们本来有许多照片可以使用,可他们选择使用这一张,是为了证明霍华德作出的具体失误和健忘。它确切地暗示他为什么会犯那些特有的错误。"

* * *

特蕾莎也不得不作出改变。她从她的公司的董事长的位置上退了下来。"基本上,我是在做好准备,在未来几个月里或者在下次联邦选举的不管什么时候支持克文,"她说:"我们一向相互支持——他支持过我,我支持过他。"

她采取的这个步骤是非同小可的。到那时为止,她的公司有1.75亿澳元的收益,在全世界——澳大利亚、英国、法国和德国——的66个办事处雇佣了1 300名员工。它还是向政府就业网络机构提供服务的位居第三的大供应商。

来自工党的消息称,如果陆克文当选总理,她很可能不会从公司的管理位置上退下来。

＊ ＊ ＊

陆克文继续没日没夜地工作。事实上,有些工党成员担心他快迫使自己越过正常的忍耐限度了。其他一些人对于他的干预和他们感到是管理过细的做法显出灰心丧气。

这种献身工作的精神表现在 2007 年 1 月 23 日,据说当天他在凌晨 3 点钟打电话给澳大利亚广播公司广播电台,要向一位新闻记者提供访谈。毫无疑问,陆克文是 24 小时连轴转,但可惜澳大利亚广播公司并非如此。当时,只有一位国际有线助理编辑还在工作。看起来,在这个具体的故事里可能有点儿制造神话的因素在内。

在此同时,这位工党领袖同选民之间残存的玫瑰色余晖效果还继续存在。这种效果不可能维持下去;事实上也没有维持下去。

现在普遍公认,陆克文与选民之间异乎寻常的政治蜜月,是在 2007 年 3 月 1 日下午 2 时 18 分的某个时候结束的。《澳大利亚人报》和《堪培拉时报》后来以大号字通栏标题描述了这个时刻,两份报纸都坚持说,是政府当天在议会里的抨击有力地结束了这个蜜月。《时代》的政治编辑米雪尔·格拉顿确认,蜜月的消失,是由工党领袖办公室的一则官方声明所正式化的。

政府特意将它的抨击留到那个特定的星期四作出,因为那天是将近 3 个星期的议会,会议最后的一个会议日。答问时间通常为反对党提供了一个对政府大肆攻击的机会;一个仔细构建的问题可以起到一柄利剑的作用,刺穿期望中的防御。然而这一次,自由党人决定扭转局面了。

陆克文假装无视由政府主宰的这个论坛所发生的事情。但是，即使作为反对党领袖也是不能控制一切的。政府发现陆克文不得不进行防卫的一个弱点的时机到了。他们的导弹来自西澳大利亚州，其体现形式是一位一度担任过工党总理的布赖恩·伯克。

此前几个星期，联邦的政治家们注视着西部丑闻的扩散，3名州部长的官位眼看不保。西澳大利亚州反腐败和犯罪委员会装置电话窃听器的事件使得人们对于伯克对于该州政客们仍然施加的极为可疑的影响的程度已经不存任何怀疑了。前州总理乔夫·盖洛普已经禁止他的内阁同伯克有任何往来。但不幸的是，陆克文在2005年会见伯克的时候，决定对于好几年来围绕伯克的活动的狼藉声名置之不问。

彼得·科斯特罗走向讲台时，大家都停止了谈话。到他结束发言，手指戟指着工党时，整个会议厅在倾听—政府的座位中爆发出欢腾：终于有人将手指直指着陆克文的鼻子了。这位反对党本人仍然假装不去注意公文箱那一边发出来得激烈指责，停止了写字。指责的本身倒未必重大。实际上，并没有证实陆克文有什么不当行为。然而政治的含义远远不止这一点；它要使人们相信你是可以被信任采取正确行动的。并不是陆克文打败了这场战役；倒不如说他没有上阵作战。

科斯特罗指责陆克文与伯克会面，共进早餐、午餐、晚餐，只是到最后才取消了伯克想安排的另一顿晚餐，因为新闻记者将会出席。科斯特罗断言："伯克从来不会无缘无故做任何事情……同(伯克)打交道的任何人都是道德上和政治上 有亏的。"

科斯特罗赞许地引用珀斯的工党成员斯蒂芬·史密斯的

话,此人已经 15 年不同伯克谈过一次话了。史密斯说过,伯克的行为应该遭到"完全、绝对的谴责"。然而,科斯特罗暗示,陆克文却打算同一个声名狼藉的家伙做交易。他指责陆克文是出于政治动机会见伯克的,希图在西部获得更多的支持。

一位观察家说:"陆克文与伯克的接触只是差劲而已。不过话得说回来,你把这件事跟霍华德把我们拉进伊拉克战争所做的事一起衡量一下。两者是无法比较的。"

从内心说,看来是陆克文个性的某些方面阻碍了那天下午他提出应答的能力。他面临着某些新的东西,某些无法立即进行智力分析的东西。约翰·霍华德趴在桌子上,似乎在刺激陆克文回答。霍华德后来说,他提议让陆克文发一次言,以洗清他的名声。"这位反对党领袖一直把背转过去。我不知道他为什么没有勇气站起来。"霍华德说。在一小时后答问时间结束的时候,霍华德再次提出让陆克文发言。

陆克文看上去聪明的战术—把背对着执政党——产生了极为事与愿违的恶果。他看上去被这次进攻打得晕头转向。

垂头丧气的工党议员们走回他们的办公室时,反对党看上去笼罩在一片愁云惨雾之中。也许这并不是开始的完结,而是完结的开始。陆克文看上去无法应对政府所发动的猛烈进攻。

但是,陆克文一回到反对党领袖办公室,有人立即告诉他,他必须立即应对指责。一位顾问语气坚定地告诉他,他应当举行一次记者招待会,并且"在那儿一直待到回答完每一个问题为止"。

他这样做了。而且,他回答问题回答了差不多三刻钟。

他的领导地位得救了。但是其他人提出,他在议会大厅里应当更加灵敏才对。

富于讽刺意味的是,由于掀起一场泼污泥的诽谤活动,最终看来遭到损失的反倒是政府。选民们决定他们喜欢陆克文,于是污泥泼到了政府而不是其目标的身上。这个事件的牺牲者人数迅速增加。

人类服务部部长伊恩·坎贝尔很快被炒了鱿鱼,原因是他去参加了一次伯克也出席的会议(此公从此彻底金盆洗手,不搞政治了)。工党影子内阁的检察总长凯尔文·汤姆森下了台,因为在数年前,他曾经为墨尔本的一个臭名昭著的黑社会人物出具过介绍信。执政党的老年化部长桑托·桑托罗在他的个人股份交易方面误导霍华德的事抖搂出来之后辞去了职务。

这种人身攻击只是到了霍华德本人被控与一名刑事犯兼色情大王在同一个房间里用餐时才停止。这种互泼污泥的结果是每个人身上都有斑斑点点。根据民意测试的反映,大多数人很快确认,他们对于陆克文在珀斯会见伯克的事并不太在意。但是一些知道内情的人指出了他对攻击作出反应的方式。

做出这种犹豫不决的回应至少部分是因为陆克文比较喜欢胸有成竹地采取行动,而不是迅速采取行动。他还倾向于把自己束缚在特定的交锋方式上。例如,他认为他能够不去理睬议会的动力。这一点使得他完全没有准备,无法作出反应。

他自己阵营里的一些人得出结论认为,他其实并不像他自以为的那样聪明。当陆克文无法确定辩论的性质,以及当他没有准备的时候，他仍然是会被人智胜一筹的。这些人注意到他处事方式的刻板之处，鼓励他接受更多的忠告，以及将更多的责任让别人分担。

* * *

一位敏锐的年轻公务员问起我正在撰写的这本书。

"陆克文如此重视他的美德。"他突然劝诫我："但是我怀疑他是否真的透彻考虑过其中的一些道德问题。"他迅速迈步到书橱旁，拿出一本薄薄的书塞进我手里。

"嗨，你读读这儿，"他说："坚持要以一名好基督徒的身份行事当然很好。但是，从道德角度来看，这个做法应该放在什么位置上呢？"

他指的是陆克文——像每个地方的政治家们一样——在他在堪培拉逗留期间收受一笔津贴。"陆克文向他的夫人支付房租。如果一位公务员试图做同他完全一样的事，也就是一边拿钱，一边住在堪培拉他的夫人的房子里，是一定会被解雇的。"

"他做的事情在法律上也许完全正确，但是否合乎道德呢？我认为，一个人不能完全按照《圣经》上所写的选择道德立场，"他继续说："对于如何或者几时可以获得旅行津贴的问题是没有神的指引的。"

"另外一点是，自从这件事情揭露出来之后，他没有承认向政治家们支付薪酬的整套方式可能有些问题，反倒转入地下了，"这位认真的年轻人接着说："这是一个同每一位担心道德的人有关的问题。但是我们听到了什么？什么都没有。"

"好的行为的最大敌人是伪善。"

有一种非常真切的感觉,就是所谓倾向于工党的公共知识分子们不打算在对陆克文的看法方面达成一致意见。他们认为陆克文是他们把霍华德撵下台的最好机会。然而不少人看来对于"陆克文项目"——"陆克文团队"的成员们喜欢这样称呼把他们的人选送进总理官邸的这件任务——的种种方面怀着真正的不安。

"他其实并没有那么聪明——唔,肯定不像他喜欢自以为的那样聪明,"一位大学里的学者说:"当你开始拆解某些细节的时候——比如说,他关于哈耶克的断言——他并不理解(这位经济学家的)著作里真正讲些什么,"她说,指的是那位获得1974年诺贝尔奖金的经济学家。

她停顿了一会儿,放缓了口气。"不错,噢,对,我这话没有讲错,对吗?可至少陆克文知道哈耶克是什么人。所以,作为一个出发点,还不算差。"

简·寇索伊斯是另一位著名的社会学者,她对于陆克文对复杂情况的处理持有远为赞许的看法。"他对于市场的基本点和功效有一种良好的理解。但是我认为这种理解浸润着一种社会民主的观点。我认为批评他的人并不了解这一点,"她说。

* * *

到了2007年,双方在期待着日益迫近的选举时,都面临着严重的障碍。对于联合政府来说,有可能将一些具体的政策改头换面,使得它们在选举时显得更有吸引力,而它也拥有这样做的巨大资源。然而这些跟改变选民们的情绪不是一回事。在本书付印时,民意调查继续显示出工党大幅领先(自从陆克文登上领导岗位以来就是如此了)并且表明了希望变革的强烈愿望。

尽管如此,对于工党来说,把握胜局仍然将是一场艰难的战役。"我的判断是,虽然人民不喜欢这个政府,并且认为它已经疲惫不堪,但是他们仍然不讨厌它,"一位富有经验的工党战略家说:"在澳大利亚,人民不轻易改变政府。在我们当权的时候,从来没有一个反对党说一声:'找我们来替代比较好'就把我们轰下台的事。"

他回忆起澳大利亚工党所遭遇的比较近的两次灾难。"在1975年和1996年,我们丧失权力的时候反对党只需要站在那儿就行了。但是这一次如果我们想取胜,我们就得费力气把他们打走。"他说,这是一项巨大的任务。"我们必须让人们相信,如果我们成为执政党,就会发生数量足够的好事,这样才能使得选民们真正希望改变。"

对于联合政府来说也是如此,要取得胜利,就必须克服不少重大的弱点。工党现在只需要3.3%的选民改变主意,就能上台组建政府。2007年初,选举学家马尔科姆·麦凯拉斯成为下定决心(在离开选举日期尚十分遥远的时候)挺身而出,宣布陆克文将在总理官邸过圣诞节的很少几位选举分析家之一。"使得政府注定失败的全部征象都明确地显示出来了,"他大胆地宣布。并不是每个人都同意他的说法。

"民意调查常常会显示出假象,"一位分析民意调查分析了一辈子的新南威尔士州工党党员说:"这些调查显示了对于克文的一种'感觉不错'的态度。但如果是一场3 200米的赛马,你不会在赛手们刚离开起跑屏障200米时,就把某人称为墨尔本杯赛的优胜者的,"他说,作了个运动方面的类比。"你瞧瞧那有名的墨尔本杯赛吧,那次比赛还剩 400 米的时候,人人都把金斯顿·汤恩称为优胜者。那时候,跑根纳栏的马尔科姆·约翰斯顿突然加劲,奔到里跑道,在终点柱那儿赢了他。"

"从目前民意调查显示出来的数字来看,人们还不准备改换投票对象,"他接着说:"他们说我们感兴趣,可也就是这么说说而已。人们以一种老练的方式利用民意调查,他们是在向政府发出一个信息。"

麦凯拉斯的看法不同。他从孟席斯时代开始了他的职业生涯,担任工党的一名职员,他还记得 1961 年巨大震惊之前的那种过分得意的自信。"那是工党成员们得知他们落选之几天的事,"麦凯拉斯说:"陆克文接手时,围绕着政府的也是这种类似的自鸣得意,甚至傲慢自大的情绪。"

他的论述断言,傲慢自大的种子在政府赢得上一次选举时就已经播下了,这些种子现在已经开出了花朵。2001 年和 2004 的轻易取胜遮盖了内在的选举弱点。麦凯拉斯坚持说,政治钟摆的摆动运作得像一条无情的法则。即便一些被认为是边缘性的席位没有丧失,其他席位是会丧失的,从而抵消了平均差。

这就是麦凯拉斯认为工党能够取胜的理由。"人们本能地了解霍华德的傲慢无礼,"他说。"不老实"一词在我们的谈话中出现了多次。

还有另外一个问题——选民们认为他已经越变越糟。政治学家们暗示,霍华德当了 10 多年总理,他身边渐渐围绕起一批对他阿谀逢迎的人。"不可避免的是,这个现象会造成与现实的某种程度的脱节,"他说。

接下来还有陆克文。"二次世界大战以来,得人心的反对党领袖在他们对政府的最初冲刺时,做到了赢得相当大的支持率领先度,"咱们看看吧,孟席斯在46年获得4.6%,在其后的选举中获得了5%。考德威尔4.6%——嗯,这个数字仍然不够。惠特拉姆在初选中获得了7.1%。接着在下一回合中是2.5%,赢得了组建政府的权利。"

　　麦凯拉斯继续侃侃而谈,但是他的论点是清楚的。海登(4.2%)、豪克(3.6%)和比兹利(98年4.6%)都曾以反对党的身份在初选中获得超过了使陆克文得以担任下届总理所必需的支持率领先度。

　　所剩下的关切问题是,如果陆克文在整个联邦获胜,工党政府将在澳大利亚全面掌权。平衡这种关系的是这样一个事实:即使工党入掌政府,它也不能控制上议院。

　　一位工党战略家坚持说:"澳大利亚人不喜欢在任何地方将权力过分集中。但是他们能够理解州和联邦的管辖权的不同以及上议院的作用。"即便许多人有时候搞不清楚哪一层政府对某些具体的服务负责,他仍然断言,人民仍然打算投票赞成工党组成政府。

　　加重这个论点分量的是一位说话异常直率的参议员的意见。"说到底,"他说:"选民们有一个基本的理解,就是如果一个政府对于上议院没有控制权,它不管想做什么事都会做不成。事实上,如果在上一次选举中我们控制了上议院,实际上倒会是一种坏运气,因为那样会使这个论点有点儿难以站住脚。但这并不意味着我们不会试试。"这是一个中肯的论点,因为澳大利亚人从来没有过选出一个同时在联邦和每个州具有同一种政治派别的政府。

* * *

陆克文的大得人心，使得工党在民意调查中的支持率骤然猛升；他力图在仔细控制他的形象的同时，继续制定各种政策。然而一个冒出来的难点，是陆克文倾向于喜欢特定的一些新闻记者——那些他感到他可以信任的新闻记者。

这一点被一些人利用来暗示陆克文还没有领会到，他现在当上了反对党领袖就必须用一种新的方法进行工作的现实。

这方面的一个例子是他与新闻界打交道的方式。《周末澳大利亚人杂志》的克莉丝汀·杰克曼简介了这位"为了力争当上总理而不怕无所不用其极"的"口若悬河的前外交官"。这篇文章中没有提到这位政治家同这位记者的关系，不过他们之间的关系在这份报刊的另一部分中提到了。

与之竞争的费尔法克斯系的杂志《周末愉快》也打算写一份陆克文的简介，但是无法约到他。陆克文当上领袖之后很长期间，尽管澳大利亚广播公司的"晚间频道"节目再三提出请求，也无暇在这个节目中出场。工党政治家们发现他们也受到了新的管制。在议会开会日的早上发出纸条，告知工党成员应当走哪个入口进入议会大厅，以及他们如果对等候着的新闻记者们说话时该说些什么话。

最初，陆克文由于"公务繁忙"而不能如约的婉拒为记者们所接受，但是渐渐地这类借口越来越勉强了——特别是因为音乐台进行"软性"采访的时候陆克文似乎总是欣然接受的。

打从《悉尼晨报》刊登了一篇报道，透露出如本书前面所谈的陆克文早年经历的细节与已为人们所广泛接受的说法并不相符之后，人们的情绪转变了。《悉尼晨报》的艾伦·拉姆齐透露来自陆克文和他的工作人员们的一系列威胁和电话，他们拼命想把早先的报道抽掉。

墨尔本电台广播员约翰·费恩是第二个将他的沮丧公之于众的人，据他说，到 2007 年为止，陆克文拒绝了所有的采访要求。陆克文在传媒上接连多次露面，以此来回击那些指控，然而他仍然自行其是。

陆克文喜欢对辩论进行控制。一些新闻记者感到，他只是不喜欢被人提问。

2007 年 4 月，"日出"节目打算在越南的龙潭战场上举行一次"虚拟的"黎明祈祷，因为那样可以比较好地纳入澳大利亚的电视节目单。这个想法受到退伍军人们的愤怒反对而被搁置了，因为这些退伍军人们认为，这个事件的时间选择事关重大，比一个摄影的机会要重要得多。

一开始，陆克文义愤填膺地否认他同这个黎明计划有任何关联。然后，出现了一系列的详细情况，表明他的办公室完全知道全部细节。在证据面前，陆克文怪罪他的工作人员们，并且答应同他们"商议"。在告诉悉尼的《每日电讯报》说他将继续在"日出"节目中露面后不久，陆克文决定断绝同这个节目的联系。

随着冬天的第一阵颤抖在澳大利亚大地上蔓延开来，有可能瞥见在陆克文处理政治的方式的深处所隐藏的一些潜在问题。到现在为止，他已经作出了全部关键性的决定，其中也包括一小批顾问们的献策。然而一位领袖的办公室是不能用这种方式办事的。陆克文发现，他无法确定媒体的议程，他对于有关政策问题的详细采访的不予配合是不能长此以往的。

后　记

陆克文对传媒的管理与其说表明他的傲慢自大,倒不如说表明了过分的自信。他继续以他自己的方式行事,这种做法有时候引起人们不满。

保罗·基廷经常声称,他能够"扳动轻歌舞剧的开关";他确实拥有一种非凡的能力,使得选民中的许多人崇拜倾倒,但他同时也疏远了数量众多的人。就陆克文而言,他一直渴望将他的形象扩大到政治辩论中所涉及的那些群体以外。因此,他在日间的电视节目中现身,又是下厨烹饪,又是跳舞,同时在调频电台中接受"轻松和肤浅的"采访。然而,陆克文这样做的结果是严重限制了严肃传媒对他的政策细节提出问题的机会。

陆克文热衷于控制他的形象,这是可以理解的。我在写这本书的过程中,遇到过许许多多这种做法的例子。去猜测他为什么企图不让对他熟悉的人同我谈话是没有意义的;很显然,这不是一个时间问题。

我在秋末完成了这本书的初稿。陆克文当上领袖的次日,我第一次请求对他进行访谈。其后不久,我在一个酒会同他谈话,可他只是微微一笑,把手搭在我的肩上,然后就走开,到另外一群人中间去了。在 2006 年 12 月到 2007 年 5 月之间的任何时间,陆克文都抽不出空跟我谈话。

完全出于巧合的是,在 4 月下旬,我刚按动"发出"键,将我完成的手稿发给我的出版商以后的半小时,陆克文的助手打电话来,提出在次日下午 4 时安排一次访谈。这是发生在我被告知允许我做一次访谈之后，努力了几个月想予以落实以后的事情。我接受了，心里想，尽管我已经写的大约7.8万英文字中的一部分在访谈之后可能需要进行紧急重新调整，但是我不能错过这个澄清某些问题的机会。几小时后，这位助手再次打电话来——这一次是取消会见。

第二天早上，我前往议会大厦里的反对党领袖新闻办公室。"伙计，他太忙了，"他的工作人员拉奇兰·哈里斯说："下星期我们要去华盛顿了。你打算同他一块儿旅行，以便你可以在那儿访谈吗?"他问道。

* * *

"当然我愿意，如果这是个认真的提议的话，"我回答。

这时，新闻秘书华尔特·塞科特的成熟的声音突然插了进来。"这是个修辞性的疑问句，"他坚持说："我说，我们将在可能的时候请你来同他会面。"

然后，约定了5月初在布里斯班会面。遗憾的是，当我抵达的时候，陆克文不在：他发现他需要到阿德莱德处理一些需要他予以紧急注意的一些事情。我在本书不得不完成之前，没有得到机会会见他。

* * *

生活的教训之一是，并非一切都能预见、控制，或者混铸成形的。在传统的中国社会，"大治"的观念具有一种内在的美德。在像澳大利亚这样一个现代民主政体中，有时候唯一经久不变的东西看来是大乱。

确实，考验人格的熔炉，最严峻的无过于身居高位了。评论者们和公众的阿谀逢迎无助于减轻，反而是加强了那些追求和获取权力的人心底存在的最低程度的傲慢。在此同时，其他人的无情攻击将会压垮一个不是拥有最高自信力的个人。如果不想让这些紧张关系导致自我毁灭，就必须予以满意解决。

古代罗马人知道这些道理。打了胜仗的罗马将军们被授予举行"凯旋"仪式的特权。他们身穿盔甲，手执得胜缴获的武器，获得乘坐战车，在万民赞颂中驰过城市的殊荣。那是一个令人陶醉的时刻。每个人都意识到存在着在统帅心胸里可能燃起更大野心的危险。因此，在战车里安排了一个奴隶站在他的背后，反复吟唱着拉丁文的叠句"sic transit gloria mundi"——"一切荣华短暂无常"。

陆克文是不是需要一个类似的提醒者呢？或者说，他的个人信念能保护他不会受到骄傲的过分控制？

选民们看来想更多地会见这位年届 50 但发展尚远未完成的人。可以说的全部合适的话是，陆克文使得工党再次有了竞争力。尽管有各种焦点小组和民意调查，各种权威专家和预测，各种希望和历史，到选举活动结束，选举结果披露出来为止，谁也无法知道下一次选举的结果。

陆克文的老导师在这方面有一点见解。"中国经典之首是专门论述变易的《易经》，"莱克曼斯说："局势是永远变动不居的。盈虚之变，其速度快得令人不知所措。"他说："我想你应该在这一点上回头看一下一位可资参考的古人托马斯·莫尔爵士。他是一位尽善尽美的政治家，一位讲技巧，有能力的人，他知道怎样作出让步。但是他还知道，在某一个时刻是不能再作出任何妥协的。"

陆克文的朋友艾伦·格里芬提出了另一个看法："他是一位很会思想的人。那样将对他有好处，因为自从摩西带着他的石版从山上下来，说'路就在这里'的时代以来，情况已经大变。政治改变了，回应也改变了。"

　　陆克文是否将接受改变，或者说他将试图改变世界？

译者的话

我们对这位 1957 年 9 月 21 日出生、年届"知天命"之年成为澳大利亚联邦政府总理的陆克文（自取的中文名）并不陌生，他与中国颇有几许渊源：他在澳大利亚国立大学读书时选择的专业是中文，故而能操一口纯正而流利的普通话；他曾任澳大利亚驻北京大使馆一等秘书，1984 年 9 月至 1986 年 8 月生活在北京，故而对中国有着既实际又真切的了解；他积极发展与中国的友好关系，在他看来，"中国的经济规模到 2010 年将超过德国，到 2015 年将超过日本，而到 2039 年将超过美国"。他从昆士兰州一个默默无闻、僻远而简陋的小镇走进联邦总理的官邸，凭的究竟是什么？

译罢思之，归为 24 字：

1. 志向高远 "志不立，天下无有成之事。（王守仁）" 诚者斯言！纵观天下伟人豪杰，概莫能外。陆克文 15 岁就在家乡楠普拉参加青年工党，因为这个分支部的工党成员"只有 5 个人和一条狗"，他认为自己在党内将会有所作为；进入大学时就立志当一名出色的外交官；担任州工党领导人戈斯的幕僚长后积极进军联邦议会，1998 年底，他作为一名鲜为人知的后座议员进入联邦议会，但是，就从那一刻起，他即下定决心要在议会的丛林中披荆斩棘为自己开辟出一条金光大道；2001 年，席卷整个工党的一败涂地的选举状况令他感到震惊，工党内缺少乐观的氛围，他却看到了自己的机会，迫切地想为党的新生作出贡献，他强烈而明确意识到，这场灾难给了他无与伦比的机会来显示他足以担任高级职务的资格。志向高远，顺应潮流,抓住机会,锲而不舍,"有志者事竟成"。

2. 勤奋好学 "玉不琢,不成器;人不学,不知道。(《礼记》)"陆克文 10 岁那年,他获得了一本叙述包括中国在内的古代文明的书,从而激发了他的好奇心,书籍似乎为这个小男孩揭示了比局促一隅的家乡小镇大上许多的外部世界。所以,即使在年纪很小的时候,他就十分喜爱读书。中学时代,每天,他不告诉任何人就把自己关在与世隔绝的地方坐下来读书。一旦完成家庭作业,他会去读更多的书。他对待大学的学习采取了与成功的中学学习一模一样的方式——努力与勤奋。"学问如逆水行舟,不进则退。(左宗棠)"陆克文深知个中三昧,他一时一刻也没有放松不断学习的步伐,正是这种韦编三绝的精神和实践才成就他一步一个脚印地登上了事业的光辉顶峰。

3. 毅力坚忍 "锲而舍之,朽木不折;锲而不舍,金石可镂。(《荀子》)"但凡成就或大或小一番事业者,莫不都是有着坚忍毅力的一以贯之者。譬如九曲黄河,千回百转,穿越千岩万壑,奔腾入海;譬如弱小越国,十年生聚,十年繁殖,终灭强敌。陆克文何其相似乃尔!在工党数度惨败的情况下,他不离不弃、不屈不挠,以一个人的十字军的面貌出现在公众面前慷慨陈词,兴利除弊;他踏踏实实、勤勤恳恳地"积土成山、积水成渊、积善成德",故此能积微成著,力挽狂澜,兴灭继绝,彪炳青史。

4. 努力工作 "业精于勤,荒于嬉。(韩愈)"在外交部工作时间里,陆克文全身心投入每件事情,近乎废寝忘食,因为对他而言,这是一个十分陌生的领域。在众人中之所以挑选陆克文是由于他的一个突出的特征,就是他对所承担的每一项任务都抱有极大的热忱和紧紧抓住主旨的钻研精神；在充当州长戈斯的幕僚长期间，他工作起来十分勤奋，在一群耀眼的精英团队当中，他是最瞩目的；在任联邦议会议员时，他自始至终作为捍卫选民利益的代言人而努力工作，全身心地投入其中，对选民恪守信诺、乐意去做任何事情，近乎摩顶放踵。工作至此者焉有不成功之理？

5. 睿智灵活"观察大千世界，方知变在其中。（甘地）"陆克文深谙其道。他在外交部工作时，外交部的规模不大，名声不小，内部成员，精英汇集，身处外交部的人都有一种无声的优越感。可是，当机会突然来临、面对抉择时，陆克文进行了睿智而理性的分析，采取了灵活而果断的选择。断然告别金光闪闪、前途灿烂的外交部工作，仅凭报纸上的一则广告就跳槽，这需要多大的智慧和勇气啊！但是，后来的事实证明，他与戈斯之间发展起来的关系为他提供了对他有着重大影响的经历，决定了他走向世界的道路。他敏于审时度势，勇于承认失败，敢于化敌为友，坚持既定目标，万变不离其宗。

6. 人格魅力"君子喻于义。和而不同。泰而不骄。（《论语》）"陆克文生于寒门，起于乡间。但是，自打他懂事立志之后，便在道德、学识、举止诸方面不断地完善自己。他与一位事业有成、精力十足的女人结婚，有一种牢固的宗教信仰，是一位精通汉语、了解中国的学者型的知识分子，有置身高官阶层的深厚经验；他从家乡出发，走过长长的路程才到达今天这个地步，虽然一路上也曾有贵人相助，但主要还是通过自己的决心、意志、奋斗才保证了今天成就的到来。或许，并非人人都喜欢他，但在事实上，他似乎并没有大量树敌，对立面中有不少杰出的天才人物都是他的朋友；他文质彬彬，对人谦恭有礼,对长者毕恭毕敬。"陆氏效应"突现陆克文的人格魅力。

　　统毕译稿,心潮起伏,所思翩翩,忍不住写了上面的话,此乃一家之言而已,相信读者诸君阅完会有自己的评判与看法。两位译者师出同门,先后求学于 10 年动乱前的复旦外文系。我们俩磨砺百日,殚精竭虑,推敲再三,惜学养有限,功力不逮,鲁鱼亥豕,恐实难免,匡正谬误,是所望于海内方家!

　　夏平负责翻译第 5 章至后记;吴远恒负责翻译引言至第 4 章及作者简介并负责统稿与撰写译者的话。

译　者